BIBLIOTHÈQUE
DES MERVEILLES

PUBLIÉE SOUS LA DIRECTION
DE M. ÉDOUARD CHARTON

LES MERVEILLES

DE

LA GRAVURE

PARIS. — TYPOGRAPHIE LAHURE
Rue de Fleurus, 9

BIBLIOTHÈQUE DES MERVEILLES

LES MERVEILLES
DE
LA GRAVURE

PAR

GEORGES DUPLESSIS

TROISIÈME ÉDITION
ILLUSTRÉE DE 34 VIGNETTES SUR BOIS
PAR P. SELLIER

PARIS
LIBRAIRIE HACHETTE ET Cie
79, BOULEVARD SAINT-GERMAIN, 79

1877

Droits de propriété et de traduction réservés

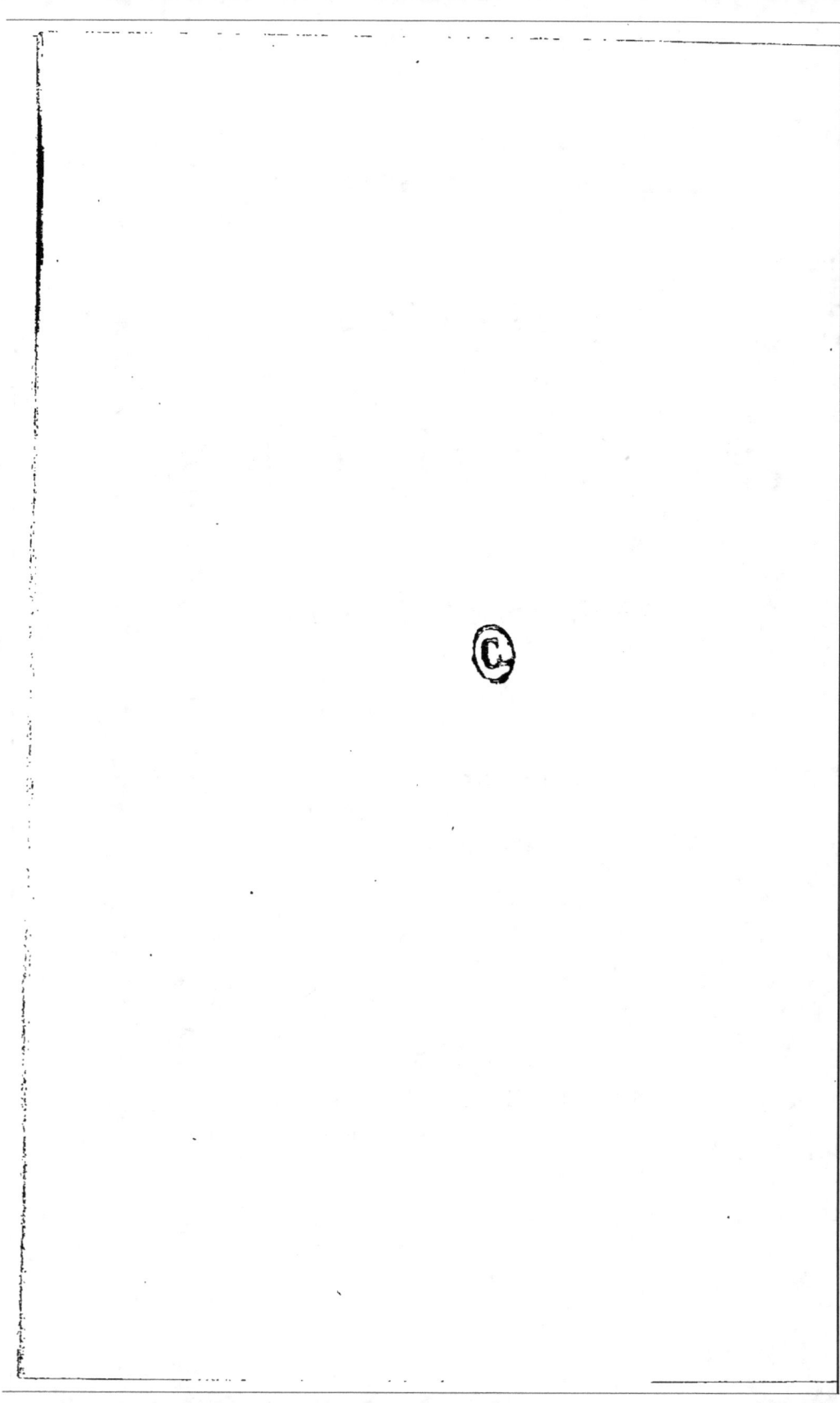

A MONSIEUR

L. HENRIQUEL-DUPONT

GRAVEUR D'HISTOIRE, MEMBRE DE L'INSTITUT

Monsieur,

En m'autorisant à vous dédier ce petit volume vous m'avez porté bonheur ; l'autorité de votre nom a fait que le public a accueilli favorablement mon travail et qu'une nouvelle édition est devenue nécessaire. Permettez-moi de vous l'offrir de nouveau comme un hommage des sentiments que m'inspirent vos beaux travaux et votre personne.

Veuillez me croire votre respectueux et tout dévoué serviteur.

GEORGES DUPLESSIS.

Paris, 1ᵉʳ juillet 1877.

LES MERVEILLES
DE LA GRAVURE

I

ORIGINE DE LA GRAVURE

Avant de passer en revue isolément chaque école de gravure, et d'étudier cet art dans un pays particulier à l'exclusion des autres, il nous paraît opportun de résumer en quelques mots les opinions très-diverses et souvent très-contradictoires émises à propos de cette question d'origine. De cette façon, nous nous épargnerons des redites inévitables, et nous pourrons, sans nous préoccuper outre mesure de la question purement archéologique, constater les tendances de chaque école, examiner les ouvrages dignes d'attention exécutés dans chaque pays, et nommer les artistes que la postérité a le devoir de connaître et le droit de juger. Nous ne devons pas oublier de dire non plus que nous entendons nous occuper uniquement de la gravure d'estampes, et que, négligeant à dessein la gravure dans l'antiquité, notre travail ne commencera qu'à l'époque où, les moyens d'impression étant trouvés, la gravure devint un art nouveau et produisit de nombreuses épreuves.

Rappelons tout d'abord que deux procédés fort différents dans l'exécution, quoique assez semblables par leurs résultats, sont en présence, la gravure sur métal et la gravure sur bois ; le premier consiste à dessiner en creux sur le métal tout ce qui doit être fixé sur le papier ; le second exige un travail diamétralement opposé : tout ce qui doit apparaître à l'épreuve doit être ménagé sur le bois, et l'échoppe doit soigneusement enlever toutes les parties que le rouleau de l'imprimeur ne doit pas atteindre.

On pourrait écrire des volumes entiers, si l'on voulait discuter ou rapporter seulement les opinions émises par des savants sur l'origine de la gravure. Chaque pays a pris part à la discussion et, de tous côtés, des hommes éminents se sont fait l'organe des ambitions locales. L'amour-propre national s'en est mêlé bien souvent et la discussion eût couru risque de s'envenimer si, au lieu d'être aux mains de travailleurs sérieux, elle fût descendue dans le domaine des personnalités.

Nous autres Français, nous avons d'autant plus de facilité à discuter les opinions diverses exprimées en cette occurrence, que nous avons moins de titres à faire valoir en faveur de l'invention proprement dite. Non pas que nous n'ayons dit notre mot aussi dans la discussion, et que nous n'ayons voulu voir dans un certain Bernard Milnet, artiste dont le nom même est très-problématique, le plus ancien graveur; mais un examen quelque peu attentif a fait justice de cette opinion, abandonnée aujourd'hui par tout le monde, même par ceux qui s'en étaient fait tout d'abord les parrains.

Il n'en est pas de même chez nos voisins : pendant longtemps, le *Saint Christophe* de 1423 passa pour le plus ancien monument connu de la gravure; plus tard, une découverte de M. le baron de Reiffenberg vint détruire cette opinion, et l'estampe de 1418 que le savant conservateur avait acquise pour la bibliothèque de Bruxelles, estampe dont la date nous paraît incontestable, recula de cinq années la date réelle de l'invention. Aujourd'hui, grâce à deux planches imprimées sur les feuillets mêmes d'un manuscrit que M. Henri Delaborde a décrit et commenté[1] avec une clarté remarquable, dès l'année 1406 les ressources de l'impression auraient été utilisées, et la gravure en criblé aurait été connue.

Avant que l'abbé Zani eût retrouvé, à la fin du dix-huitième siècle, dans un recueil du cabinet des Estampes de Paris une épreuve de la *Paix* de Florence, exécutée par Maso Finiguerra, en 1452, les érudits allemands regardaient Martin Schongauer comme le

---

[1] *Gazette des beaux-arts*, 1er mars 1869.

véritable inventeur de la gravure en taille-douce, et citaient en témoignage quelques pièces exécutées, suivant eux, vers 1460. Depuis cette époque les chercheurs ne se sont pas découragés et leurs efforts ont été couronnés de succès. Passavant a décrit avec soin, dans les *Archives de Naumann* (4ᵉ année, 1858, p. 1), une figure de la *Vierge* portant la date de 1451; Renouvier, dans une brochure fort savante, a révélé l'existence d'une suite de la *Passion*, exécutée en 1446. Des efforts persévérants dirigés de ce côté pourront, sans aucun doute, amener quelque révélation nouvelle; les Allemands ou les Flamands seront, un jour ou l'autre, proclamés, nous n'en doutons pas, les inventeurs de l'impression des estampes; les archives, dépouillées avec soin, fourniront un document devant lequel toutes les ambitions devront tomber; mais ce qui nous surprendrait davantage, c'est que, de toutes ces recherches, il sortît autre chose que la connaissance d'un fait matériel, et nous serions bien trompés si une œuvre d'art, véritablement digne de ce nom, venait détruire notre opinion bien arrêtée, que ce fut en 1452, en Italie, à Florence, que parut la première manifestation tout à fait significative de l'art de la gravure, manifestation assez éclatante pour avoir à elle seule les proportions d'un événement.

II

LA GRAVURE EN ITALIE

Les graveurs sur bois. — Les nielles. — La gravure en taille-douce, Florence, dans les villes du Nord, à Milan, à Parme, à Bologne et à Rome.

L'histoire de la gravure en Italie suit d'assez près l'histoire de la peinture ; plusieurs peintres d'ailleurs pratiquèrent eux-mêmes la gravure, et ceux qui ne prirent pas le soin de dessiner sur le métal ou sur le bois se montrèrent assez avides de renommée pour attirer à eux des graveurs qui multipliaient sous leurs yeux les ouvrages qu'ils produisaient.

La gravure sur bois ne précéda pas, en Italie, comme dans les autres pays, la gravure sur métal. Elle parut en même temps. Il faut aller chercher dans les livres imprimés les premiers témoignages de cet art, plus propre qu'aucun autre à éclairer, à côté du texte, et à commenter pour les yeux, la pensée de l'auteur, comme les mots l'expriment pour l'intelligence.

En Italie, la gravure sur bois fut d'ailleurs plus lente que dans les autres pays à acquérir une importance véritable ; bien que l'on trouve, dès la première moitié du quinzième siècle, plusieurs spécimens de gravures sur bois italiennes, reconnaissables uniquement à leur style, — aucun de ces essais ne porte de date certaine, — c'est à la fin du quinzième siècle seulement qu'on voit cette forme de l'art se produire sérieusement. Jusque-là, elle est aux mains d'artisans plus curieux d'édifier les fidèles que de se conformer aux règles du beau.

Les plus précieux spécimens de la gravure sur bois italienne se rencontrent dans un livre singulier, l'*Hypnerotomachia Poliphilii*, imprimé à Venise par les Aldes, en 1499, livre dans lequel sont développées, au milieu d'une série de songes plus ou moins fantastiques, des réflexions sur la beauté idéale ou sur la théorie de l'art. Composé par Francesco Columna, cet ouvrage aurait couru grand risque de demeurer dans l'oubli, s'il n'avait été orné d'excellentes gravures sur bois. Exécutées d'une façon très-sommaire, mais avec une sûreté d'outil qui dénote chez leur auteur une science de dessin peu commune, elles reproduisent des compositions successivement attribuées, sans raison selon nous, à A. Mantegna et à G. Bellini.

Les *Prediche* de Savonarola, publiées à Florence le lendemain du jour où elles étaient prononcées, contiennent aussi un certain nombre d'estampes sur bois retraçant avec exactitude les beaux dessins des Florentins du quinzième siècle. Dès leur apparition, ces estampes eurent un succès assez grand pour être employées simultanément dans plusieurs publications. Les planches qui décorent les sermons de Savonarola se retrouvent dans l'*Art de bien mourir*, imprimé à Florence en 1513, et, en cherchant bien, il est certain que l'on rencontrerait encore dans d'autres publications ces mêmes gravures, propres à figurer dans tous les livres mystiques du commencement du seizième siècle.

A Rome, l'art de la gravure sur bois n'offre point le même caractère de beauté que dans les autres villes de l'Italie. La découverte de l'imprimerie s'y impatronisa plus lentement et les artistes de la ville éternelle parurent avoir besoin, au début, pour se produire, d'un cadre plus large que le livre.

C'est dans le Nord, à Venise surtout, que les imprimeurs provoquèrent et utilisèrent les meilleurs travaux en ce genre. Parmi les ouvrages mis au jour dans cette ville, on doit accorder une attention toute spéciale aux publications de Doni, ordinairement imprimées par Francesco Marcolini da Forli, et ornées des plus belles gravures sur bois qu'on eût vues jusqu'alors. Il ne faut pas oublier de faire remarquer toutefois que ces ouvrages parurent au milieu du seizième siècle, de 1550 à 1553, c'est-à-dire quand l'art italien était déjà à son apogée.

Vers la même époque, plusieurs graveurs s'appliquent à reproduire les compositions que Giulio Campagnola et Titien lui-même dessinent à leur intention, et ils produisent des estampes admirables, estampes proprement dites, celles-là, non destinées à orner un livre, à expliquer un texte, mais appelées uniquement à retracer en fac-simile et à vulgariser les œuvres de ces maîtres. Parmi les graveurs sur bois qui s'inspirèrent habituellement des compositions de Titien, il faut mettre au premier rang Niccolo Boldrini, artiste qui n'occupe pas dans l'histoire la place qui lui revient de droit.

L'origine de la gravure en camaïeu date également du seizième siècle. Andrea Andreani, Ugo da Carpi et Antonio da Trenta, les principaux représentants de cet art nouveau, y montrèrent un talent véritable. Les compositions de Raphaël et du Parmesan furent celles qu'ils reproduisirent de préférence, et ils surent, au moyen de plusieurs planches superposées, imiter le ton du lavis, donner la physionomie exacte de dessins exécutés à plusieurs teintes et, pour ce motif, plus difficiles que les autres à être traduits fidèlement.

Pendant les deux siècles qui suivirent, la gravure sur bois fut, dans tous les pays à la fois, presque complètement abandonnée. Au milieu du dix-huitième siècle, en Italie, nous ne trouvons qu'un graveur essayant de remettre en honneur le procédé si heureusement employé par les artistes que nous avons nommés. Antonio-Maria Zanetti publia, en 1749, à Venise, une série d'estampes exécutées par lui-même en camaïeu, d'après les dessins du Parmesan; mais il n'eut pas d'imitateurs et s'en tint à cette seule publication. Aujourd'hui même, lorsque la gravure sur bois a repris à peu près partout une place importante, elle existe à peine en ce pays, qui cependant fut toujours l'un des premiers à adopter les inventions nouvelles et qui, dans toutes les branches de l'art, jusqu'au milieu du seizième siècle, occupa la première place.

Gravure sur métal. Nielles. — Un orfévre de Florence, Maso Finiguerra, venait de mettre la dernière main à la gravure d'une *Paix*[1] que lui avaient commandée les confrères de l'église Saint-Jean. Désirant voir l'effet de son travail, il remplit les tailles tracées par son burin d'un liquide composé d'huile et de noir de fumée. Le hasard voulut qu'un paquet de linge humide fût placé sur la plaque d'argent ainsi préparée. Il n'en fallut pas davantage pour que les traits gravés en creux, et pleins de la composition noire, se trouvassent reproduits sur le linge.

Telle aurait été, assure-t-on, l'origine de l'impression des estampes. Cette légende est-elle vraie ou fausse? Il est impossible de citer en sa faveur ou de lui opposer un document certain; mais ce qui n'est douteux pour personne, c'est que Maso Finiguerra est l'auteur du *Couronnement de la Vierge*, nielle gravé en 1452. La planche originale existe au musée des Offices, à Florence, et la Bibliothèque nationale de Paris conserve précieusement l'unique épreuve que l'on en connaisse.

A Florence, comme dans les autres villes italiennes, l'orfévrerie était fort en vogue au commencement du quinzième siècle; à cette époque, les orfévres décoraient presque toujours leurs ouvrages d'ornements

---

[1] *Paix*, nom donné à une petite plaque de métal ciselée, émaillée ou niellée dont on fait encore usage maintenant dans les fêtes solennelles pendant l'*Agnus Dei*. Le nom de *Paix* lui vient de ce que, après avoir été baisée par le célébrant, l'acolyte, en la présentant à chacun des ecclésiastiques assistant au service divin, prononce ces mots : *Pax tecum* (Littré, *Dictionnaire de la langue française*, t. II, p. 906, col. 3.).

gravés en creux, et ces ornements s'appelaient *nielli*. Pour vérifier leur travail, pour en suivre les progrès et le corriger, voici comment ils procédaient. Quand ils avaient gravé sur le métal le dessin qu'ils voulaient exprimer, ils en prenaient d'abord une empreinte avec une terre très-fine; sur cette empreinte, ils coulaient ensuite du soufre et pouvaient, en remplissant de noir de fumée les tailles répétées sur le soufre, se rendre exactement compte de l'état de leur œuvre. Ils ne songeaient à couler l'émail indestructible (cette matière colorée et particulière nommée *nigellum*, qui, une fois en place, interdisait toute empreinte) que lorsqu'ils étaient parfaitement éclairés sur le résultat définitif. Le jour où ils s'aperçurent que le papier humide, soumis à une forte pression sur la plaque imprégnée d'une certaine encre, pouvait donner le même résultat, ils renoncèrent au soufre, et leurs essais sur le papier devinrent des estampes. Mais ce ne fut pas immédiatement que l'on comprit les avantages d'une telle découverte et le parti qu'on en pouvait tirer; longtemps les orfévres se bornèrent à imprimer seulement le petit nombre d'épreuves

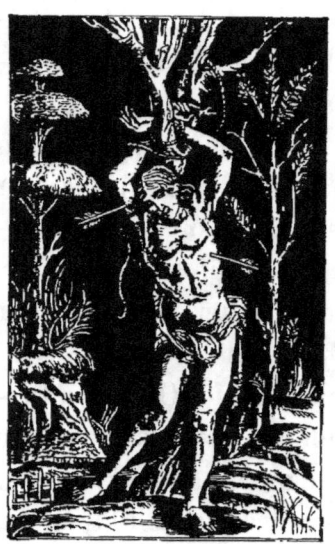

Fig. 1. — Nielle italien.

utiles à la marche de leurs travaux, et c'est à cette insouciance sans doute qu'il faut attribuer l'extrême rareté de ces estampes primitives. (L'adjectif neutre *nigellum* a été traduit en français par le substantif *nielle*, qui s'applique indistinctement à la plaque et à l'épreuve qu'elle fournit.)

Tous les nielles sont loin de présenter un égal mérite; quelques-uns, n'était leur rareté, seraient peu dignes de prendre place dans une collection choisie. En effet, si des maîtres éprouvés furent les premiers qui traduisirent sur le métal un sentiment élevé de la forme, l'expression de la vraie beauté, en même temps vivaient et prospéraient des artistes secondaires. Au lieu de s'inspirer toujours des exemples qu'ils avaient sous les yeux, ces artistes eurent l'imprudence de demander parfois leurs modèles aux pays voisins, dépouillant ainsi volontairement leurs œuvres du parfum de terroir qui distinguait au quinzième siècle les productions italiennes. Il ne faut pas croire non plus que l'usage du nielle cessa le jour où fut trouvé le moyen de tirer des épreuves; les besoins qui existaient auparavant persistèrent, et les orfèvres n'eurent garde de laisser péricliter un art qui leur rapportait honneur et profit; ils continuèrent donc à couvrir de gravures les plaques destinées à décorer un meuble, un coffret, une armure, et ce fut seulement vers le commencement du seizième siècle, lorsque le goût général prit une autre direction, qu'ils abandonnèrent ce genre de travaux.

On connaît le nom d'un certain nombre de *nielleurs*,

mais c'est à peu près tout ce que l'on sait d'eux, ces artistes n'ayant pas paru, aux historiens qui se sont occupés du quinzième siècle, dignes d'une mention spéciale; le petit nombre d'ouvrages qu'ils ont signés ne nous révélant rien de leur existence, on peut mettre les noms de Maso Finiguerra, de Peregrini da Cesena, d'Antonio Pollajuolo, de Matteo di Giovanni Dei, de Francesco Raibolini, dit le Francia, et de Marc-Antoine Raimondi, sous les œuvres qui leur sont attribuées, soit avec une certitude absolue, soit sur de grandes probabilités, mais on serait fort embarrassé pour donner à l'égard de plusieurs d'entre eux, sur Matteo di Giovanni Dei, par exemple, le moindre détail biographique. Une tradition attribue, il est vrai, à cet artiste les deux plaques conservées au musée des Offices, à Florence, le *Crucifiement* et la *Conversion de saint Paul;* mais, comme nous ne sommes pas en mesure de rapprocher ces ouvrages anonymes d'aucune œuvre signée, nous devons nous abstenir d'appuyer ces attributions. Au contraire, des comptes officiels publiés par Gaye dans son *Carteggio d'artisti* établissent d'une manière irréfragable que Maso Finiguerra est bien l'auteur de la *Paix de Florence*, représentant le *Couronnement de la Vierge*, et cette donnée suffit pour que plusieurs autres nielles qui dénotent, eux aussi, un goût exquis, soient attribués à la même main.

Peregrini da Cesena grava sur métal une quantité considérable de nielles qu'il signa tantôt de son nom tout au long, tantôt d'un simple monogramme. Ce fut assurément un artiste avide de renommée, puisque c'est le seul qui ait signé la plupart de ses productions. On croit qu'Ant. Pollajuolo est l'auteur de deux autres petits nielles qui se font remarquer par la préoccupation d'accuser avec une insistance un peu puérile le dessin des muscles et l'ostéologie du corps humain. Quant à Francesco Francia et à Marc-Antoine Raimondi, on connaît d'eux assez d'ouvrages pour qu'il soit possible d'apprécier avec une entière sécurité les nielles mis à leur compte. Après avoir été longtemps classé au-dessous de son mérite, Francia est aujourd'hui considéré par quelques auteurs comme un peintre de premier ordre. Ces deux opinions nous semblent également exagérées. Les tableaux de cet artiste, exposés à Bologne, sa patrie, dans la Pinacothèque, œuvres qui sont incontestablement de lui et que nul ne conteste, dénotent, sans aucun doute, une haute intelligence de l'art et une science de dessin peu ordinaire. Est-ce à dire pour cela que leur auteur doive être mis au premier rang et partager la renommée des plus grands maîtres? Non, certes, et pour ne pas sortir de l'objet qui nous occupe, nous croyons pouvoir affirmer que les nielles qu'on lui attribue, et dont nous avons vu à Bologne les plaques originales, sont loin de briller de la beauté suprême que les admirateurs de l'artiste s'obstinent à rencontrer dans tous ses ouvrages, quels qu'ils soient. Ces plaques représentent le *Christ en croix* et la *Résurrection*. Par l'agencement et le goût des figures, elles rappellent les dessins que Marc-Antoine Raimondi grava d'après ce maître. N'est-ce pas dire qu'elles ne témoignent ni d'une puissance de conception ni d'une majesté de style en rapport avec la haute renommée dont elles jouissent.

Marc-Antoine Raimondi n'a rien à gagner à être considéré comme *nielleur*; les estampes en ce genre qu'on assure être son ouvrage et que nous avons vues, soit à Paris, soit à Gênes, dans la collection du comte Durazzo, n'ajoutent aucun titre nouveau à sa gloire; bornons-nous donc à rappeler ici son nom, nous réservant d'apprécier l'artiste quand nous nous occuperons de la gravure italienne proprement dite.

Le nombre des graveurs anonymes qui exécutèrent des nielles est très-considérable. Il serait intéressant peut-être de rechercher à mettre des noms sous des œuvres souvent excellentes et très-dignes d'une paternité illustre ; mais ce n'est point ici le lieu d'entreprendre une telle besogne, et il est, ce nous semble, plus utile de dire quel profit les Italiens ont su tirer de la découverte de l'impression des estampes.

Estampes proprement dites. — Tandis qu'en Italie les orfévres donnaient, à leur insu, naissance à la gravure, des artistes auxquels devaient être familiers les procédés de la ciselure profitaient de cette découverte et devenaient de véritables graveurs. Cette transition se fit insensiblement sans que personne en eût conscience. En outre, l'art italien, dès qu'il se fut manifesté d'une façon significative, se divisa en plusieurs écoles qu'il importe d'étudier séparément. Les artistes florentins aspirent à un autre idéal que ceux du nord de l'Italie, lesquels, comme tendances, diffèrent essentiellement des maîtres de l'Ombrie ou des États romains. Florence, Venise, Milan, Rome, Modène, Bologne commandent l'attention pour des raisons souvent fort diverses, chacune de ces villes vit naître des graveurs habiles à conserver l'originalité nationale qui caractérise ces écoles. Nous allons essayer de faire ressortir leurs signes distinctifs ; nous leur emprunterons en même temps les divisions naturelles de notre travail.

Florence. — Pour la gravure proprement dite, de même que pour les nielles, Florence devance les autres cités italiennes. Cette ville était vraiment prédestinée. Après avoir donné le jour pendant le moyen âge aux productions les plus admirables des peintres primitifs de l'Italie, elle fut encore le berceau de la gravure, comme si les deux arts, appelés à se rendre de continuels services, devaient naître sous le même ciel.

Les premières gravures sur métal exécutées en Italie se trouvent dans le *Monde Santo di Dio* (1477) et dans une édition de *Dante* (1481). Si l'on en croit Vasari, un grand peintre en fournit les dessins et même ne resta pas étranger à la gravure. Cet artiste qui se nomme Sandro Botticelli semble avoir eu pour collaborateur Baccio Baldini, graveur dont la vie n'est pas connue, mais auquel Bartsch attribue un assez grand nombre d'estampes. Celles du *Monte Santo di Dio* et de *Dante*, les *Prophètes* et les *Sibylles* accusent sans doute une main inexpérimentée; elles sont précieuses cependant à cause de la sûreté de dessin qui les distingue ; elles dénotent un rare sentiment de la beauté, et si les artistes auxquels on les donne, peu au fait d'un procédé nouveau dont les ressources leur échappaient, exprimèrent imparfaitement ce qu'ils avaient en eux, leurs œuvres, toutefois, méritent la plus sérieuse estime. Ces deux suites de *Prophètes* et de *Sibylles*, qui eurent à leur apparition une telle vogue qu'on fut contraint presque immédiatement d'en retoucher les planches fatiguées par les premiers tirages, et que des artistes allemands copièrent dès le commencement du seizième siècle, montrent assez de fortes qualités pour que l'opinion qui les attribue à Sandro Botticelli n'ait rien qui surprenne. C'est qu'en effet on y reconnaît les mêmes expressions de tête et en quelque sorte la même pratique que dans les tableaux du maître. Pour citer un exemple parmi les œuvres authentiques du célèbre Florentin conservées en France, nous indiquerons une *Vénus couchée*, possédée jadis par le marquis Campana et appartenant aujourd'hui au musée du Louvre. La tête de la déesse est exactement la même que celle de la sibylle Agrippa, et en faisant la part des procédés si différents de la peinture et de la gravure, il est évident que l'artiste a travaillé dans l'un et l'autre cas, par plans accentués, ne se préoccupant du modelé que lorsqu'il a arrêté d'un trait ferme et savant les contours extérieurs de la figure et assuré les formes de l'objet qu'il a voulu représenter.

Un contemporain de Maso Finiguerra, nielleur et

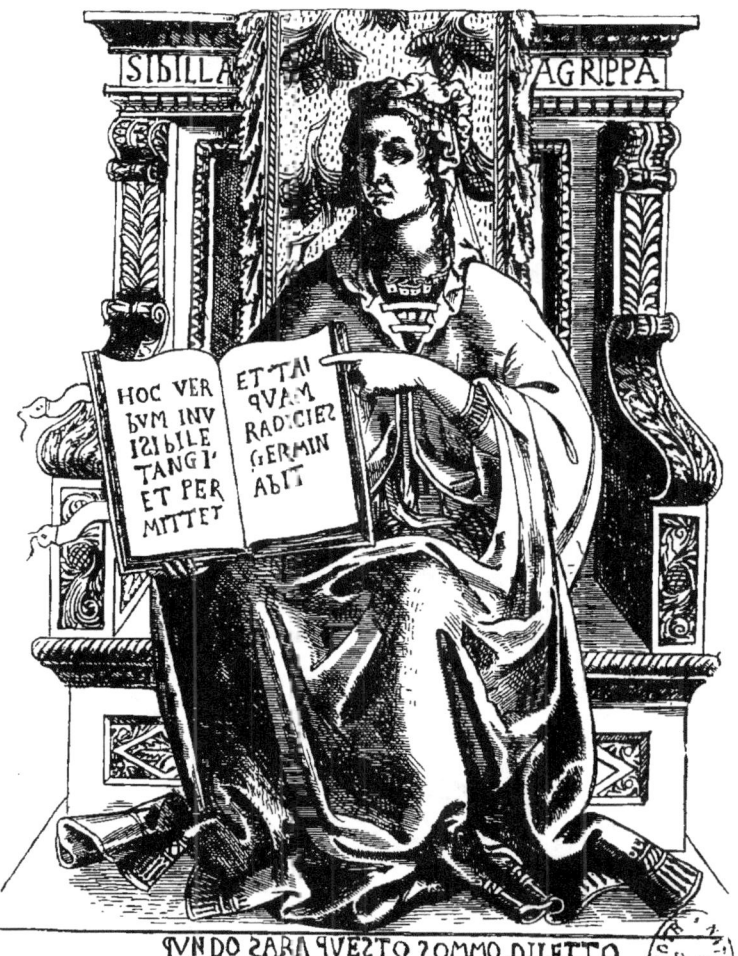

Fig. 2. — La sibylle Agrippa, d'après Sandro Botticelli.

orfévre, ainsi que lui, Antonio Pollajuolo, paraît avoir travaillé en même temps que les artistes dont nous venons de parler. Il naquit à Florence, en 1426, comme en fait foi une inscription placée sur son tombeau. Il étudia successivement sous Bartoluccio et sous Lorenzo Ghiberti; mais il quitta l'atelier de ces maîtres pour exercer librement l'orfévrerie. Si l'on en croit Vasari, le seul historien qui nous ait transmis des documents certains sur cet artiste, Pollajuolo possédait une étonnante habileté à tailler le métal; quoique ses productions fussent très-recherchées et s'écoulassent promptement, il ne se contenta point d'être un excellent orfévre, il voulut étudier la peinture, et demanda à son frère, Piero Pollajuolo, les secrets de ce grand art. Doué d'une facilité de travail extraordinaire et d'une volonté de fer, sa renommée comme peintre fut bientôt égale à celle qu'il avait acquise comme orfévre. Quoi qu'il en soit, ses tableaux sont assez rares, et ils se font remarquer par la façon pédantesque avec laquelle l'auteur a fait étalage de sa science anatomique autant que par le goût vraiment noble du dessin des figures. Cette exagération systématique des formes humaines, unie à une louable recherche du style, se retrouve dans les trois estampes que l'on attribue à cet artiste, un *Combat de dix hommes nus*, *Hercule et Antée*, et la *Lutte de deux Centaures*. Une seule de ces pièces est signée, il est vrai; mais elle suffit à démontrer que les deux autres proviennent aussi du même atelier. D'ailleurs Pollajuolo est, dans ses œuvres, aisément reconnaissable; il avait pour le dessin des préférences particulières, quelquefois outrées, et ce n'est pas lui qui eût laissé dans le demi-jour, comme la plupart de ses contemporains, les secrets d'un art qu'il possédait à fond.

Si l'on en croit quelques écrits récents, Frà Filippo Lippi aurait également manié le burin et gravé une *Annonciation* et un *Crucifiement*, qui font partie d'une série de quinze pièces relatives à la *Vie de la Vierge*. Il n'est certes pas invraisemblable que ces deux planches aient été exécutées d'après les dessins de Frà Filippo Lippi; mais qu'elles soient du maître, cela nous paraît très-contestable. En les comparant du moins à quelques estampes anonymes exécutées à la même époque, la *Prédication du frère Marc, David tuant Goliath, Salomon venant au-devant de la reine de Saba*, le *Jugement dernier*, par exemple, on reconnaît que la main qui a gravé, en les défigurant un peu, ces compositions grandioses et d'un dessin savant et précis, est aussi l'auteur des premières. Or, si le graveur de ces estampes avait été Filippo Lippi, il eût marqué ces œuvres de son cachet personnel et n'eût point omis, dans la *Vie de la Vierge* surtout, de placer la tête de Lucrezia Buti qu'il avait adoptée pour prototype de la figure de la mère du Christ et dont on retrouve si fréquemment le souvenir dans les visages de femmes répandus dans ses tableaux et dans ses fresques.

Vasari, qui a consacré un assez long chapitre aux graveurs de profession, n'y mentionne pas Robetta. Il paraît considérer cet artiste seulement comme orfèvre. Quelle que soit la cause de cet oubli, on doit affirmer que les estampes signées de ce nom méritent une sérieuse attention. Dessinées avec une préoccupation constante de l'élégance, gravées avec une souplesse et une franchise peu habituelles aux anciens graveurs italiens, elles peuvent quelquefois déceler de la timidité, de l'inexpérience, jamais on n'y trouve une faute grave contre le goût ou une notable incorrection de dessin. Bien que l'un des plus anciens graveurs de Florence, Robetta a fait suffisamment progresser l'art pour être considéré comme le dernier des primitifs.

Après ces primitifs, pour retrouver une série d'artistes fidèles aux caractères de l'école florentine, chose singulière! il faut interroger l'art français. En effet, quelques ouvrages de nos compatriotes révèlent le goût florentin, bien modifié, sans doute, non douteux cependant, aisément saisissable. François Ier et Henri II avaient fait venir en France Léonard de Vinci et Andrea del Sarto; ces deux maîtres, suivis bientôt de Primatice et de Rosso, attirèrent une cohorte de graveurs qui apportèrent leur sentiment natif et fondèrent, en s'associant aux travaux des artistes français, auxquels ils empruntèrent beaucoup de leur manière, cette école de Fontainebleau qui occupe, dans l'histoire générale de l'art, une place à part. C'est à peine si, à défaut de la gravure, le souvenir de cette école fameuse subsisterait. Les ouvrages de Rosso ont totalement disparu; et, si l'on excepte la grande galerie des Fêtes, qui a déjà nécessité de nombreuses restaurations, on aurait quelque peine à trouver la trace du séjour en France de Primatice. L'influence de ces artistes fut pourtant immense. Sous leur direction, l'art subit une transformation complète. Après avoir demandé, tantôt à la Flandre, tantôt à l'Italie, leur inspiration, les Français inspirèrent à leur tour les artistes venus de tous pays. Les Italiens, comme les autres, modifièrent leurs allures, et le Rosso, qui venait de décorer d'une fresque admirable les murs du cloître de l'Annunziata, à Florence, dès qu'il eut mis le pied sur notre sol, rompit avec les traditions de son école et changea de manière. Le fait est qu'il en changea si bien, qu'il ne fut bientôt plus reconnaissable. L'art emprunta à la mythologie les sujets de compositions nombreuses, et presque exclusivement chrétien jusqu'alors, auxiliaire puissant et actif de l'Église, il se fit tout à coup païen et se complut à retracer sur les murailles de Fontainebleau les aventures des dieux et des déesses de l'Olympe, les exploits des héros de la Fable. Assurément c'était là un changement étonnant et bien considérable. Les maîtres du lieu ne pouvaient s'accommoder de sujets en désaccord flagrant avec leurs habitudes frivoles ; et des peintures mystiques eussent fait un contraste singulier dans une demeure où la cour ne cessait de vivre au milieu des plaisirs et des fêtes. C'est Rosso qui fut chargé le premier de la décoration de Fontainebleau. Il en comprit supérieurement les conditions particulières ; il s'identifia avec le caractère qu'il fallait lui imprimer, et il sut oublier, au moins pour un temps, le souvenir du milieu où il avait appris son art pour songer uniquement aux désirs qu'il devait satisfaire.

Nous examinerons plus loin, lorsque nous nous occuperons de la gravure en France, l'importance qu'eut sur l'art l'école de Fontainebleau ; en ce moment nous nous bornons à constater la part que prit Florence à ce mouvement, et l'ascendant d'un maître de cette école sur ses contemporains étrangers. Mais l'art florentin, si homogène et si vivace à l'origine, se dissémine et s'affaiblit aussitôt après le seizième siècle. Les historiens signalent quelques talents sans noter une seule individualité saillante ; la première place appartient désormais aux contrées voisines.

Les villes italiennes du Nord. — Un des artistes qui semble avoir accueilli avec le plus d'empressement le mode nouveau d'exprimer sa pensée fut Andrea Mantegna. Né à Padoue en 1431, il avait appris le dessin sous Francesco Squarcione, et tout jeune encore il s'était livré à la peinture. Son talent lui valut la protection de Louis de Gonzague, duc de Mantoue ; il le fit aussi choisir par le pape Innocent VIII pour décorer une chapelle du Belvédère. Comme peintre, sa renommée devint immense, et, de son temps, ses œuvres furent l'objet de la plus haute estime. Le désir de répandre au loin les compositions qu'il se promettait d'exécuter plus tard et qu'il exécuta en effet dans le palais du duc de Mantoue, fut certainement l'un des principaux motifs qui le déterminèrent à adopter et à patronner la gravure. Malheureusement il ne put achever la vaste suite du *Triomphe de Jules César*, qu'il avait entrepris de graver. La lenteur du procédé, le besoin de produire des œuvres d'un autre genre l'obligèrent à abandonner ce vaste travail ; mais, pour la plus grande gloire de l'art, il continua à manier le burin et mit au jour plusieurs planches dignes de l'admiration qui ne cessa, à bon droit, de les entourer. La fermeté du dessin, la correction des détails et le fini précieux qu'on signale dans les tableaux du maître n'existent point, il est vrai, dans ses estampes ; à la place de l'exécution minutieuse qu'un peintre ne saurait atteindre sur le métal, on trouve les accents d'une main savante qui se contente de tracer un croquis, se réservant de donner dans la peinture le dernier mot de son savoir. Mais cette négligence apparente de travail, ou plutôt cette franchise d'allure et cette aisance ne nuisent en rien à l'exactitude du contour, à la force de l'expression. On peut même dire qu'avec sa rudesse calculée et son attention systématique à éviter les effets pittoresques, le maître a marqué certaines compositions, la *Mise au Tombeau* et la *Descente aux Limbes*, entre autres, d'un étrange cachet de sinistre grandeur, caractère d'ailleurs que comportaient parfaitement les sujets. C'est l'âme que Mantegna prétend émouvoir et non l'œil qu'il veut charmer. Incessamment en quête de la beauté, de cette beauté particulière qui se rapproche de la majesté plutôt que de la grâce, il a une vive prédilection pour les mouvements pathétiques ou les épisodes lugubres. Qu'il nous fasse assister à la douleur de saint Jean pleurant le Christ mort, ou bien qu'il nous montre un jeune homme ivre affaissé sur une cuve et soutenu par un faune, les figures qu'il met en scène ont toujours une ampleur, une noblesse singulière. La Vierge telle qu'il la comprend n'est pas douce ou résignée. Elle est fière de son divin fils adoré par les rois

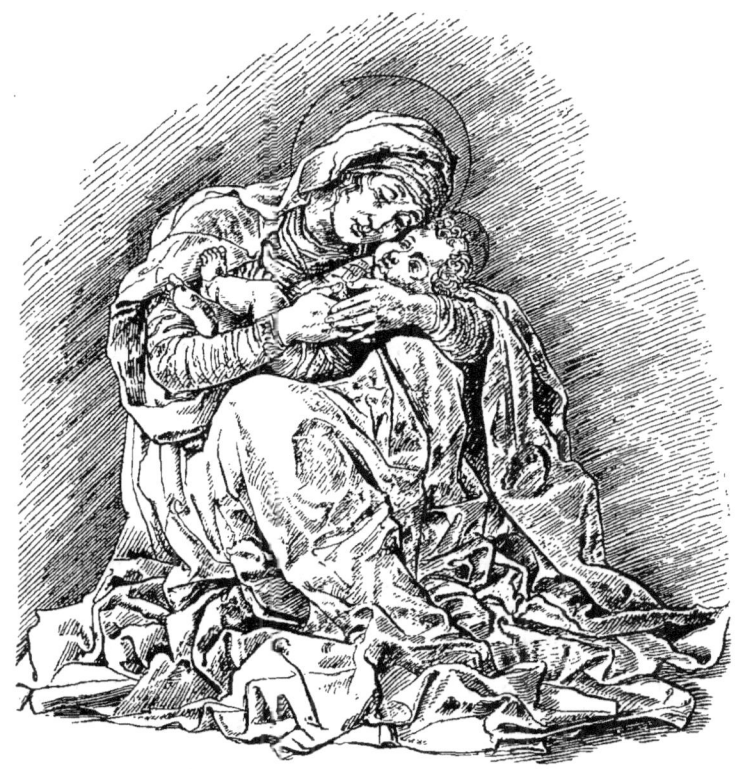

Fig. 3. — La Vierge et l'Enfant Jésus, gravure d'Andrea Mantegna.

mages ; elle est anéantie par la douleur au moment de la mise au tombeau. Malgré cette façon particulière d'exprimer la beauté, Mantegna prouva qu'il savait aussi exprimer l'élégance de la jeunesse dans une estampe superbe qu'il n'a pas signée, mais qui lui est justement attribuée : *Saint Sébastien.*

A proprement parler, les estampes d'Andrea Mantegna doivent être considérées comme les premières qui aient été exécutées en Italie. L'école inspirée par ce maître et dirigée par lui-même pendant quelques années, acclimata d'une façon définitive la gravure dans l'Italie septentrionale. Toutefois les artistes qui s'y enrôlèrent sont fort ignorés. Peu soucieux de renommée, ils négligèrent presque toujours d'inscrire au bas de leurs ouvrages un monogramme ou une marque qui les fît reconnaître, et lorsqu'ils prirent ce soin ils employèrent simplement des initiales, ce qui rend leur identité difficile encore à établir. Les noms de deux artistes, Zoan Andrea et Giovanni Antonio da Brescia, nous sont parvenus; mais si l'on peut les rapprocher avec certitude de quelques planches, beaucoup resteront sans attribution possible. Ajoutons, du reste, que le plus grand nombre des estampes anonymes sorties de l'école de Mantegna ne révèlent pas des qualités bien frappantes. Exécutées sous les yeux du maître, ou inspirées par sa manière, si elles témoignent d'un savoir particulier et d'aspirations élevées, aucune ne s'écarte de la routine de l'école au point de laisser apercevoir une personnalité réelle : ce sont œuvres de disciples dociles faisant assez bon marché de leur originalité. Lorsque cette originalité semblait moins nécessaire, les élèves de Mantegna l'affirmèrent cependant en traits décisifs; nous voulons parler des ornements et des arabesques, qu'ils surent disposer avec une grâce et une habileté merveilleuses. Ils avaient sous les yeux les sculptures admirables répandues à profusion dans les églises et dans les palais de l'Italie du Nord. Dans ces travaux où l'imagination est seule en jeu, où la forme humaine, lorsqu'on en fait usage, se ploie, sans préjudice pour l'art, à des exigences spéciales, aux caprices de l'artiste, les élèves de Mantegna, libres de donner carrière à leur imagination, et tout en restant fidèles aux principes de leur école, inventèrent et multiplièrent des œuvres durables et transmirent au loin avec leurs estampes quantités d'arabesques charmantes, dont on ne trouve pas l'équivalent ailleurs qu'à Venise, à Vérone ou à Padoue.

Quelque prépondérante que fût l'influence d'André Mantegna sur les graveurs du nord de l'Italie, quelle qu'ait été l'autorité de son enseignement, à côté de son école il se forma cependant un groupe d'artistes pour qui l'art tout entier résidait à Venise. Le maître de leur choix était l'illustre Giovanni Bellini ; et quand par hasard ils s'aventuraient à regarder les fresques de Mantegna chez les Eremitani de Padoue ou dans le palais des Gonzague, ils revenaient bien vite témoigner par leurs travaux de l'admiration exclusive et constante dont les remplissaient les peintures de Jean Bellin, du Titien et de Giorgion. Heureuse la ville qui suffit à toute une légion d'artistes de talent ! Heureux les graveurs qui trouvent dans les œuvres contemporaines de magnifiques modèles à reproduire sous les yeux mêmes de ceux qui les ont créés ! Ce n'est pas à dire que les graveurs vénitiens ne puisèrent jamais en eux-mêmes les compositions qu'ils mirent sur le métal, qu'ils eurent toujours recours à l'inspiration et aux dessins d'autrui. S'il ressort de chacun de leurs ouvrages une influence commune, néanmoins, lorsqu'on examine les planches de Mocetto, de Jules et de Dominique Campagnola, de Benedetto Montagna, ou de Jacques de Barbari, il n'est pas possible de croire que ces artistes se soient toujours astreints au rôle modeste d'interprète. Ils étaient peintres pour la plupart, et l'on doit supposer qu'ils estimaient assez leurs productions pour les graver de préférence à d'autres.

Girolamo Mocetto, dont la vie est à peu près inconnue, fut à la fois peintre et graveur. Plusieurs tableaux signés de son nom en toutes lettres ne donnent point une haute idée de son talent comme peintre. Ses estampes le font connaître sous un jour plus favorable. Quoique d'un burin un peu âpre et assez inexpérimenté, elles prouvent du savoir et un sentiment de dessin fort élevé. Mocetto s'inspira indistinctement des œuvres de Mantegna et des œuvres de Jean Bellin. Ses estampes, exécutées sans doute sur un cuivre très-tendre, sont de la plus grande rareté. Deux planches, *Judith et Holopherne*, *Bacchus assis au pied d'un cep de vigne*, suffiraient au besoin pour donner du talent de l'artiste une haute opinion. Ces gravures, les plus importantes de l'œuvre de Mocetto, nous intéressent en outre parce qu'elles attestent que l'auteur ne connut point, comme la plupart de ses contemporains, les estampes d'Albert Dürer, importées en Italie dès cette époque, ou bien, s'il les connut, qu'il ne s'en préoccupa guère et qu'il se déroba à leur influence.

Giulio Campagnola était un savant ; il lisait le grec et le latin et connaissait l'hébreu. Savant lui-même, son père s'était appliqué à lui donner de bonne heure une éducation forte et variée. Mais en même temps qu'il approfondissait ses études linguistiques, son goût pour les arts se manifestait, et à cet égard ses dispositions furent telles, qu'un de ces contemporains, Mateo Bosso, dans une lettre à Hector Théophanes, ne craignit pas de dire que : « Ces ouvrages peuvent rivaliser avec ceux des grands maîtres vénitiens ; que, mieux que tout autre, il est à même de reproduire une peinture de Mantegna ou de Jean Bellin, et que, pour les portraits, personne avant lui n'a obtenu d'une façon aussi complète la ressemblance des moindres traits. » En faisant la part de ce qu'il y a certainement d'exagéré dans le récit enthousiaste de ce Matteo Bosso, ami des Campagnola, il faut admettre cependant que les débuts du jeune Giulio durent être fort brillants. On sait positivement qu'il fut au nombre des hommes de talent qu'Hercule d'Este attira à la cour de Ferrare. A quel titre figura-t-il dans cette réunion d'élite ? on l'ignore ; mais si c'est comme peintre, supposition nullement invraisemblable, nous ne sommes pas en mesure de décider tous ses mérites, aucun de ses tableaux ne nous ayant été conservé. On ne peut donc juger le talent de cet artiste que sur les quelques estampes qu'il a signées et que le temps a épargnées. Elles ne se recommandent pas toutes par les mêmes qualités : les unes, inspirées par l'influence d'Albert Dürer, sont curieuses à cause du travail particulier auquel s'est livré l'auteur ; d'autres reproduisent des œuvres que l'on peut croire sans inconvénient inspirées par Giorgion, par Jean Bellin ou par Mantegna ; celles-ci conservent avec sincérité le goût de ces artistes sans donner précisément la forme rigoureuse des objets et des figures, le graveur sacrifiant un peu au charme de la coloration la vérité absolue du dessin. Enfin, dans les paysages de Giulio, empruntés aux pays qu'il a habités, on saisit une étude de la nature que ses personnages n'annoncent pas au même degré. Au demeurant, Giulio Campagnola est un des premiers qui songèrent à tenir compte en gravure de la couleur des tableaux. Il est en même temps un de ceux qui introduisirent dans la pratique cette façon de modeler par petits points juxtaposés et diversement espacés qui peut, dans une certaine mesure, faire pressentir l'invention future de la gravure à l'aquatinte.

La parenté de Dominique Campagnola avec Giulio n'est pas bien établie ; néanmoins les deux homonymes associèrent quelquefois leur talent. Une planche, le *Concert*, montre, en effet, les deux artistes se prêtant un mutuel concours, et un dessin, *Saint Jean-Baptiste*, fournit un autre témoignage de cette collaboration. Le talent de Dominique diffère cependant en plus d'un point de celui de Giulio. Trop pressé de confier ses impressions à la toile ou au métal, Dominique Campagnola ne se préoccupe pas assez de la correction des formes et ne prend nul souci de la beauté ; bien qu'il ait fréquenté l'atelier du Titien, à certaines de

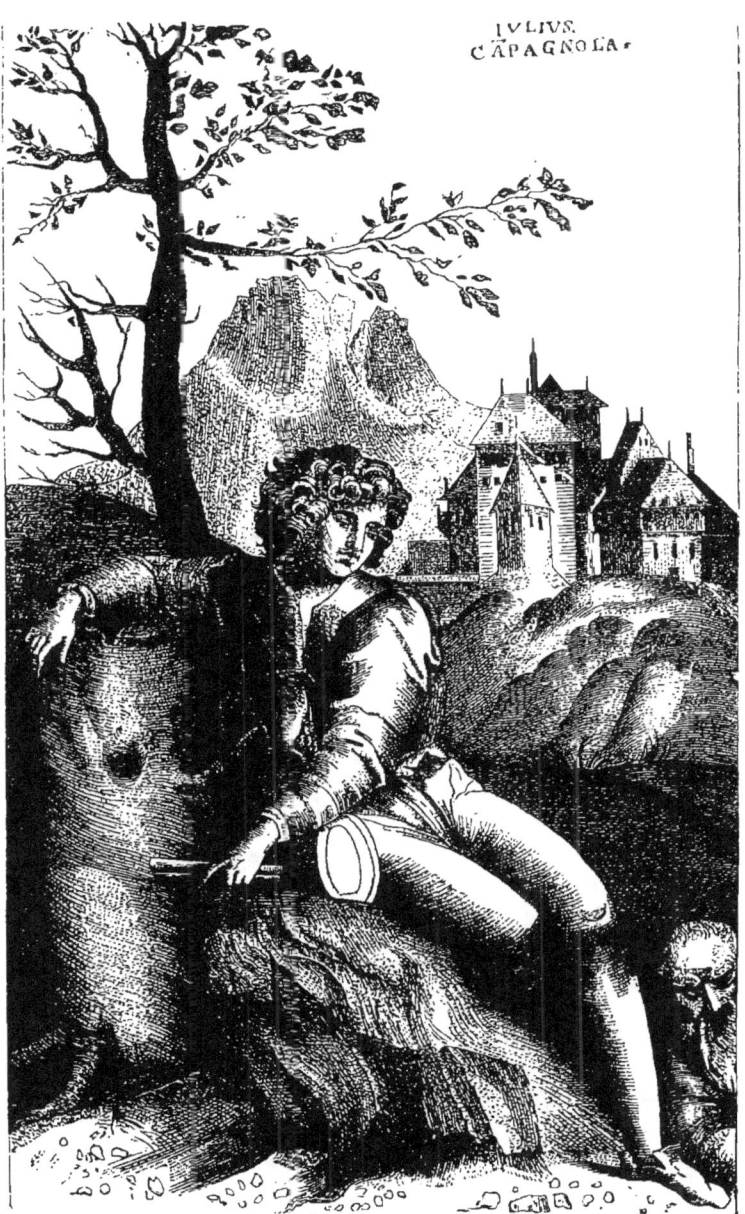

Fig. 4. — Jeune homme, gravure de Giulio Campagnola.

ses œuvres on le croirait de l'école d'un maître moins châtié, de Jacopo Robusti, dit le Tintoret ; il exagère délibérément les contours, force les mouvements et les expressions sous prétexte de les mieux accuser. Quant à la jalousie que ses travaux auraient inspirée à son maître, qu'on les examine et l'historiette perdra toute vraisemblance. Ses paysages ont assurément plus que ses autres peintures des rapports avec la manière du Titien ; mais suffiraient-ils à justifier la fameuse jalousie en question ? Chez Titien, le paysage occupe sans doute une large place ; cependant le plus souvent il n'apparaît que pour encadrer une composition accompagnée de figures ; il est dans l'ensemble des tableaux du peintre un accessoire, et contribue en quelque sorte accidentellement à sa renommée. Enfin les premiers plans de Campagnola n'ont pas à beaucoup près la grandeur de ceux du Titien, et si les lointains, par leur exécution savante, soutiennent effectivement une glorieuse comparaison, on y découvre parfois une uniformité et des défaillances de touche dont sont exemptes les œuvres de l'illustre Vénitien.

Benedetto Montagna, né à Vérone comme G. Mocetto, travaillait de 1505 à 1524. Son burin est plus lourd que celui de son compatriote et son dessin moins correct. Plus qu'aucun des artistes que nous venons de nommer, il céda à l'influence d'Albert Dürer. Ses premières estampes, exécutées à l'imitation de ses œuvres peintes, manquent de grâce. Mais le *Sacrifice d'Abraham*, sa planche la plus importante, est habilement composé et exécuté avec adresse ; le dessin en est aussi d'un meilleur caractère que de coutume. Les belles épreuves des estampes de Montagna sont assez rares ; gravées sur un métal tendre, elles ne purent subir qu'un tirage restreint, et, dès qu'elles sont un peu dépouillées, elles perdent presque toutes leurs qualités.

Jamais lieu de naissance ne fut plus discuté que celui de Jacopo de Barbari, connu sous le nom de *Maître au Caducée*. Les uns le disent originaire d'Allemagne, les autres contemporain et compatriote de Lucas de Leyde ; ceux-ci veulent qu'il soit né en France, ceux-là pensent que Ferrare est sa patrie. Enfin, les auteurs les plus récents le confondent avec un certain Jacob Walch, né à Nuremberg. La vérité est qu'il naquit à Venise vers 1450, date qu'un tableau signé et portant le millésime de 1472 rend probable. Il est juste de dire que sa manière de graver explique les différentes hypothèses dont il a été l'objet. Si l'on a égard aux attaches fines des figures de ses estampes et à une certaine recherche de la grandeur, comme dans le *Saint Sébastien lié à un arbre*, on n'hésitera pas à reconnaître en lui un descendant de l'école dont Mantegna fut le chef ; d'autres fois, au contraire, ses planches dénotent une origine tudesque. Cependant des caractères aussi opposés chez un même artiste n'ont plus lieu de surprendre quand l'on sait que Philippe de Bourgogne, fils naturel de Philippe le Bon, retint Jacques de Barbari auprès de lui et l'emmena à Nuremberg, puis en Hollande, où le peintre-graveur exerça une assez grande influence sur l'art de ce pays. Jacques de Barbari était mort en 1516. Ses rares tableaux, conservés dans les galeries publiques ou particulières, attestent plus que ses estampes une origine italienne. Médiocrement doué en fait d'imagination, il exécutait une figure isolée mieux qu'une composition ; ses personnages sont maigres, avec des têtes ou d'une grosseur démesurée ou d'une petitesse qui frise le ridicule. Son principal mérite consistait à donner à ses figures une grâce et aux attaches des membres une finesse qui, en dépit de grossières incorrections de dessin, révèlent un artiste délicat, curieux de la couleur et, par ce côté, disciple de l'école qu'inspirèrent Jean Bellin et le Giorgion.

Titien et ses élèves furent mal servis par les graveurs. A l'exception des estampes sur bois dont nous avons parlé plus haut, pas un artiste contemporain ne consacra son talent à leurs tableaux, et le petit nombre de planches exécutées de leur temps sont l'ouvrage d'hommes dénués d'expérience, incapables de traduire les modèles qu'ils avaient sous les yeux. En vérité les noms de ces interprètes malhabiles ne méritent pas d'être tirés de l'oubli. A Venise, comme dans presque toutes les villes du nord de l'Italie, l'art avait atteint pendant les quinzième et seizième siècles le rang le plus élevé, mais la décadence suivit de près la période glorieuse. Les graveurs, après avoir profité avec enthousiasme de l'invention récente, après avoir produit des œuvres dans lesquelles le sentiment de la forme et de la couleur est exprimé avec une habileté exceptionnelle, semblèrent tout à coup entrer dans le repos et rester inactifs. Aussi la saveur qui se dégage des travaux de l'école primitive s'évanouit sans retour. Au dix-septième siècle, un artiste flamand, Valentin Lefèvre, passa la plus grande partie de sa vie à Venise, où il grava d'une pointe assez fine les plus belles pages du Titien et de Paul Véronèse. Cependant ces estampes, traitées en simples croquis, donnent bien les compositions de ces grands artistes, mais non l'effet puissant, irrésistible, ni la splendide couleur de leurs tableaux.

L'école vénitienne compte encore un artiste d'un ordre élevé, quoique dans un genre secondaire, le paysage ; mais, pour le rencontrer, il faut arriver au dix-huitième siècle. Nous voulons parler d'Ant. Canaletto, qui fit passer sur le cuivre, à l'aide de sa pointe habile, le charme de ses tableaux. Dans ses nombreuses vues de Venise, pleines de vives clartés et d'ombres douces, les personnages bercés dans les gondoles, se promenant sur la place Saint-Marc ou gravement assis sous le palais des doges, sont supérieurement groupés et agencés ; chaque coup de pinceau est un brillant trait d'esprit, et la température sans rivale de Venise, la limpidité de l'atmosphère, la pureté de l'air, l'artiste a exprimé ces mille choses indéfinissables avec une vérité merveilleuse, avec un bonheur étonnant. Sur les murailles de nos musées, les tableaux de Canaletto semblent éclairer les œuvres qui les avoisinent et transportent ceux qui les regardent dans ce beau pays des horizons dorés et des palais de marbre, de la lumière et du soleil. Les mêmes qualités, à un degré moindre cependant, se retrouvent dans les eaux-fortes du maître. Canaletto n'apparaît toutefois que comme une exception dans l'école vénitienne des derniers temps, et s'il se trouva un peintre, Guardi, qui chercha à imiter ses tableaux, on ne peut citer le nom d'un seul graveur qui ait tenté de s'inspirer de ses eaux-fortes ; celles-ci demeurent donc, dans l'art, comme une manifestation isolée.

Tandis que Canaletto retraçait les quartiers de Venise les plus pittoresques, un peintre qui jouit d'une réputation peut-être exagérée gravait ses propres compositions ou celles de son père et faisait preuve d'un talent véritable. Dominique Tiepolo sut, en effet, obtenir de la gravure à l'eau-forte des résultats charmants, et si ses peintures manquent quelquefois d'harmonie, ses estampes plaisent par leur aspect vif et chatoyant. On y chercherait en vain une forme précise, un contour exact ; les figures sont d'une incorrection grossière et ne supportent pas l'examen ; mais ces défauts graves ne doivent pas empêcher de regarder ces planches qui séduisent l'œil et réjouissent le regard. Estimées pour ce qu'elles valent, les estampes de Tiepolo fournissent d'utiles exemples : elles montrent les ressources de la gravure quand la lumière est bien distribuée, et plus d'un artiste pourrait, en les étudiant, apprendre les lois du clair-obscur.

Marcus Pitteri grava, d'après Pierre Longhi, les *Sept Sacrements* au moyen d'un procédé particulier ; il employait des tailles parallèles dont l'intensité varie selon l'importance de la lumière ou de l'ombre. D'un effet peu agréable, ce genre de gravure produit cependant à certaine distance une assez bonne impression. La suite des *Sept Sacrements*, qui constitue le meilleur ouvrage de l'artiste, donne sur les mœurs de Venise au dix-huitième siècle plus d'un renseignement curieux; c'est, du reste, pour les sujets empruntés à la vie domestique que l'œuvre de Pitteri mérite surtout d'être recherché; en effet, lorsque cet artiste grave presque de grandeur naturelle les têtes de Jésus-Christ, de la Vierge, des évangélistes et des apôtres, ou des portraits d'après J. B. Piazetta, on voit combien sa manière est impuissante à exprimer d'une façon suffisante le modelé des chairs. L'aspect de ses planches est même alors insupportable. Nous retrouvons, au contraire, l'intérêt qui s'attache à toute œuvre donnant sur les coutumes d'un pays des documents certains, dans quatre planches d'après P. Longhi et représentant un *Seigneur partant pour la chasse, ses gens apprêtant les munitions, nettoyant ses armes,* puis le *Seigneur à table avec ses compagnons, finissant gaiement la journée.*

Pendant le dix-huitième siècle, il serait encore aisé de mentionner quelques graveurs qui travaillaient à Venise, et mettaient leur talent au service des peintres en vogue à cette époque. Parmi eux, il faudrait nommer Giacomo Leonardis et Pietro Monaco ; mais la part que ces artistes prirent au mouvement général de l'art est si minime, que ce serait dépasser la juste mesure que de leur accorder mieux qu'une simple mention.

Milan. — A Milan, un grand maître inspire toute l'école, et l'influence de son génie suffit à toute une génération d'artistes. Léonard de Vinci, dont les œuvres sublimes sont peu nombreuses, s'exerça dans toutes les branches de l'art. Peintre, il fixe sur le mur de Santa-Maria delle Grazie la fameuse *Cène* dont la composition admirable est si répandue ; sculpteur, il modèle la statue équestre de François Sforza que les soldats français détruisirent en 1499, lors de l'entrée de Louis XII à Milan ; architecte et ingénieur, il surveille les travaux de canalisation de l'Arno ; enfin il fut musicien par surcroît, et Vasari raconte que la première fois que Léonard de Vinci parut devant Louis Sforza, ce fut dans une fête que donnait le duc ; il se présenta tenant une lyre façonnée de ses mains, et ravit tellement l'assemblée par les sons mélodieux qu'il en tira, que, malgré le grand nombre de musiciens présents à la fête, tous les suffrages lui furent acquis. Il n'est pas impossible non plus que Léonard ait manié le burin et l'échoppe ; l'universalité de ses connaissances, révélée par les manuscrits de cet illustre artiste conservés à Paris, à Milan et en Angleterre, autorise une semblable supposition. Luca Pacioli, dans la dédicace de son livre *de Proportione divina*, ne dit-il pas positivement que Léonard de Vinci est l'auteur des bois qui ornent son ouvrage : « *Nec vero multo post, spe animos alente, libellum cui* de Divina proportione *titulus est Ludovico Sforciæ, duci Mediolanensi, nuncupavi. Tanto ardore ut schemata quoque sua Vincii nostri Leonardi manibus scalpta ?* » Le texte est vraiment si formel qu'il ne semble autoriser aucune discussion. Cependant il nous paraît difficile d'admettre, après avoir examiné le volume en question, que Léonard de Vinci ait pris d'autre peine que celle de fournir les dessins. Encore la chose est-elle douteuse ; une découverte récente, faite par M. G. d'Adda et consignée dans la *Gazette des Beaux-Arts* (août 1868), nous apprend d'une façon positive que les deux profils qui ornent cet ouvrage, et qui offrent seuls un caractère bien particulier, ont été empruntés par Pacioli à un livre de Piero della Francesca. N'est-il pas dès lors plus raisonnable d'admettre que le mot *scalpta* n'a pas ici le sens que l'on a été jusqu'à ce jour tenté de lui donner, et que l'auteur du livre a seulement voulu indiquer que les ouvrages de Léonard lui avaient été d'un grand secours ?

On attribue à Léonard de Vinci plusieurs autres estampes, et il y en a quelques-unes que nous sommes tout à fait d'avis de regarder comme ayant été exécutées par lui. Si ces ornements bizarres qui paraissent formés de cordes nouées peuvent, malgré l'inscription centrale *Academia Leonardi Vinci*, appartenir comme composition et comme gravure à un autre artiste — on sait que les estampes sur bois signées du monogramme d'Albert Dürer les retracent d'une façon identique, — il n'en est pas de même de *trois têtes de chevaux* dont nous ne saurions indiquer l'auteur, s'il n'était Léonard de Vinci lui-même. La première fois que cette planche nous tomba sous les yeux, elle était confondue dans un recueil considérable, avec d'auciennes estampes de l'école italienne; notre première impression nous porta à l'attribuer à Léonard, tant elle nous rappelait certains dessins de ce maître que nous avions examinés à Milan et à Florence; elle nous intéressa à ce point que nous voulûmes, nous défiant de notre propre sentiment, savoir si elle avait été remarquée par d'autres historiens, et nous nous assurâmes que nous ne nous étions pas précisément trompé, puisque Passavant donnait cette estampe à Verocchio, le maître de Léonard de Vinci, et qu'Ottley inclinait à la regarder comme l'œuvre du grand artiste lui-même. Depuis que notre attention s'est portée sur cette estampe, nous avons étudié à Windsor, dans la splendide collection de la reine d'Angleterre, les trois volumes manuscrits de Léonard de Vinci qu'on y conserve, et nous n'avons pas été médiocrement ravi lorsque, sur la page de l'un de ces manuscrits, au milieu d'un certain nombre de dessins de chevaux, notre estampe collée et venant à l'appui d'une opinion écrite de la main de Léonard nous est apparue. Cette preuve matérielle, pour ainsi dire, n'est pas sans doute encore absolument concluante, Léonard ayant pu prendre une œuvre de son maître comme exemple; elle est cependant, ce nous semble, assez considérable pour être consignée et pour mériter une sérieuse attention. *Une femme vue en buste et en profil* et *Quatre hommes caracolant sur des chevaux*, estampes de la plus grande rareté conservées à Londres et à Milan, nous paraissent encore tout à fait dignes de l'attribution illustre dont elles ont été l'objet. A l'égard des autres planches données à Léonard, nous ne saurions autant nous avancer; tout en reconnaissant que le *buste de vieux guerrier*, la *Femme couronnée de lierre* et la *Tête de vieillard*, rappellent beaucoup la manière de l'illustre Milanais, nous ne serions pas éloignés de croire qu'un élève, aussi bien que le maître lui-même, les a confiés au métal.

Trois planches, gravées anciennement d'après la *Cène* de Léonard de Vinci, reproduisent la composition du grand maître, en la modifiant toutefois; les graveurs sont restés tellement au-dessous de l'original qu'il faut accorder une médiocre estime à leurs ouvrages. Une *Tête de jeune fille légèrement inclinée*, un *Amant caressant sa maîtresse*, et une *Jeune fille courtisée par une espèce de fou*, rappellent de loin l'école de Léonard; mais faute d'avoir eu la précaution d'inscrire leurs noms au bas de ces planches, les artistes qui les inventèrent et qui les gravèrent sont demeurés dans l'oubli. Le goût du dessin nous fait songer à quelque élève plutôt qu'au maître. Notre embarras est moindre devant trois planches attribuées comme gravure et comme dessin à Cesare da Sesto. Quoiqu'il ne soit pas prouvé que cet artiste ait lui-même transporté son dessin sur le métal, nous croyons reconnaître sa main dans la *Décollation de saint Jean-Baptiste*. Vêtu à la mode du seizième siècle, coiffé d'un toquet à plumes, le bourreau remet le sabre dans le fourreau, et Salomé, portant la tête de saint Jean sur un plat, suit Hérodiade qui se sauve. Cette composition, bien agencée, fait songer à un petit croquis égaré dans le volume des dessins de Léonard, acquis il y a quelques années par le musée du Louvre, et sans conteste de la main de Cesare da Sesto. Les deux autres estampes que l'on attribue également à cet artiste sont d'un tout autre genre et peut-être bien apocryphes; elles représentent une *Biche couchée dans un îlot* et un *Cerf broutant*.

Avant de quitter les artistes primitifs de l'école milanaise, nous devons mentionner un précieux volume contenant des estampes sur bois, d'un dessin exquis, qui se rattachent tout à fait à l'école que dirigea Léonard de Vinci. Ce volume, consacré à sainte Véronique, a été imprimé à Milan en 1518; sur dix estampes qu'il renferme, trois particulièrement semblent dessinées par Luini, tant le dessin est suave et l'expression tendre. Ce sont celles qui précèdent les livres III, V et VI, c'est-à-dire le *Christ et sainte Véronique lisant*, un *Ange guidant la main de sainte Véronique écrivant* et *Sainte Véronique agenouillée devant un ange qui tient un livre dans lequel elle lit*.

Parme. — Francesco Mazzuoli, dit le Parmesan, fut non-seulement le meilleur graveur de son école, il fut aussi, si l'on a égard au résultat, le premier qui sut obtenir de la gravure à l'eau-forte ce qu'elle est capable de donner. Albert Dürer, et avant lui plusieurs autres artistes, avaient utilisé ce procédé, mais sans lui rien demander de plus que ce qu'il était alors apte à exprimer. En traçant un dessin sur le vernis, la pointe ne doit jamais chercher à contrefaire le travail du burin, elle a sa mission propre, laquelle consiste à transmettre des épreuves nombreuses d'un même dessin, inventé par le peintre, exécuté prestement et livré aux regards sans l'intermédiaire toujours dangereux d'un interprète. L'eau-forte est par excellence la gravure des peintres, et qui sait dessiner peut aisément graver à l'eau-forte. Francesco Mazzuoli trouva donc dans ce procédé des ressources inconnues avant lui. Si les planches qu'il signa, dessinées avec élégance et distinction, révèlent de l'insouciance pour la pureté et le fini de l'exécution, elles renferment toutes les qualités du peintre : la grâce, le charme et une sorte de beauté particulière qui ne recule point devant les allures fières et hardies, devant les formes élancées et sveltes. Elles attestent aussi une entente du clair-obscur qui avait échappé aux prédécesseurs du Parmesan, et voilà par où elles se rattachent à l'école qui vit naître Corrége. L'influence directe de cet artiste de génie y est manifeste. Les sujets religieux conviennent moins au Parmesan que les compositions mythologiques. Le Christ tel qu'il le comprend a un caractère qui rappelle un peu trop le type d'Adonis; sous sa pointe, la Vierge est coquette et mondaine. Fort déplacée en certains cas, cette afféterie choque moins lorsqu'elle s'empare de figures païennes, telles que *Polymnie* ou *Vénus s'essuyant au sortir du bain*. Là le tempérament de l'artiste bien à l'aise et complétement libre prend son véritable essor. A leur apparition, les planches du Parmesan eurent le même succès que ses peintures; elles étaient avidement recherchées, et plusieurs élèves, désireux de profiter de la vogue de leur maître, s'efforcèrent d'imiter sa manière, de s'approprier le procédé qu'il avait mis en honneur. L'un d'eux, Andrea Meldolla, réussit assez pour que ses ouvrages fussent quelquefois confondus avec ceux de son maître. Mais l'érudition moderne a fait justice de cette confusion. Travaillant constamment à côté de Mazzuoli, guidé par lui, recevant tous les jours ses conseils, reproduisant le plus souvent ses ouvrages, A. Meldolla en était arrivé à s'identifier tellement avec la manière de voir et de rendre la nature propre au maître, que les méprises auxquelles ont donné lieu ses gravures sont très-excusables. Cette docilité aux préceptes du Parmesan était si grande, que, lorsque Meldolla gravait les ouvrages de Raphaël, il leur imprimait un goût de dessin qui rappelait celui du Parmesan, et cette assimilation était poussée à tel point, que, si on n'avait pas connu la provenance des originaux, on aurait pu en faire honneur au peintre de Parme. Le procédé de gravure des deux artistes diffère cependant. Tandis que Mazzuoli emploie uniquement l'eau-forte, A. Meldolla appelle souvent le burin à son aide et n'hésite pas non plus à employer la pointe sèche, c'est-à-dire qu'il dessine sur le métal nu avec une pointe, afin d'obtenir des effets que la morsure ne peut donner et que le burin est incapable de rendre. Il fit aussi des essais de gravure en clair-obscur sur cuivre. Au moyen de deux ou trois planches imprimées successivement, il chercha à produire ce que les graveurs en camaïeu obtenaient si bien, l'aspect d'un dessin lavé, et cette tentative est curieuse à Parme, où les graveurs en camaïeu semblaient s'être donné rendez-vous pour reproduire les ouvrages de Francesco Mazzuoli. Une pièce signée et datée de 1540, l'*Enlèvement d'Hélène*, révéla le nom de Meldolla et fit admettre cet artiste au rang des graveurs ; jusqu'à la fin du dix-huitième siècle néanmoins, ses estampes furent attribuées à Andrea Schiavone, peintre vénitien, élève du Titien et de Giorgion, ou bien confondues avec les planches anonymes de l'école de Parme.

Francesco Mazzuoli n'eut pas de successeur. Il avait dirigé un atelier nombreux, il avait joui, de son vivant, d'une immense renommée, mais son influence ne lui survécut pas, et il n'y eut plus à Parme d'école de gravure le jour où son chef disparut.

Bologne. — Quiconque a visité Bologne a pu constater l'homogénéité de l'école qui prit naissance dans cette ville. Aucun musée ne donne une idée plus juste et plus complète des artistes d'une contrée que la pinacothèque de Bologne, où les maîtres nationaux sont représentés par leurs plus beaux ouvrages, où les tableaux des peintres célèbres de l'école sont classés chronologiquement depuis l'origine de la découverte jusqu'au milieu du seizième siècle. D'un autre côté, les historiens de l'art local ont fouillé les archives, interrogé les papiers officiels, examiné les œuvres avec le plus grand soin. Malheureusement ces patientes recherches, ces documents qui concernent les tableaux des maîtres, les toiles fameuses, intéressent rarement la gravure, et il faut ici comme ailleurs avoir recours aux ouvrages mêmes pour juger sciemment l'art de la gravure dans ce pays.

Le plus ancien graveur de l'école bolonaise, Francesco Raibolini, dit *il Francia*, grava quelques nielles; nous les avons mentionnés plus haut. Il eut deux parents, Giulio et Giacomo Francia, peintres l'un et l'autre, qui exécutèrent des planches d'un goût en général peu relevé, dans lesquelles se fait jour la manière commune à leurs compatriotes. Le type des figures s'y rapproche de l'école vénitienne, mais la science du clair-obscur est absente, et le travail de l'outil dénote encore de l'inexpérience. A côté de ces deux artistes débuta un graveur que ses œuvres placèrent dans la suite au premier rang. Marc-Antoine Raimondi naquit à Bologne; il travailla sous les yeux de Francesco Francia, apprit de lui les premiers éléments de son art et reproduisit d'abord les dessins de son maître. C'est plus tard seulement, après avoir acquis, en copiant les estampes d'Albert Dürer, une science consommée du dessin et une pratique sévère du burin, qu'il songea à se consacrer à peu près exclusivement au service de Raphaël, et lorsque nous nous occuperons de l'école romaine, le moment sera venu d'insister sur les mérites du plus célèbre des graveurs bolonais; nous constaterons en même temps l'influence que Marc-Antoine exerça sur toute l'école dont il fut le fondateur et le chef. A vrai dire, l'école bolonaise de gravure ne prit d'importance qu'à la fin du seizième siècle. Immédiatement avant les Carrache, à Bologne, des artistes maniaient déjà le burin. Bartolomeo Passarotti, Camillo

Procaccini et Domenico Tibaldi appartenaient à une confrérie où artistes et ouvriers se confondaient ; mais ils la quittèrent bientôt et en établirent une rivale. Passarotti la dirigea. Ces artistes, dont la manière était rude, le dessin un peu brutal, n'étaient pas capables de réunir autour d'eux un groupe de graveurs dont ils eussent guidé les débuts et soutenu les efforts. Pour imprimer une impulsion profitable, il faut avoir une autorité que leurs ouvrages n'avaient pu leur donner ; à la famille des Carrache revient l'honneur d'avoir, sinon fondé, du moins établi d'une façon durable l'école bolonaise. Le premier qui se mit à l'œuvre fut Louis Carrache, artiste au travail pénible, aux inspirations lentes. Ces conditions jointes à un désir très-vif d'acquérir de la réputation étaient excellentes pour un réformateur : aussi déploya-t-il une grande ardeur, et, plus le travail lui était pénible, plus sa persévérance redoublait. Doués d'une plus grande facilité, ses cousins, Augustin et Annibal, ne tardèrent pas à le seconder. Tandis que Louis se préoccupait principalement de l'étude du dessin, ils entreprirent, eux, de ramener les artistes à la contemplation raisonnée de la nature et à la connaissance approfondie des œuvres des grands maîtres. Raphaël, Corrége et Titien furent les modèles qu'ils affectionnaient et recommandaient de préférence, et, lorsqu'ils eurent voyagé pour bien connaître eux-mêmes les maîtres qu'ils proposaient comme exemples, ils revinrent à Bologne et ouvrirent les académies célèbres *degli Desiderosi* et *degl' Incaminati*. Dans la première s'étaient groupés les peintres militants, subissant l'influence des artistes qui les avaient réunis ; dans la seconde, au contraire, n'avaient pris place que les hommes dont le talent étaient déjà formé ou des amateurs reconnaissant les Carrache pour les véritables restaurateurs de l'art. En même temps qu'ils faisaient entrer la peinture dans une voie nouvelle, les Carrache renouvelaient l'école de gravure. Ce fut encore Louis qui le premier transmit au cuivre ses impressions, quoiqu'il ne montrât pas plus de facilité pour cette branche de l'art que pour la peinture.

Malgré le nombre prodigieux de peintures qu'il entreprit et acheva, Annibal Carrache trouva encore le loisir de graver quelques planches. Deux surtout lui assurent un rang considérable dans l'histoire de la gravure italienne : *le Christ mort relevé par les saintes femmes* (1597)[1], connu sous le nom de *Christ de Caprarola*, parce qu'il fut exécuté dans cette ville, est entièrement gravé au burin avec une finesse d'outil, une justesse d'expression que l'artiste a rarement obtenues ; *Silène ivre buvant à une outre que lui présente un satyre* offre des qualités analogues : on y constate une précision de dessin, une habileté à mener le burin qu'on ne rencontre pas au même degré dans les autres estampes du même artiste. Annibal Carrache n'y a pas cherché l'effet : il s'est contenté de montrer sa science de dessinateur, et il a parfaitement réussi. Dans une autre planche, la *Sainte famille*

[1] La planche originale se trouve encore aujourd'hui à l'Académie des beaux-arts de Bologne.

(*Anni. Car. in. fe.* 1590), c'est de la couleur qu'il s'est inquiété, mais il a forcé son tempérament, et les transitions du noir au blanc sont trop brusques.

Tandis que les deux Carrache qui viennent de nous occuper ne consacraient que la moindre partie de leur existence à manier la pointe et le burin, Augustin Carrache agit différemment. On connaît de lui un certain nombre de peintures; mais son œuvre, comme graveur, est considérable et se compose de culs-de-lampe, de cartouches ou d'armoiries, d'images de piété, de sujets historiques ou de portraits. Trop souvent son talent sent la pratique; lorsqu'il multiplie les ouvrages de Paul Véronèse ou de Tintoret, il ne peut en rendre l'aspect agréable ou pittoresque, et le dessin, dépouillé du charme de la couleur, paraît insuffisant et quelquefois grossier. Il en est de même pour une estampe gravée d'après Corrége, l'*Ecce Homo;* la gravure traduit avec sécheresse l'œuvre du grand maître. Mais dans le portrait du Titien, œuvre superbe, en tous points digne de la faveur dont elle jouit, Augustin Carrache se surpassa lui-même. Le noble peintre est représenté en buste, coiffé d'une toque et vêtu de ce manteau doublé de fourrures qu'il affectionnait. C'est un dessin de Titien lui-même qui a guidé le graveur, et jamais celui-ci, inspiré sans doute par le génie du maître dont il traçait les traits, n'a déployé autant de talent, n'a montré une intelligence aussi complète de la physionomie humaine.

L'influence de l'atelier dirigé par les Carrache fut grande, et les artistes qui s'y enrôlèrent restèrent scrupuleusement fidèles aux préceptes qui y étaient enseignés. Parmi ceux-ci il en est plusieurs dont les œuvres, confondues souvent avec celles de leurs maîtres, n'ont été reconnues que récemment. Le nom de ces artistes est généralement ignoré, précisément à cause de la confusion dont leurs ouvrages ont été l'objet. Ont échappé à l'oubli, cependant, Francesco Brizzio, auteur du *Repos en Égypte*, gravé d'après Corrége, d'un burin bien dur, et Giovanni Valesio, peintre, poëte, professeur de luth, maître de danse et d'escrime, qui reproduisit presque toujours les ouvrages de son maître, Augustin Carrache. Jean Lanfranc se rattache à la même école, et le talent qu'il acquit comme peintre, talent trop facile et d'un goût parfois douteux, lui assigne une place à côté des Carrache, dont il fut l'élève. On lui doit des estampes d'après les *loges* de Raphaël; elles sont dédiées à Annibal Carrache. Exécutées avec une grande aisance, on y remarque une habileté plus grande que chez les autres graveurs qui ont reproduit ces œuvres immortelles.

Lorsque l'influence de l'école des Carrache alla s'affaiblissant, des artistes nouveaux, remettant en vigueur les préceptes de leurs prédécesseurs, rendirent à l'art de Bologne son premier lustre. Guido Reni, qui laissa un grand nombre de tableaux admirés, grava aussi beaucoup de planches à l'eau-forte. Doucereux et souvent insignifiants, les types ordinaires de ses figures peintes se retrouvent dans ses estampes exécutées d'une pointe trop facile. Les compositions de ces eaux-fortes sont bien agencées, disposées avec art. Il est fâcheux que la Vierge adorant l'Enfant-Jésus soit trop jolie et pas assez divine : son sourire est souvent plus apprêté que vrai, et l'expression générale de son visage est fade et sans vérité. Quant à l'exécution, elle a de la souplesse, elle offre des effets qu'aucun des imitateurs du maître ne sut aussi bien rendre. Simon Cantarini, dit le Pesarese, qui se rapprocha le plus de la manière de Guido Reni, ne parvint pas à ajuster avec autant de savoir les draperies des figures, mais dans les airs de tête il ressemble tout à fait à son maître. Andrea Sirani, Lorenzo Lolli et quelques autres peintres continuèrent la manière de Guido Reni et montrèrent dans leurs eaux-fortes une égale docilité; mais leurs ouvrages ne sont que des reflets et ne s'écartent pas assez de l'imitation pour occuper une place à part dans l'histoire de l'art.

Il en est autrement d'un artiste, Bolonais par la naissance, mais qui, pénétré des principes plus élevés de l'école romaine, sut conquérir un rang exceptionnel; Poussin le regardait comme un des plus grands maîtres après Raphaël ; le Guide lui accordait une importance égale. Nous voulons parler de Domenico Zampieri, dit le Dominiquin. Il ne grava point; du moins aucune planche ne lui est attribuée avec certitude. On a le droit d'être surpris que sa manière et son savoir n'aient inspiré qu'un petit nombre de ses contemporains; il ne faut pas, en effet, considérer comme les graveurs du Dominiquin Jacopo Margottini, lequel exécuta d'après ce maître les six *Vertus chrétiennes;* ni Pierre del Pô, qui s'inspira parfois de son dessin, mais qui s'adressa plus habituellement aux œuvres de Nicolas Poussin. Si les graveurs contemporains se sont montrés peu soucieux de reproduire les œuvres du Dominiquin, les artistes de la génération suivante ont multiplié et répandu les œuvres de ce maître, qu'ils vengèrent avec éclat de la plus injuste indifférence. Leurs planches ont souvent servi de modèle aux artistes, et pour n'avoir pas été d'abord aussi générale qu'elle eût dû l'être, l'autorité du Dominiquin n'en a pas moins fort longtemps prolongé son rôle, et les œuvres de ce maître sont à présent, avec raison, estimées très-haut.

Un peintre qui appartenait aussi à l'école de Bologne, mais sans lien précis avec aucun maître en particulier, Giov. Francesco Barbieri, désigné en France sous le nom du Guerchin, fut pour ainsi dire le dernier artiste connu de l'école bolonaise. Il travailla sous les yeux des Carrache, mais en s'écartant tellement de leur manière qu'il ne peut guère, de bonne foi, être compté parmi leurs élèves. Sa place est grande dans l'école, trop grande, à notre avis. Son système, qui consiste à passer sans transition de l'ombre à la lumière, n'est pas recommandable ; sa facilité excessive atteste un artiste fécond, mais peu épris de l'art, et ses eaux-fortes, où se retrouve tout entière la physionomie de ses peintures et de ses innombrables dessins, sont remplies des mêmes qualités et des mêmes défauts. On n'y applaudira pas plus la sûreté du goût que l'intelligence de l'art ; une exécution habile et expéditive y tient lieu de correction dans le dessin, de science et de noblesse dans l'invention.

Rome. — A Rome, la gravure ne trouva pas des adeptes aussi empressés que dans les autres villes de l'Italie. De même que la peinture ne se produisit dans cette ville que tardivement, la gravure mit quelque temps à se manifester, et celui qui fonda l'école romaine est un Bolonais. Il se nomme Marc-Antoine Raimondi. Nous en avons déjà parlé, mais à un moment où il cherchait encore sa voie, où il hésitait sur la route qu'il avait à suivre et se montrait irrésolu, allant de l'école de son maître Francia aux ouvrages des peintres vénitiens, et même subissant — quant à l'exécution du moins — l'influence d'Albert Dürer dont les estampes venaient de pénétrer en Italie. A peine fut-il arrivé dans la ville éternelle, attiré par la réputation de Raphaël, que sa manière prit une forme décisive. Guidé par le maître lui-même, il grava *Lucrèce se perçant le sein* avec une telle perfection, que Raphaël songea tout de suite à s'attacher un graveur aussi habile et lui confia le soin de multiplier ses œuvres. Les travaux de Raimondi se succédèrent alors presque sans interruption, et le *Massacre des Innocents*, *Adam et Ève*, la *Cène*, le *Jugement de Pâris* et la *Poésie*, pour ne citer que les ouvrages les plus célèbres, révèlent d'une façon éclatante l'intelligence avec laquelle le graveur sut transporter sur le métal les dessins du peintre; car ce sont uniquement des dessins que Marc-Antoine reproduisit, et jamais il ne s'adressa directement à une peinture du Sanzio, particularité bonne à noter, attendu

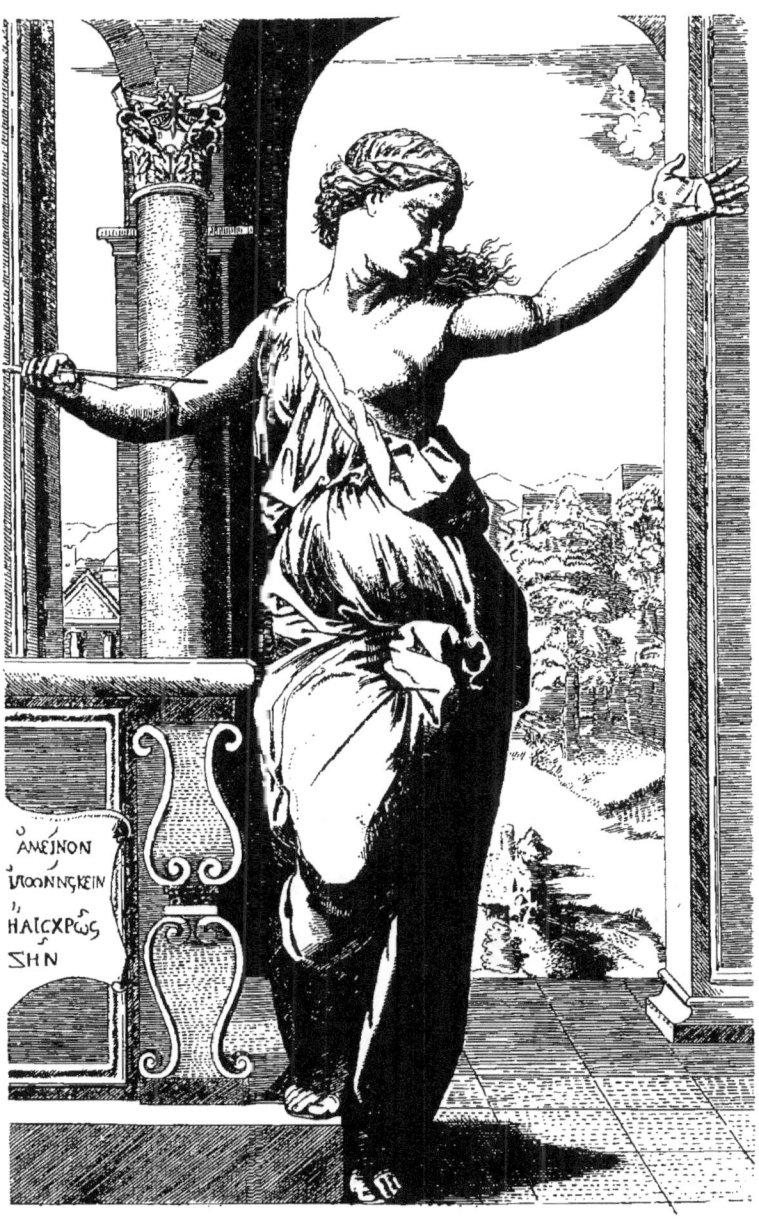

Fig. 5. — Lucrèce, de Marc-Antoine Raimondi.

que ses estampes, dépourvues d'effets pittoresques, pourraient, si l'on n'était informé des causes, encourir le reproche de ne pas fournir le ton des peintures originales. Pour qui, d'ailleurs, connaît les productions de Raphaël, l'observation a peu d'importance. Ne s'apperçoit-t-on pas aisément que la *Poésie* gravée par Raimondi n'est pas plus l'image exacte de la fresque du Vatican que sa *Sainte Cécile* celle de la peinture du musée de Bologne? Estimant que la gravure, entre les mains de Marc-Antoine, n'était pas propre à rendre l'aspect de ses peintures, Raphaël préféra lui confier les études préparatoires qu'il dessinait sur le papier, et il fit, en cette circonstance encore, preuve de son goût admirable, de son jugement exquis.

Marc-Antoine consacra, sans doute, la plus grande partie de son existence à multiplier des compositions de Raphaël. Il ne s'en tint pas là cependant. Lorsqu'il arriva à Rome, le maître suprême auquel il se lia ne lui interdit point de jeter un regard sur les ouvrages qui partageaient avec les siens l'attention générale, et il serait facile de signaler des estampes de Marc-Antoine exécutées à Rome d'après d'autres artistes que Raphaël. Toutefois il est tellement imbu des principes élevés du maître de son choix, qu'il ne peut les répudier absolument; par exemple, dans les *Grimpeurs*, qu'il grava d'après le célèbre carton de Pise exécuté par Michel-Ange, ou bien dans le *Martyre de saint Laurent*, composition de Baccio Bandinelli, on retrouve une exécution serrée et précise, une forme sobre et contenue que les dessins originaux — la chose est probable — n'avaient pas à ce degré. Il n'est pas impossible non plus que Marc-Antoine ait encore gravé des compositions ou tout au moins des figures de son invention. Mais alors les planches qu'on attribue à son crayon, aussi bien qu'à son burin, sont loin d'avoir la précision, la fermeté de leurs aînées. Ne dirait-on pas que l'artiste, si intelligent quand il interprète les œuvres d'autrui, a besoin d'une main puissante qui le guide, d'une volonté robuste qui le conseille et le dirige? Le fait est que, à l'inverse de la plupart des artistes, Marc-Antoine a obtenu la haute réputation qui l'environne surtout parce qu'il sut faire abnégation de sa personnalité, parce qu'il n'hésita pas à s'effacer complétement devant les maîtres auxquels il se confiait.

Cette habileté singulière et cette science consommée du dessin et de la gravure portèrent leurs fruits : pour avoir subi avec docilité les conseils de Raphaël, Marc-Antoine devint maître à son tour. De tous les pays accoururent des élèves avides de suivre ses leçons, et, grâce à son influence, Rome eut une école de gravure. Ceux qui se rapprochèrent le plus de la manière du chef de l'école sont Augustin Vénitien et Marc de Ravenne. Soumis directement à l'influence de Marc-Antoine, travaillant sous les yeux de leur maître, ils surent imiter ses procédés d'assez près pour que leurs ouvrages aient été quelquefois, par une erreur qui proclame leurs mérites, attribués à Raimondi. Comme Marc-Antoine, Augustin Vénitien chercha longtemps sa voie : il copia quelques estampes de Giulio Campagnola pour s'exercer au maniement du burin, reproduisit des estampes d'Albert Dürer, et marqua son entrée dans l'école romaine en retraçant plusieurs compositions de Bandinelli, dont il rendit les œuvres, n'ayant pas encore subi le charme souverain de Raphaël, avec leur exagération et leur emphase. Il se mit sous la discipline du grand maître seulement vers la fin de la vie de celui-ci, c'est-à-dire en 1516. Immédiatement sa manière acquit une sagesse et une élévation que ses premiers ouvrages ne laissaient pas soupçonner, et il est inutile de dire que les estampes qu'il grava à dater de cette époque sont, sans conteste, ses meilleures.

Marco Dente ou Marc de Ravenne — c'est sous ce dernier nom qu'il est connu en France — fut plus prompt à s'assimiler la manière de son maître. Il copia plusieurs estampes de Marc-Antoine, et ces copies se rapprochent beaucoup des planches originales, mais elles n'ont pas le cachet de précision dans le dessin ni la fermeté des œuvres du maître. Cependant que l'on admette, avec certains auteurs, que la seconde planche connue du *Massacre des Innocents* est l'œuvre de Marc de Ravenne, et il faudra bien reconnaître que l'élève, une fois au moins, s'est fort approché du maître. Cette estampe laisse très-indécis les iconographes. Elle frappe par une beauté générale qui place son auteur, quel qu'il soit, à côté de Raimondi. Ce serait, du reste, la seule circonstance où Marc de Ravenne, si tant est que cette estampe soit de lui, aurait mérité autant d'estime, et, en résumé, le rôle modeste de copiste, auquel il se résigna à peu près exclusivement, l'empêche d'occuper dans l'histoire de l'art une situation fort saillante.

Bien que s'écartant sur quelques points de la voie tracée par Marc-Antoine, plusieurs artistes procédaient de son école. De ce nombre fut Jacopo Caraglio, artiste de Vérone. L'Arétin le cite dans la *Cortigiana*; suivant lui, c'était le plus habile graveur après Marc-Antoine. Il est juste d'ajouter que Caraglio dut une mention aussi élogieuse aux *Amours des Dieux*, qu'il grava d'après Perino del Vaga et le Rosso, et que probablement les sujets représentés, plus que l'exécution, avaient intéressé et séduit son apologiste. La manière de Caraglio est difficile à définir. Elle est multiple. Tantôt il grave avec une liberté voulue, comme dans les *Amours des Dieux*, par exemple; tantôt, comme dans une suite de *Divinités païennes dans des niches*, précis et correct, son burin est d'une propreté qui rappelle le travail de Marc-Antoine; d'autres fois, enfin, son exécution est brutale et heurtée. Rarement Caraglio exprima la grâce, et c'est du côté de la force qu'il faut plutôt chercher le caractère de cet artiste qui composa lui-même la *Vierge et sainte Anne entre saint Sébastien et saint Roch*, estampe estimée autant pour sa rareté que pour l'allure vraiment fière de la Vierge.

Plus que Caraglio, Giulio Bonasone s'éloigne de l'école de Marc-Antoine; son burin agréable cache souvent de grandes négligences. Son œuvre considérable renferme des estampes de tous genres. Exécutées de 1531 à 1574, elles varient de valeur suivant le talent des artistes d'après qui elles sont exécutées. Lorsque Bonasone a reproduit les dessins de Raphaël et de Michel-Ange, tout en restant loin de ces maîtres, il n'a pu se soustraire à leur influence. Mais, en général, il s'accommoda mieux de maîtres d'un ordre moins élevé. Parmesan lui a inspiré bon nombre de planches : il a reporté également sur le cuivre des compositions de son invention. Rappelant les ouvrages des artistes qu'il copiait habituellement sans jamais les égaler bien entendu, ces compositions ne laissent pas que d'être ingénieuses. Toutefois elles ne frappent par aucune qualité d'élite ; agencées avec facilité, avec trop de facilité peut-être, elles pèchent sous le rapport du dessin, qui est un peu mou, et aussi sous le rapport de l'exécution, qui est trop hâtive.

Compatriote et contemporain de Bonasone, duquel il se rapproche pour la manière, Cesare Reverdino grava, soit à la pointe, soit au burin, de petites compositions qui rappellent, par la dimension du moins, les estampes des petits maîtres allemands ou des graveurs de l'école de Lyon. C'est le premier artiste italien qui ait su exprimer avec esprit, dans des dimensions aussi exiguës, des sujets compliqués, sans négliger pour cela l'expression et même en se préoccupant, plus que la plupart de ses contemporains, de l'effet pittoresque. Ces estampes furent exécutées de 1551 à 1554.

Parmi les artistes qui, sans recevoir directement les leçons de Marc-Antoine, s'inspirèrent fortement de ce maître et cherchèrent à s'approprier son talent, le

Maître au Dé fut un des plus habiles, il grava souvent d'après Raphaël et ne s'éloigna jamais de l'école romaine, cherchant ses modèles, lorsqu'il ne s'adressait pas au maître, dans l'œuvre de Jules Romain ou dans celui de Balthazar Peruzzi. L'*Histoire de Psyché* a été gravée tout entière par le *Maître au Dé*, et l'on a pu croire que plusieurs pièces de cette suite importante étaient de Marc-Antoine. La gravure en est pourtant plus lourde et le travail moins savant. Malgré cela, le soin avec lequel l'artiste a conservé le caractère des dessins attribués à quelque Flamand retraçant les compositions de Raphaël suffit pour assigner au *Maître au Dé* une place très-estimable dans l'école romaine.

Un Parmesan, Æneas Vico, se rendit à Rome dès qu'il en sut assez pour profiter d'un enseignement substantiel. Il subit de suite l'influence de Marc-Antoine, et à son arrivée, sa première occupation fut de reproduire les estampes de ce maître afin d'acquérir la pratique du burin, qu'il ne possédait pas encore. Contraint bientôt de se plier aux exigences de l'éditeur Tomaso Barlacchi, qui partageait avec Antonio Salamanca le commerce des estampes à Rome, il grava simultanément les compositions de Mazzuoli, de Perino del Vaga et de Vasari. Vers 1545, il quitta Rome et se rendit à Florence, où, protégé d'une façon toute spéciale par Cosme II de Médicis, la reproduction des ouvrages de Michel-Ange ou de Baccio Bandinelli l'occupa tout entier. Son talent atteignit alors son apogée, et la *Léda*, exécutée d'après Michel-Ange, doit être considérée comme l'une de ses meilleures estampes. Par son exécution, cette planche rappelle la sobriété des travaux de Marc-Antoine ; le dessin énergique, accentué de Michel-Ange, y est en même temps fidèlement retracé. Æneas Vico ne demeura pas à Florence plus de cinq années. En 1550 il était à Venise. Là il grava, pour débuter, le portrait de Charles-Quint. Ce portrait obtint un grand succès ; on le présenta à l'empereur avec pompe ; des descriptions en furent imprimées et plusieurs artistes le copièrent. A Rome, Æneas Vico avait été à même d'apprécier les monuments de l'antiquité. Il avait assisté aux découvertes de peintures ou de bas-reliefs faites au seizième siècle, et avait gravé quelques-uns de ces vénérables vestiges de civilisations disparues. A Venise, le goût lui reprit de ce genre de travaux. Il publia plusieurs recueils de médailles antiques et dessina des ornements dans la manière des anciens. Par ce côté il se rattacha à un genre nouveau qu'il inaugura, pour ainsi dire, et qui répondait aux besoins du moment : l'érudition occupait déjà une assez large place dans l'art italien dépouillé, hélas ! de son charme primitif.

Toute une famille de graveurs originaires de Mantoue adopta, en arrivant à Rome, la manière de Marc-Antoine, en cherchant toutefois à la modifier suivant son tempérament. Cette famille, dont le chef avait nom Giovanni Battista Scultori, a passé la plus grande partie de son existence à Rome. Après avoir travaillé comme peintre au palais du T, construit à Mantoue, sous la direction de Jules Romain, Giov. Battista s'exerça à la gravure ; en ce genre, il laissa une vingtaine d'estampes, presque toutes exécutées d'après les dessins de Jules Romain et rendant bien la manière de ce maître ; le *Combat naval*, la pièce capitale de son œuvre, se distingue par une connaissance remarquable du dessin et par une grande sûreté de burin. Toutefois, les deux enfants de G. B. Scultori, Diana et Adamo, ont acquis une renommée plus grande que leur père. Diana suivit d'abord les leçons de Giov. Battista ; l'influence immédiate de Jules Romain fut aussi son guide ; mais elle vint à Rome et son goût se forma, sa manière se modifia. Arrivée longtemps après la mort de Raphaël, elle ne put sans doute recueillir les bienfaits de l'enseignement direct d'un tel maître et n'eut pour s'inspirer que les exemples d'élèves dégénérés, de Raphaellino da Reggio ou des Zuccari. Elle donna cependant aux estampes qu'elle mit au jour comme un souvenir de la grande école qu'elle avait connue à travers les ouvrages de Jules Romain, et lorsque dans la suite elle reproduisit, d'après ce maître, les *Noces de Psyché*, le *Banquet des Dieux* et le *Bain de Mars et de Vénus*, ce fut avec une habileté singulière. Ces trois planches, qui rendent avec une vérité parfaite, avec une science d'exécution peu commune chez une femme, les fresques conservées au palais du T, sont restées les plus célèbres dans l'œuvre de Diana Scultori. Adamo, frère de Diana, commença à graver de très-bonne heure : son père lui avait mis dès l'enfance le burin à la main, et l'on connaît une *Vierge allaitant l'enfant Jésus* signée : *Adam Sculptor. An. XI.* Ainsi, à onze ans, il avait déjà copié une estampe de son père. Commencé de si bonne heure, son œuvre devait devenir considérable. En effet, on connaît plus de cent estampes qui portent son nom. Elles rappellent celles de Diana et rendent avec vérité les compositions de Jules Romain. On y remarque surtout une aptitude particulière à transmettre au métal le côté antique du talent de Jules Romain et même à exagérer l'aspect de bas-relief de certaines compositions de ce maître. Adamo Scultori se livra aussi au commerce des estampes. Son nom se voit au bas d'un grand nombre de planches qu'il se contenta d'éditer et auxquelles il ne mit certainement pas la main.

Nous avons restitué aux graveurs dont nous venons de parler leur véritable nom, celui de Scultori. Il y a peu d'années encore, ils passaient pour être de la famille des Ghisi, parce qu'un artiste de ce nom, le plus illustre, il est vrai, des graveurs mantouans au seizième siècle, ayant absorbé en lui toutes les qualités essentielles de l'école fondée sous l'influence de Jules Romain, avait en même temps accaparé la réputation des graveurs venus avant lui. Mais entre Georges Ghisi et les Scultori il n'existait aucun lien de parenté. Leur patrie fut la même, voilà tout. Georges naquit vers 1520. On suppose qu'il travailla chez Giov. Battista Scultori en compagnie de Diana et d'Adamo, avec lesquels son talent a plus d'un point d'affinité. Il les surpassa promptement néanmoins et quitta plus tôt qu'eux l'école de Mantoue. Fort jeune, il se rendit à Rome. Il y étudia les estampes de Marc-Antoine, qu'il chercha à imiter, et s'inspira des compositions de Raphaël et de Michel-Ange. D'après ce dernier, il grava les *Prophètes* et les *Sibylles*, montra une science de dessin consommée et fit passer dans ses estampes la grandeur des compositions de la voûte de la chapelle Sixtine. Son burin, un peu lourd, rend cependant d'une façon attristée ces nobles figures et accuse une exécution pénible. Mais les gravures de Georges Ghisi sont très-supérieures aux autres estampes de l'école de Mantoue ; à côté des ouvrages de Marc-Antoine, elles sont dignes d'occuper la place que tiennent les peintures de Jules Romain auprès des compositions sublimes de Raphaël. Elles résument la manière de cette école qui, après s'être formée par l'étude des ouvrages de Jules Romain, devait se retremper à Rome, et, en face des chefs-d'œuvre du maître, connaître enfin ce style incomparable qu'elle avait seulement entrevu dans l'interprétation de l'élève.

Après Georges Ghisi, l'influence de Marc-Antoine ne tarda pas à disparaître. De même que l'école des grands maîtres tels que Raphaël et Michel-Ange s'évanouit presque complétement en Italie à la fin du seizième siècle, celui qui avait attiré à ses leçons non-seulement presque tous les graveurs de la Péninsule, mais encore des Français, comme Béatrizet, ou des Allemands, comme Georges Pencz, Barth. Beham et Jacq. Binck, perdit rapidement son autorité. Une nouvelle école surgit à Rome, l'art se maintint encore quelque temps, mais abandonna les anciens principes, et les successeurs de Marc-Antoine se laissèrent aller à une facilité d'exécution qui les éloigna de ce beau et noble style si répandu dans les productions italiennes écloses jusqu'au milieu du seizième siècle. La pratique remplaça le sentiment, l'adresse de l'outil suppléa à l'expression absente. C'est l'influence d'Augustin Carrache qui paraît alors dominer; du moins sa manière est prise pour modèle par un grand nombre d'artistes venus à Rome de tous les points du monde. Si Battista Franco fait preuve, à de longs intervalles, de respect et d'admiration pour la tradition, il reproduit presque toujours des objets antiques, et son dessin singulièrement négligé ne rappelle en aucune façon la manière de Marc-Antoine. C'est le seul artiste pourtant qui semble se souvenir encore du maître. Quant à ceux qui vinrent après lui, Giov. Batt. Coriolano et Valerian Regnart, le premier grava froidement et sans précision un grand nombre de vignettes et de sujets emphatiques inspirés par les peintres de l'école; le second s'employa à reproduire des dessins d'architecture, des armoiries et des compositions allégoriques sans valeur; l'allégorie envahit tout et devint souvent incompréhensible à force d'être recherchée. Elle fournit à Olivier Gatti, à Francesco Brizio, à Raffaelo Guidi et à bien d'autres Italiens leurs modèles habituels. Le cardinal Barberini, devenu pape sous le nom d'Urbain VIII, protégeait le genre et suggérait un grand nombre de ces inventions futiles; les abeilles qui composaient les armoiries du pontife voltigèrent à l'infini dans ces estampes d'une exécution dure et sans caractère individuel. Corneille Cort, François Villamène, Jo. Fréd.

Greuter, Théodore Cruger, arrivèrent d'Allemagne; de France accourut Philippe Thomassin, accompagné de quelques émules, et tous Allemands et Français, cédant à l'attraction générale, s'empressèrent d'adopter la manière des artistes romains le plus en vogue. Les planches exécutées au dix-septième siècle, en Italie, paraissent toutes dirigées par le même goût, en quelque sorte exécutées par la même main. Ce sont les peintres attardés de l'école de Michel-Ange qui inspirèrent ces graveurs, et cette école si admirable, à ne considérer que les œuvres de celui qui en fut le chef, exagérée déjà sous l'influence de Baccio Bandinelli, devint tout à fait fausse, outrée et boursouflée entre les mains de la seconde génération des disciples du peintre de la Sixtine.

Parmi les artistes de l'école romaine qui doivent encore être cités, n'oublions pas Pierre Santo Bartoli, qui reproduisit d'une pointe habile, relevée, de burin, un grand nombre de bas-reliefs et de statues antiques. Winckelmann conseillait aux jeunes gens qui voulaient prendre une idée juste de l'antiquité de consulter les estampes de Pietro Santo Bartoli, et l'avis du célèbre historien de l'art antique prouve beaucoup assurément en faveur du travail de l'artiste. Mais aujourd'hui que es moyens de reproduction ont atteint un degré de perfection qu'ils étaient loin d'avoir du temps de Winckelmann, nous ne sommes pas disposés à accorder à Pietro Santo Bartoli une part aussi grande d'admiration. Ses estampes d'après la colonne Trajane, par exemple, tout en fournissant de précieux documents sur les costumes et les armes des anciens, n'expriment pas d'une façon suffisante le style des figures de ce monument. Les moulages du musée du Louvre, nous permettant de comparer la copie à l'original, nous obligent à quelques réserves. Quoi qu'il en soit, Pietro Santo Bartoli fut l'un des premiers, sinon le premier, qui consacra presque exclusivement son talent à la reproduction des monuments antiques, et c'est à l'aide de ces estampes, presque autant que par les œuvres elles-mêmes, que l'art grec et l'art romain furent connus de la plupart des artistes nés au commencement de ce siècle.

A la fin du dix-huitième siècle, quand la gravure semblait morte dans presque toute l'Italie, elle était encore pratiquée à Rome. Deux artistes d'un talent à peu près semblable, Dominique Cunego et Antoine Capellan, s'attachaient à reproduire plusieurs ouvrages de Michel-Ange qu'il était impossible de connaître, à moins d'aller les voir sur place. Dominique Cunego, né à Vérone en 1727, s'adonna d'abord à la peinture; il travailla chez Francesco Ferrari, puis, après avoir étudié en Allemagne les éléments de la gravure, il se fixa à Rome, et c'est alors qu'il se donna la tâche de graver les peintures de la voûte de la chapelle Sixtine. Antoine Capellan s'associa à lui pour cette entreprise. Né à Venise, vers 1740, il avait quitté sa patrie pour venir habiter Rome, et ce fut lui qui grava la *Création de la femme* et *Adam et Ève chassés du Paradis terrestre*. Ces artistes restèrent fort loin de leurs modèles. D'un burin lourd et dénué de souplesse, leurs estampes ne donnent qu'un aspect très-amoindri des peintures originales, et leur principal mérite consiste à avoir retracé des ouvrages qui, en partie du moins, n'avaient pas encore été reproduits.

Ici doit s'arrêter l'histoire de la gravure en Italie. Pousser plus loin notre examen nous mènerait au delà des limites de notre cadre. Nous pourrions sans doute parler des ouvrages ultra-pittoresques des frères Piranesi et mentionner des artistes plus rapprochés de nous qui semblèrent un moment faire refleurir en Italie l'art du graveur. Raphaël Morghen, Jean Volpato, Paolo Toschi et Giuseppe Longhi jouirent au début de ce siècle d'une réputation considérable que justifie, jusqu'à un certain point, leur habileté à manier le burin. Mais ces artistes, quel qu'ait été leur talent, s'inspirant presque toujours d'œuvres exécutées deux siècles auparavant, ne pouvaient guère s'identifier avec leurs modèles. Ils leur restèrent donc fatalement inférieurs. En ne nous occupant que des maîtres, en n'accordant une mention qu'aux artistes qui, aux différentes époques, attirèrent les regards des gens de goût et appelèrent l'attention par un caractère bien personnel, peut-être avons-nous fait ressortir la grandeur de l'art italien mieux que si nous avions parlé de tout le monde et distribué trop minutieusement à chacun une part d'éloge ou de blâme.

III

LA GRAVURE EN ESPAGNE

Giuseppe Ribera et Francesco Goya.

L'histoire de la gravure en Espagne est presque impossible à écrire. L'art de ce pays est à peine connu au dehors, et les historiens indigènes ou les hommes qui, ayant longtemps séjourné en Espagne, ont pu faire de l'art national l'objet de leurs études, s'accordent à reconnaître que la gravure fut peu pratiquée dans ce pays, encore moins encouragée. Nous savons bien qu'on attribue à Velasquez et à Murillo quelques planches anonymes rappelant le goût de dessin de ces maîtres et qui reproduisent incontestablement des peintures exécutées par eux. Mais d'une attribution à une certitude, il y a loin. Or, dans l'impossibilité où l'on est de fournir de preuve incontestable, il est peut-être plus sage de s'abstenir, car sans l'autorité des hommes qui émettent ces suppositions, celles-ci n'auraient aucune valeur. En réalité, Ribera est le seul des peintres célèbres nés en Espagne que l'on puisse mentionner d'une façon positive comme ayant manié la pointe. Gravées avec une grande liberté et dans une couleur un peu âpre qui rappelle les peintures de l'artiste, ces estampes méritent l'estime qu'on leur accorde généralement, et le *Poëte* et le *Martyre de saint Barthélemy*, les deux plus belles pièces du maître, feraient honneur à n'importe quelle école.

Mais après le nom de Ribera, on n'en trouve aucun jusqu'au commencement du dix-neuvième siècle qui jouisse de quelque renommée, et les planches de Salvador Carmona, de Manuel Esquivel, de Francisco Muntaner, ou celles qui furent gravées par d'autres artistes d'un talent non moins médiocre, ne suffisent pas à représenter une école. Ces graveurs, qui emploient toujours le burin, prennent d'ailleurs le plus souvent pour modèles des ouvrages sans valeur qu'ils reproduisent sèchement, et lorsqu'ils s'adressent aux maîtres de l'art, à Velasquez, par exemple, ils sont trop peu habiles pour transmettre au métal l'aspect puissant et la couleur harmonieuse des œuvres de l'illustre peintre espagnol. Nous sommes donc contraints, pour rencontrer un homme d'une originalité bien caractérisée, d'une habileté réelle, d'arriver de suite à Francisco Goya, à vrai dire le seul graveur dont l'Espagne moderne puisse être fière. Il naquit en Aragon, à Fuendetodos, le 30 mars 1746, et mourut à Bordeaux le 16 avril 1828. Il fut tour à tour peintre, graveur et lithographe, et son historien le plus récent, M. Charles Yriarte, a consacré un gros volume à passer en revue ses fresques, ses tableaux de genre, ses portraits ou ses estampes. Le nombre en est considérable. Mais nous croyons, à en juger par les

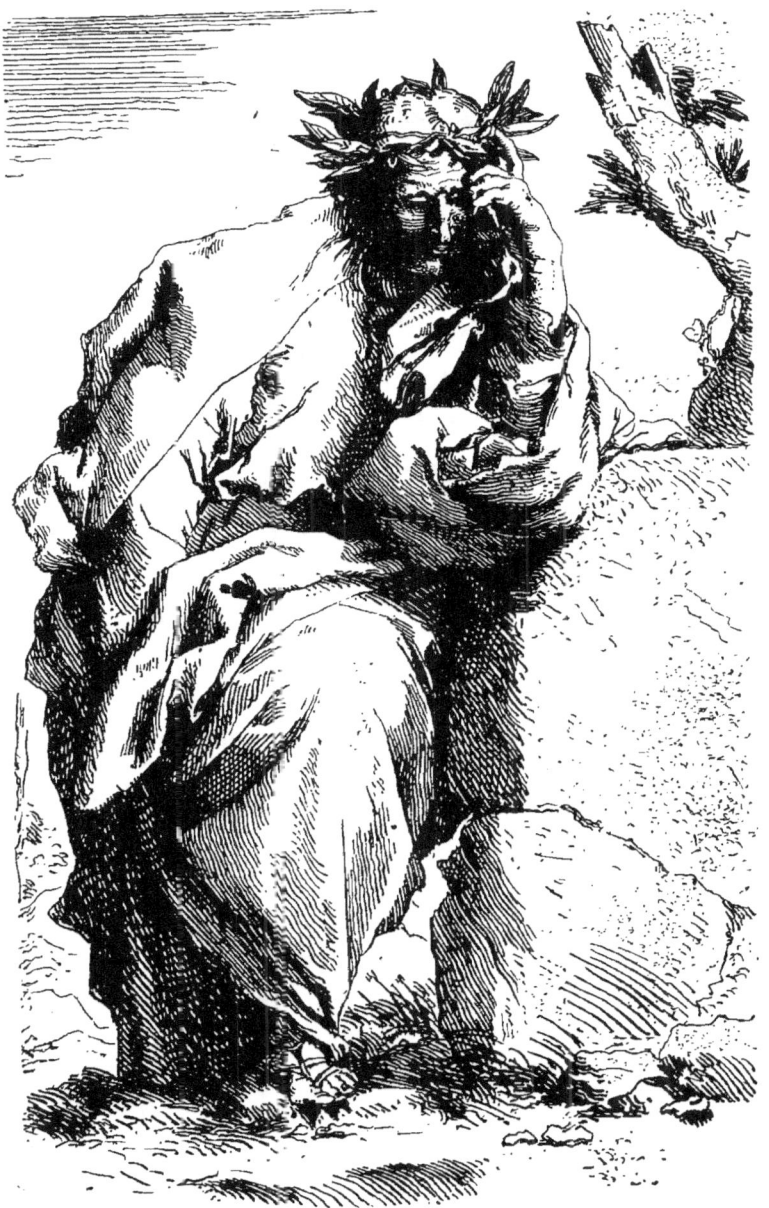

Fig. 6. — Le Poëte, estampe de G. Ribera.

peintures que nous avons vues et par les reproductions qui accompagnent le volume de M. Yriarte, que Goya gagne à être étudié comme graveur[1]. Son habileté en ce genre est incontestable, tandis que nous regardons plusieurs de ses portraits et quelques-uns de ses tableaux, ses tableaux religieux surtout, comme étant fort au-dessous de la réputation qu'on prétend leur faire. Une certaine harmonie de couleur, harmonie sombre, les distingue, mais le dessin des figures est trop négligé, et il semble que, de parti pris, l'artiste exclue volontiers la beauté et se complaise dans des scènes horribles. Ses estampes offrent bien les mêmes tendances. Cependant elles rachètent par une rare entente de l'effet et une justesse de mouvement plus grande ce que les sujets, assez tristes en eux-mêmes, ont de repoussant et de lugubre. Goya est le peintre de la passion et de la vie. Il est sceptique, railleur, toujours mécontent. La liberté dont il se fait l'apôtre et qu'il souhaite pour sa patrie opprimée le préoccupe uniquement. Les massacres affreux auxquels il nous fait assister sont pour lui l'œuvre du despotisme et ils nous apparaissent, à travers son imagination, plus horribles encore qu'ils n'ont été en réalité.

Dans les estampes de l'artiste espagnol, le fantastique joue un grand rôle et la magie du clair-obscur fait excuser l'incorrection du dessin et des fautes de

[1] La plupart des estampes mises au jour par F. Goya sont exécutées d'après ses propres dessins; cependant il en est un certain nombre qui reproduisent des portraits peints par Velasquez. Celles-ci, gravées uniquement à l'eau-forte, donnent une idée très-fidèle des tableaux originaux.

goût faciles à saisir. Le travail particulier du graveur, qui consiste à mélanger habilement l'aquatinte et l'eau-forte, est d'ailleurs fort intéressant. Aucun artiste n'avait su, avant lui, tirer de ces deux procédés, venant au secours l'un de l'autre, un aussi bon parti, et Goya restera comme le seul graveur de talent que l'Espagne ait constamment inspiré. Il vivra aussi parce qu'il a introduit dans l'art de la gravure un procédé nouveau qu'avait pressenti, mais que n'avait pas utilisé Rembrandt lui-même, le maître du clair-obscur, le prince de l'eau-forte.

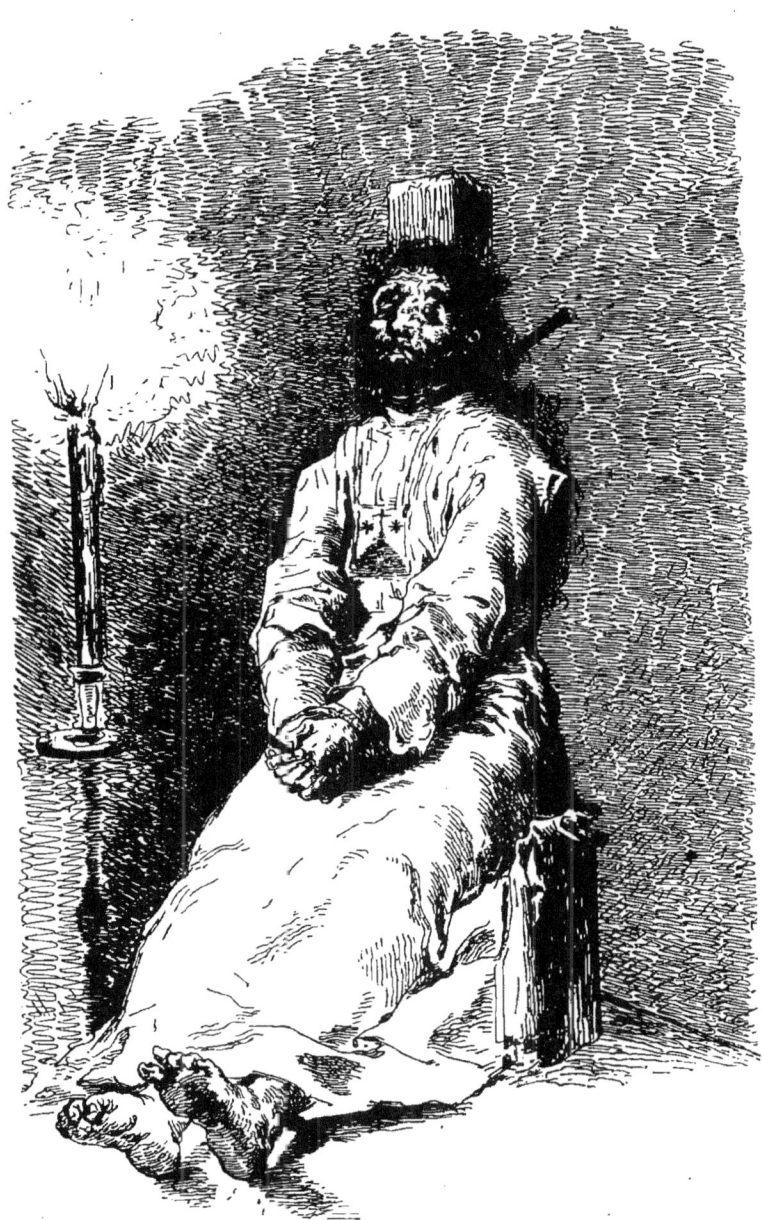

Fig. 7. — Le Supplicié, eau-forte de F. Goya.

IV

LA GRAVURE DANS LES PAYS-BAS

Les graveurs sur bois du quinzième siècle. — Les graveurs sur métal primitifs — HOLLANDE : Rembrandt, Ruysdael et Paul Potter. — FLANDRE : Rubens, Bolswert, Paul Pontius et Ant. van Dyck.

Il est difficile, au quinzième siècle, de ne pas étudier collectivement l'art de la Hollande et l'art de la Flandre. En effet, ces deux pays eurent à l'origine des intérêts communs : l'art y eut le même caractère et les mêmes formules pendant un certain temps, et il ne prit une importance séparée et distincte qu'au milieu du dix-septième siècle, lorsque Rembrandt, d'une part, Rubens, de l'autre, eurent fondé, chacun dans sa patrie, une école qu'ils dirigèrent eux-mêmes ou qu'ils inspirèrent.

Gravure sur bois. — C'est dans les Pays-Bas, à Harlem, que parut pour la première fois le *Speculum humanæ salvationis*, livre pieux, orné de gravures sur bois, témoignant d'une certaine connaissance de l'art, et, bien plus que les images isolées publiées antérieurement, accusant du savoir et une certaine recherche dans la composition. Quatre éditions de cet ouvrage se succédèrent, toutes sans date, sans nom d'imprimeur et sans désignation du lieu où elles ont été imprimées. Mais deux sont en hollandais et deux en latin. Or le dialecte hollandais employé est celui qui se parlait dans les Pays-Bas vers la fin du quatorzième siècle ou au commencement du quinzième; du moins voilà ce qu'affirment des érudits fort bons juges en pareille matière, et cette opinion, suivant nous, donne à l'origine de ces livres une sanction bien concluante. Maintenant, si l'on jette un regard en arrière et ailleurs, on sera bien obligé d'avouer que nulle part, dans aucun pays, allemand ou autre, on n'avait encore vu se produire un ouvrage de gravure supérieur au *Speculum humanæ salvationis* et à la *Bible des pauvres* ou seulement les égalant même de loin. L'influence des van Eyck s'y fait sentir ; le dessin des planches aussi bien que l'agencement des figures rappelle le goût de ces maîtres.

Si nous croyons devoir refuser aux Allemands une gloire à la défense de laquelle ils ont dépensé pourtant une érudition bien patiente, un savoir réel et de pénibles recherches, nous reconnaissons qu'ils prirent au développement de la gravure une part assez importante pour balancer cet avantage aux Pays-Bas, et en temps et lieu nous ne manquerons pas de dire la part qui leur revient dans l'histoire des origines de l'art.

Aux Pays-Bas appartient donc, avec l'honneur d'avoir trouvé les premiers modes d'impression, celui non moins grand d'avoir mis au jour les premières planches sur bois dignes d'attention. Les livres que nous avons cités plus haut remplacèrent les manuscrits jusqu'alors uniquement en usage. Ce fut un bienfait immense ; car, exigeant un travail long et minutieux, les manuscrits coûtaient fort cher. Ils étaient seulement à la portée des personnes aisées, et le peuple et les classes pauvres qui n'en pouvaient posséder se trouvaient voués à l'ignorance. On publiait, il est vrai, nombre de planches sur bois accompagnées de courtes légendes. Mais était-ce là un bien puissant moyen d'instruction? L'imprimerie vint changer ces conditions inégales, et l'on comprend quels mutuels et puissants services purent se rendre la gravure xylographique et la typographie liées étroitement, agissant simultanément.

L'école de peinture que les van Eyck dirigeaient, et dans laquelle Hans Memling travailla quelque temps, eut un trop grand retentissement pour que plusieurs artistes n'aient pas de suite éprouvé le désir de s'exercer à la gravure, art nouveau qui permettait de multiplier à l'infini les productions de ces maîtres, et qui assurait un profit plus immédiat. Les gravures sur bois qui parurent dans les Pays-Bas au quinzième siècle sont nombreuses. A Amsterdam, à Anvers, furent publiés des livres ornés de planches qui proclament l'utilité de la découverte et qui se distinguent par une netteté d'exécution et par une sorte de sentiment de la vérité qu'on ne trouve pas ailleurs. C'est que vainement on eût cherché autre part des modèles comparables à ceux que les graveurs flamands avaient sous les yeux. Lors même qu'ils ne s'appliquaient pas à les imiter servilement, ils n'avaient garde de les négliger tout à fait, et, même à leur insu, ils subissaient l'ascendant des maîtres qui dominaient l'école.

Les noms des artistes qui taillèrent le bois au quinzième siècle et au commencement du seizième siècle ne sont pas connus; par suite, il n'est pas facile de désigner leurs travaux d'une manière claire, aisément saisissante. Toutes les planches primitives de provenance flamande sont nées sous l'influence de l'art qui florissait à la cour des ducs de Bourgogne, et les dessins que les graveurs reportaient sur le buis ou sur le poirier ont des qualités trop analogues pour que le classement en soit possible. Les figures sont courtes, souvent difformes; les types de têtes manquent de grandeur, mais les mouvements ne sont pas en général dépourvus de justesse, et l'expression est ordinairement poussée jusqu'à l'exagération. Enfin le bois a été parfois coupé avec adresse, et que l'on donne à Jacob Corneliz ou bien à Jean Walter van Assen les pièces qui portent le monogramme composé d'un I et d'un A séparés par un double A croisé avec un V, on ne pourra leur refuser une intention pittoresque et surtout une véritable habileté manuelle.

Gravure sur métal. — Les premiers artistes des Pays-Bas qui gravèrent sur métal se rapprochent par le style — s'il est permis d'appliquer un si grand mot à des œuvres naissantes — de leurs prédécesseurs les graveurs sur bois. C'est la même influence qui les inspire, c'est la même volonté qui les guide. Le maître anonyme que l'on désigne, faute de renseignements précis, sous le nom de *Graveur de l'année* 1480, laissa un grand nombre d'estampes. Toutes témoignent à la fois de beaucoup d'indécision dans le dessin et de quelque habileté dans l'exécution. Elles représentent tantôt des sujets de sainteté, tantôt des scènes joyeuses, et donnent de l'art à cette époque une idée assez exacte. Le dessin, que les peintres et les miniaturistes connaissaient déjà à fond, sous la main des artistes qui tenaient un burin, perdit de sa précision : les mouvements des figures se contournèrent et touchèrent quelquefois au grotesque, et, à vrai dire, l'art des van Eyck et de Hans Memling n'eut qu'une médiocre influence sur le *Graveur de l'année* 1480. On dirait que, au lieu de s'inspirer de l'école brugeoise, il demanda de préférence ses modèles aux primitifs de Cologne. Par ce côté, il semble se rapprocher des artistes qui travaillèrent sur les bords du Rhin. Mais il appartient bien à l'école néerlandaise par la façon dont il taille le cuivre. C'est même là un de ses principaux mérites, et son burin souple et moelleux semble indiquer qu'il exerça quelque temps la profession d'orfévre.

Un autre artiste anonyme, connu sous les noms de *Maître à la navette* ou de *Zwoll*, aurait travaillé, si l'on en croit les historiens, à une époque peu éloignée du *Maître de* 1480 ; sa manière cependant est plus accentuée et témoigne d'un art plus avancé. Quoique certaines planches de son œuvre rappellent par leur rudesse l'école primitive, d'autres paraissent démontrer qu'il grava jusqu'au milieu du seizième siècle.

Son burin avait de la souplesse, mais il semble avoir été dirigé par un artiste peu au courant des progrès accomplis dans les autres contrées. Le *Maître à la navette* ne dut jamais quitter les Pays-Bas ni même connaître les estampes exécutées en Italie et en Allemagne ; sa manière ne laisse pas soupçonner la moindre influence étrangère et, uniquement occupé de sujets pieux, son burin ne retrace que des compositions conçues dans le goût de l'école patronnée par les ducs de Bourgogne.

Après les artistes que nous venons de citer, naquit un maître qui résuma toutes les qualités de l'école primitive et qui occupe dans l'histoire de l'art une place considérable. Nous voulons parler de Lucas de Leyde, qui naquit en 1493. Il apprit son métier de graveur chez un armurier et chez un orfévre, et de très-bonne heure fit preuve de talent. En 1508, c'est-à-dire à l'âge de quinze ans, il mit au jour sa première estampe, et, quelque timidité qu'on y signale, elle permettait de pressentir un avenir glorieux. Avant Lucas de Leyde, nul graveur n'avait pris un souci semblable de la perspective ni cherché avec autant de soin à donner aux compositions compliquées une clarté qui met chaque personnage à son plan, chaque objet à sa place, une netteté qui agrandit l'espace où s'accomplit la scène. Lucas de Leyde connut Albert Dürer ; lorsque ce grand artiste vint à Anvers en 1520, il fit avec lui échange d'estampes ; cependant, s'il emprunta quelque chose au talent de l'illustre artiste de Nuremberg, ce fut beaucoup moins que la plupart de ses contemporains. Le fait est qu'il garda sa manière particulière d'interpréter les sujets inventés par lui et que l'al-

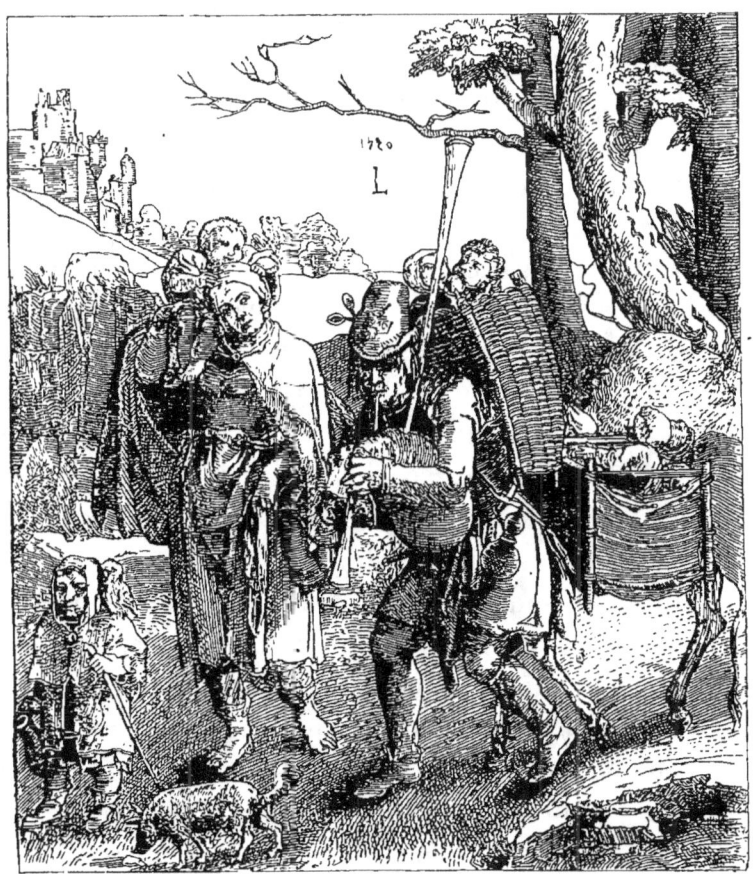

Fig. 8. — L'Espiègle, estampe de Lucas de Leyde.

lure matérielle de son burin n'éprouva pas non plus de transformation sensible. L'expérience et la pratique le rendirent de plus en plus maître de son outil, mais il conserva le même goût de dessin depuis ses premières planches jusqu'à ses dernières. Prenant ses modèles dans ce qu'il avait habituellement sous les yeux, il n'a pas craint de donner à la reine de Saba, à Esther, à Dalila, les costumes de la classe riche de la société hollandaise, et le sentiment inné d'élégance dont il était doué lui a fourni un type très-distingué, bien plus près de la beauté que tous ceux des autres maîtres de son temps. Son *Ecce Homo* peut être regardé comme une des pièces les plus importantes, au point de vue de l'art, qu'il ait jamais imaginées. Elle offre aussi un intérêt d'un autre ordre. La scène se passe sur la place publique d'une ville hollandaise, et le graveur, peu préoccupé de la vérité historique, a vêtu les bourreaux et les spectateurs à la mode de son temps. En agissant ainsi il nous a laissé un document fort important pour l'histoire des costumes et des mœurs néerlandais pendant la première moitié du seizième siècle. Quoique s'adonnant de préférence aux scènes religieuses ou aux sujets d'un caractère élevé, Lucas de Leyde ne dédaigna pas non plus de traiter des compositions dans lesquelles les *paysans* et les *gueux* jouent les principaux rôles. Dans cet ordre d'idées, il exécuta même la pièce la plus rare et la plus recherchée de son œuvre, les *Paysans en voyage*, estampe connue sous le nom de l'*Espiègle*, et cette planche inaugura l'énorme série d'estampes sur les *gueux* et sur les *paysans* que plus tard les Téniers, les Ostade, Dusart et d'autres, inspirèrent ou produisirent.

Les graveurs qui vécurent du temps de Lucas de Leyde et qui travaillèrent à côté de lui n'eurent point son talent ni sa manière de rendre la nature. Ils s'exemptèrent de l'influence du maître qui les dominait, et cette indépendance volontaire ne leur fut pas profitable. Dirck van Staren, artiste surnommé le *Maître à l'étoile*, fait pourtant exception. Dans certaines estampes signées de ses initiales, *Saint Luc peignant la Vierge*, le *Déluge* et un *Saint agenouillé devant la Vierge tenant dans ses bras l'Enfant Jésus*, l'auteur se montre graveur adroit et dessinateur expérimenté ; les figures sont élégantes et fines, et le soin avec lequel l'atelier de saint Luc est décoré témoigne d'une aptitude singulière à agencer les ornements ; — ceux-ci rappellent, au surplus, ceux de Lucas de Leyde.

Le *Maître à l'écrevisse*, qui travaille à la même époque que le *Maître à l'étoile*, fut indépendant et s'inquiéta peu de la manière de ses devanciers. Les vierges qu'il grava sont laides et prétentieuses, grimaçantes et d'un dessin insuffisant ; toutes les figures qu'il inventa sont trapues et ramassées ; son dessin est lourd, maladroit ; son burin indécis, inhabile. En définitive, l'attention que l'on accorde aux ouvrages de cet artiste nous paraît très-exagérée et, à notre avis, ne repose sur rien autre chose que sur leur rareté. En même temps que le *Maître à l'écrevisse*, Alaert Claas publia un grand nombre d'estampes qu'il signa de son nom. A ses débuts, il se contenta du rôle de copiste. Il imita certaines estampes de Lucas de Leyde, de Beham, d'Aldegrever et d'Albert Dürer ; il peut prendre rang parmi les *petits maîtres*, sans avoir cependant la sûreté de burin des artistes que l'on désigne sous cette dénomination collective. Son burin est sec, ses tailles sont espacées et ses figures d'un modelé peu cherché. Son œuvre ne se compose pas seulement de copies, mais les estampes dont on lui attribue l'invention aussi bien que la gravure n'offrent pas de caractère particulier qui les rende dignes d'estime : on y trouve de la facilité, mais le dessin en est pauvre et l'expression à peu près nulle.

Un autre artiste néerlandais, Corneille Matzys, se rattache également à l'école des *petits maîtres*, au moins pour une moitié de son œuvre. Les estampes qui portent son monogramme et qui furent exécutées entre les années 1537 et 1552 sont généralement de petites dimensions. Ce sont aussi ses meilleures, et lorsqu'il nous montre des paysans et des paysannes conversant deux à deux, courant ensemble ou se racontant leurs misères, il parvient à nous intéresser et semble suivre sa véritable voie. Mais il fit le voyage d'Italie et modifia sa manière, essayant, sans y réussir, d'ennoblir son dessin au contact des œuvres italiennes ; aussi la *Pêche miraculeuse*, estampe d'une dimension relativement très-grande, se trouva au-dessus de ses moyens, et son burin ne put s'élever jusqu'au style de Raphaël. Il rendit pauvrement et sans aucune précision le célèbre carton. Dans cette évolution de goût et de manière, perdant beaucoup plus qu'il ne gagne, il compromet sans retour ce qui ajoute tant à l'intérêt et au mérite d'une œuvre : le caractère, l'originalité. Malheureusement, dans les Pays-Bas, le mouvement qui porta les peintres à émigrer en Italie fut à peu près général au seizième siècle. Ne dirait-on pas que la Hollande et la Flandre ne pouvaient suffire à un artiste, inspirer un maître? L'avenir s'est chargé de démontrer le contraire, et dès que les graveurs et les peintres néerlandais devinrent sédentaires, avec leurs seules ressources ils surent fonder une école célèbre. Ce n'est qu'au dix-septième siècle que cette sagesse leur vint, et il fallut pour cela deux grands maîtres, Rembrandt et Rubens. Jusque-là, c'est-à-dire pendant tout le seizième siècle, depuis Lucas de Leyde jusqu'aux graveurs d'un ordre inférieur que nous avons cités plus haut, aucune œuvre digne de remarque ne fut produite par les artistes de la Hollande ou de la Flandre. Lambert-Lombard, Adrien Collaert, Martin Hemrskerke, Dirck Volkert Curenbert et quantité d'autres passèrent la plus grande partie de leur existence à Rome, s'épuisant à poursuivre là un idéal au-dessus de leurs forces. Le nombre de leurs ouvrages fut énorme, il est vrai, mais cette activité extraordinaire ne tendait à rien moins qu'au dépérissement de l'art. Travaillant pour le commerce, les graveurs inondaient le marché de sujets pieux, se livraient à l'allégorie, cette maladie de l'Italie en décadence, et, pressés de produire, ne songeaient guère à ce qui, par-dessus tout, eût dû les préoccuper : la beauté et la recherche du vrai.

Ici une distinction est nécessaire. Jusqu'à présent nous avons confondu l'art hollandais et l'art flamand, qui marchent de front, en effet, jusqu'au commencement du dix-septième siècle. Il faut maintenant les séparer, car les tendances artistes de ces deux pays varient à mesure que leurs intérêts cessent d'être unis. La Hollande se constitue et prend une direction qui n'a plus rien de commun avec les aspirations de la Flandre; un maître naît chez elle; il change brusquement les habitudes de l'école, et ce maître, qui tient la tête de l'art, c'est Rembrandt van Rhyn.

Hollande. — Rembrandt naquit en 1607 [1]. Le lieu de sa naissance n'est pas connu d'une façon bien certaine; cependant tout semble prouver qu'il vit le jour à Leyde, où sa famille était établie depuis longtemps. Son père le destina d'abord à l'étude de la jurisprudence. Il commença par lui faire apprendre le latin, pour qu'il fût en état de suivre plus tard les cours de l'université de Leyde. Mais Rembrandt se sentait porté vers le dessin et la peinture, et ses parents, cédant à sa volonté, le placèrent chez un artiste peu connu aujourd'hui, Jacob Isaacson van Swanenburg. Rembrandt étudia trois ans chez ce peintre. Ensuite il fréquenta

---

[1] La date de la naissance de Rembrandt a donné lieu à de nombreuses discussions. Les registres de la municipalité de Leyde, qui pourraient seuls trancher la question, ont disparu pour l'époque qui nous intéresse. On en est donc réduit à des conjectures qui s'appuient sur l'autorité d'Orlers, bourgmestre de Leyde, sur quelques estampes datées, et sur l'acte de mariage de l'artiste dans lequel il déclare, le 10 juin 1634, être âgé de 26 ans. Nous adoptons ici l'opinion de M. C. Vosmaer (*Rembrandt Harmens van Rijn, ses précurseurs et ses années d'apprentissage.* La Haye, 1863, p. iv-vi), qui, après avoir examiné tous les textes et toutes les pièces proposées par les historiens du maître, conclut, timidement toutefois, que Rembrandt dut naître en 1607.

successivement les ateliers de Pierre Lastman et de Jacob Pinas. Après avoir appris, sous la discipline de ces maîtres, les éléments de l'art, de retour à Leyde, dans la maison de son père, il vola de ses propres ailes. Il acquit promptement une grande réputation ; ses premiers ouvrages en peinture comme en gravure furent même assez remarqués pour qu'il fût plusieurs fois mandé à Amsterdam, afin d'y exécuter des portraits. Le 22 juin 1634, Rembrandt se maria avec une riche Frisonne, nommée Saskia Uilembourg. De ce mariage il eut deux enfants. L'un mourut fort jeune, et l'autre, Titus Rembrandt, suivit, mais sans aucun succès, la carrière de son père. Après huit ans de ménage, Saskia mourut, elle aussi, laissant toute sa fortune en usufruit à son mari, à la condition que celui-ci donnât à son fils une éducation qui lui permît d'occuper une haute position, et que, le jour où il se marierait, il lui constituât une dot. Rembrandt ne demeura pas longtemps veuf ; du moins, si l'on ne retrouve aucune trace authentique de cette nouvelle union, nous en sommes informés par les registres d'Amsterdam, qui constatent la naissance de deux enfants assez peu de temps après la mort de Saskia.

L'existence de Rembrandt, entièrement consacrée au travail, n'a offert aux historiens aucune particularité digne d'être notée. Il s'éloigna peu d'Amsterdam, et sut trouver autour de lui, en Hollande, des modèles de toute nature qui suffisaient à son génie. Les œuvres de Rembrandt, aujourd'hui très-recherchées, n'étaient pas, du vivant du maître, aussi estimées. En 1656, lorsque Rembrandt avait dans tous les genres produit ses œuvres capitales, il fut déclaré insolvable et contraint de vendre sa maison, son mobilier et tout ce qui constituait son atelier. Cet événement malheureux porta un coup funeste à l'artiste. Quoiqu'il ait encore beaucoup travaillé depuis cette époque et qu'il ait peint entre autres chefs-d'œuvre les *Syndics des drapiers* du musée d'Amsterdam (1661), sa vie devint de plus en plus ignorée. Longtemps inconnue, et souvent inexactement rapportée, la date de sa mort a été, dans ces derniers temps seulement, révélée par un document extrait des registres de l'état civil d'Amsterdam : Rembrandt fut inhumé dans cette ville le 8 octobre 1669.

Rembrandt fonda l'école hollandaise proprement dite, et il la représente complétement. Tous les sujets, il les aborde, et dans tous les genres il se montre artiste inimitable. Qu'il s'adresse aux compositions de l'ordre le plus élevé et représente *Jésus-Christ guérissant les malades* ou la *Résurrection de Lazare*, sa pointe magique obtient de l'eau-forte ce que jamais on ne l'aurait cru capable de donner; cette branche de la gravure, qui semble ne convenir qu'aux motifs intimes, aux compositions exécutées du premier jet, atteint, au contact du génie de Rembrandt, les sommets de l'art, et lutte triomphalement avec la gravure d'histoire. Lorsque le maître nous fait assister à des scènes d'intérieur, quand il nous conduit dans les synagogues, quand il nous montre le sculpteur modelant au pouce une statuette, ou la cuisinière entourée de ses enfants

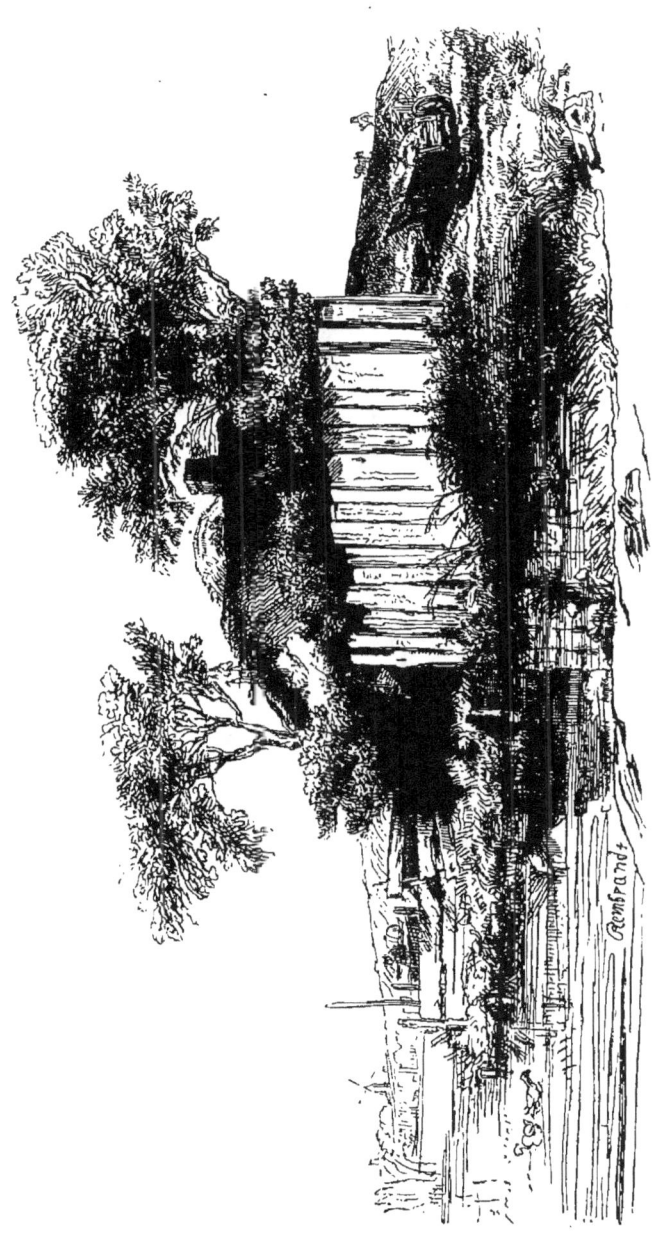

Fig. 9. — Paysage, eau-forte de Rembrandt van Rhyn.

faisant sauter dans la poêle des coucks, il donne à ces sujets familiers un esprit, une verve, un accent de la nature qui nous intéresse, nous charme, nous attire. Dans les portraits, nul n'imprime plus de vie et plus de grandeur. Jean Lutma, le bourgmestre Six ou Rembrandt lui-même, vivront à jamais dans les eaux-fortes qui nous retracent leur physionomie avec tout ce qu'elles ont de spirituel, d'énergique ou de singulier. Devant les beautés de la campagne, Rembrandt est encore tout à fait maître; personne, et pourtant la Hollande a eu d'assez grands paysagistes, n'a su rendre l'aspect de ce pays factice, créé par la main de l'homme, avec une aussi étonnante vérité. Les horizons infinis de ce pays plat, coupé par quantité de canaux et çà et là égayé de moulins à vent, sont exprimés sans monotonie et sans exagération. L'art avec lequel le maître a su choisir les points de vue, disposer les plans, exprimer enfin ce qu'il a eu devant les yeux, fait que dans ses estampes la Hollande apparaît par son côté vraiment pittoresque sous un angle tout à fait intéressant et curieux.

Rembrandt eut des imitateurs, mais il ne forma pas à vrai dire des élèves, si l'on entend par ce mot ceux qui suivent pas à pas la manière du maître et cherchent à la contrefaire jusque dans ses moyens d'exécution. Trop original d'ailleurs pour se prêter à une imitation servile, pour fournir autre chose qu'une inspiration, son génie primesautier pouvait seulement faire naître et exciter chez quelques graveurs le désir de suivre la voie qu'il avait ouverte. Aussi J. Livens,

Ferdinand Bol et van Uliet, en cherchant à se conformer strictement aux exemples du maître, restèrent loin de leur modèle et n'obtinrent qu'une réputation médiocre. L'infériorité de ces artistes est manifeste lorsque, s'attaquant directement aux œuvres du maître, ils cherchent à reproduire les beautés qui les distinguent à l'aide de procédés analogues. Les imitateurs que nous venons de nommer gravèrent plusieurs fois les compositions de Rembrandt, et non sans talent; ils ne déployèrent même jamais plus de savoir que lorsqu'ils copièrent des dessins de l'illustre maître. Quant aux compositions qu'ils inventèrent, elles offrent quelquefois, à côté de l'intention évidente d'imiter Rembrandt, une exagération dans le dessin qui nuit aux figures, et qui accuse l'impuissance de leur auteur.

A la recherche de sujets d'un ordre peu relevé, à cette prédilection marquée pour les mœurs des *paysans* et des *gueux*, la Hollande doit un grand nombre d'œuvres excellentes. Les artistes qui s'adonnèrent à ce genre étaient peintres pour la plupart, et savaient trouver autour d'eux une inspiration vraie et des modèles excellents. Comme leur pays n'offrait ni un type d'habitant bien noble, ni une nature riche en grands aspects, ils s'appliquèrent uniquement à représenter ce qu'ils voyaient. Leurs ouvrages nous séduisent parce qu'ils sont vrais. Ces intérieurs de tabagies et de cabarets dans lesquels Ostade ou Brauwer nous mènent sont vivants et animés. On devine aisément que le graveur qui les reproduit les a fréquentés et les connaît à fond. Adrien Brauwer, de Harlem, les aurait même beaucoup trop souvent visités, si l'on en croit les historiens locaux, qui l'accusent de s'être livré à l'ivrognerie et d'avoir mené une vie fort débauchée. Il mourut à trente-quatre ans, laissant quelques eaux-fortes exécutées d'une pointe délicate et spirituelle. Adrien van Ostade eut une existence beaucoup moins accidentée; il occupe aussi comme graveur une place plus importante. Doué d'un talent distingué, il grava un grand nombre d'estampes qui plaisent surtout par l'esprit et la pantomime des figures. Tantôt gais et joyeux, tantôt occupés aux soins du ménage, ses personnages font bien ce qu'ils veulent faire; leurs gestes sont justes, leurs physionomies vraies; ils agissent, ils vivent, ils expriment à ravir ce qu'ils veulent dire ou représenter. Cette science, qui consiste à montrer clairement ce qu'on veut montrer, Ostade la posséda au plus haut degré; et quand il met en scène un ou plusieurs personnages, il imprime sur la physionomie et dans tout l'être de chacun un accent de vérité bien particulier et jamais banal.

Bien loin de leur modèle restèrent les imitateurs d'Ostade. Corneille Dusart dessina lourdement, et les types de ses figures ont encore plus de trivialité que chez ses autres contemporains. Ces Hollandais, qui donnaient à la physionomie un si vif accent de vérité, n'ont jamais su exprimer la jeunesse; leurs amoureux, hommes et femmes, sont ridés et laids à faire peur; les enfants qu'ils font jouer autour de leurs parents sont vieillots et ramassés; leurs mouvements seuls annoncent le jeune âge. Quant à la beauté et à l'élégance des types, il ne faut pas s'aviser de les chercher dans ces petits maîtres hollandais; jamais ces artistes n'y songèrent. Corneille Bega, autre disciple d'Ostade, pas plus que C. Dusart, ne s'éloigna de la route tracée par le maître. Ce qu'il aimait à représenter, ce sont des paysans attablés dans des cabarets, devisant à la porte d'une auberge, ou vaquant aux soins du ménage; mais sa pointe n'a pas la finesse de celle d'A. van Ostade; elle est dure quelquefois, et les physionomies de ses gueux sont loin d'avoir toute la précision désirable.

Une observation doit trouver place ici. Nous avons dit que les artistes qui vivaient en Hollande au dix-septième siècle ne cherchaient à donner aucune beauté à la figure humaine. En revanche, toute une catégorie d'artistes, également habiles au pinceau et à la pointe, s'approcha de la beauté lorsqu'ils dessinèrent des animaux. De ces maîtres, Paul Potter est le plus considérable; il sut donner aux bêtes qu'il dessina, peignit ou grava, sans transiger jamais avec l'exactitude correcte des formes, une sorte de grandeur. Dans son œuvre gravé, il est tel cheval de la Frise qui, pour la largeur de l'exécution, rivalise avec les productions des écoles chez lesquelles précisément la grandeur est un des traits distinctifs. Nicolas Berghem savait dessiner les animaux aussi bien que n'importe lequel de ses compatriotes. Il gravait avec propreté et finesse, et ses estampes, très-recherchées, ont les mêmes qualités que ses peintures. Elles sont exécutées avec un agrément, une légèreté de pointe extraordinaires. Il encadrait ses compositions.

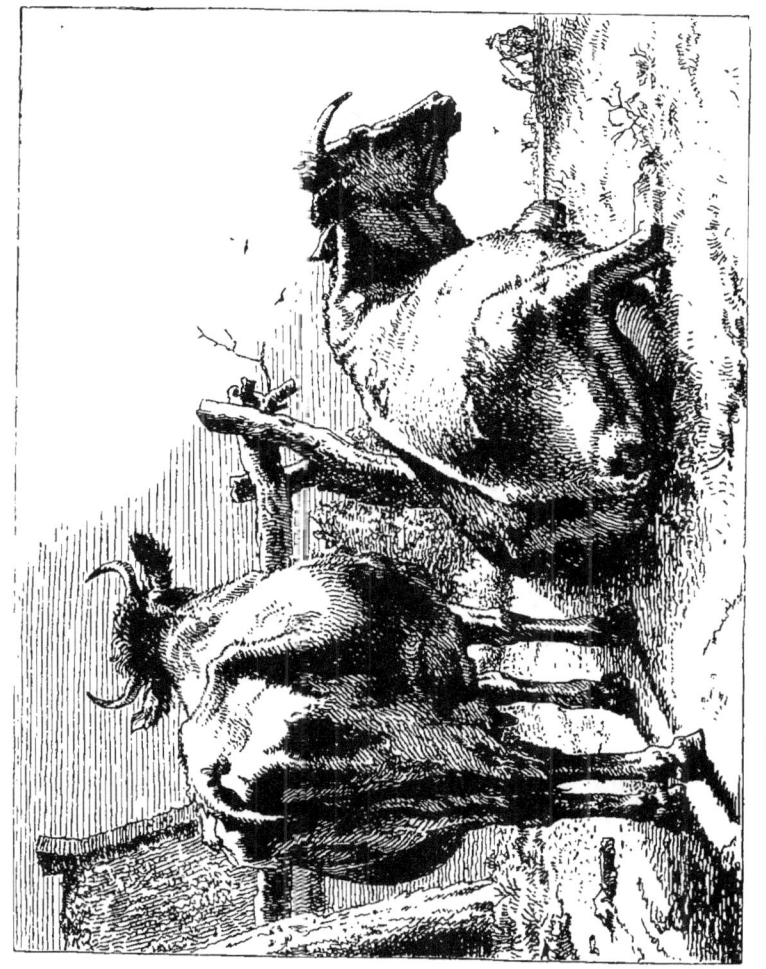

Fig. 10. — Les deux vaches, eau-forte de Paul Potter.

où les bêtes sont mieux construites que les personnages, de paysages auxquels il mettait un soin tout particulier. Sa pointe délicate prenait plaisir aux feuillages; elle ménageait la lumière sur les parties que le jour frappe directement; les ombres ne sont jamais confuses ni traitées négligemment; l'air circule partout, enveloppe les animaux et donne la vie aux êtres qu'il inonde. Adrien van de Velde peignait la nature animée ou inanimée, mais il ne grava guère que des animaux; ses planches dénotent un talent très-sûr de lui; sa pointe, savante et précise, rappelle celle de Berghem. Moins serré dans le dessin, Théodore Stoop a l'exécution grasse et d'un effet agréable; les figures qui accompagnent ses chevaux sont spirituelles et bien disposées. Philippe Wouverman n'a signé qu'une seule planche. Mais ce cheval, appelé aux dures fatigues, témoigne d'une grande connaissance du dessin, et montre en même temps l'aptitude du peintre à manier l'eau-forte. L'exécution pleine d'inexpérience ne nuit point à la précision des formes. Malgré son aspect sali, cette planche est parfaitement digne de l'attention sérieuse des artistes. Karel Dujardin affectionnait la vie des champs. Tant qu'il resta dans son pays, il fut disciple studieux de Paul Potter; il confia au cuivre nombre d'animaux dont il nous fait connaître les habitudes, dont il souligne le tempérament. Simplement paresseux, les uns dorment d'un sommeil profond, étendus sur le dos ou vautrés dans la fange; les autres, accoutumés au travail, ruminent en paix ou broutent nonchalamment l'herbe de la prairie. La pointe de Dujardin est nette; les contours sont indiqués avec habileté et finesse, et, dans les œuvres de ce maître, rien ne trahit jamais la lassitude ou la peine. Un jour, sous prétexte d'accompagner un ami qui part pour Livourne, Karel Dujardin s'embarque et fait route vers l'Italie. La vue des montagnes et les horizons de la campagne romaine l'impressionnent et l'attirent, et, animalier en Hollande, il devient paysagiste en Italie. Ses paysages italiens ne manquent pas d'ampleur, mais il n'est pas fait pour les œuvres de style et sa pointe est indocile à les exprimer.

L'exemple de Karel Dujardin fut imité, et quelques paysagistes, après avoir étudié en Hollande, se rendirent en Italie. A cette émigration, Jean Both, le plus célèbre de ces transfuges, gagna le surnom de *Both d'Italie*. Il était né à Utrecht en 1610. Il parcourut, en compagnie de son frère André Both, avec lequel il travailla presque toujours, la France d'abord, puis l'Italie, où il fit un très-long séjour. N'est-il pas curieux d'observer que ce fut à travers les ouvrages d'un artiste français, de Claude Gellée, qu'il comprit la nature italienne? Mais les eaux-fortes de Jean Both, bien moins que ses tableaux, trahissent l'influence du maître lorrain. Pour ses gravures, on sent qu'il reçut ses impressions directement de la nature; aussi est-ce avec un sentiment très-sincère de la vérité qu'il grava ces vastes horizons bornés de hautes montagnes, égayés par de grands arbres et par des fabriques restées historiques; sa pointe pittoresque s'accommodait des accidents de terrain, et la beauté imposante des paysages qui se déroulaient devant ses yeux lui fit rencontrer le style. Guillaume de Heusch suivit l'exemple de son maître J. Both, et alla, comme lui, chercher ses modèles en Italie. Sa pointe, adroite et spirituelle, rendit la nature de ce pays avec vérité et précision. Herman Swanevelt, qui passa, lui aussi, la plus grande partie de sa vie en Italie, céda à l'élan donné par Claude le Lorrain et s'inspira directement des leçons de ce maître. Ses eaux-fortes se ressentent de l'enseignement qu'il reçut. Elles pèchent toutefois par l'exécution qui est un peu monotone.

Au contraire, le plus grand paysagiste de la Hollande, Jacques Ruysdael, ne connut pas l'Italie et ne cessa guère d'habiter la ville de Harlem, qui l'avait vu naître. Ce maître, dont nous n'avons pas à apprécier ici l'incomparable talent de peintre, a gravé des eaux-fortes dignes assurément d'autant d'estime que ses tableaux. Elles sont traitées librement et dessinées avec une science, une fermeté singulières. Avant Ruysdael, nul n'avait indiqué d'un trait plus sincère la forme des arbres ni détaillé les feuillages avec plus de netteté, sans se noyer dans le détail. Sagement répartie, la lumière éclaire franchement les plans que le soleil frappe ; dans les ombres, c'est le même soin, la même préoccupation du vrai, la même intelligence du juste. La couleur chaude de ses tableaux se retrouve dans ses eaux-fortes ; et pour choisir dans son œuvre, d'ailleurs peu considérable, deux planches résumant son talent dans ce qu'il a de plus élevé, nous désignerons le *Champ de blé* et les *Voyageurs*, estampes admirables qui peuvent être regardées comme les chefs-d'œuvre du genre. Antoine Waterloo ne quitta pas non plus la Hollande et s'écarta peu des environs d'Utrecht, sa patrie. Contrairement à la plupart des artistes dont nous venons de parler, il acquit comme graveur plus de réputation que comme peintre. Cette réputation nous paraît même exagérée ; sa pointe est monotone, et, malgré le soin qu'il prit de relever, à l'aide du burin, certaines parties de ses planches, il ne sut leur donner un effet bien agréable. Les sites que Waterloo a retracés sont d'ailleurs peu variés et de médiocre étendue : un coin de forêt coupé par une allée tortueuse, un moulin perché sur un torrent, une chaumière qu'ombragent quelques arbres, tels sont les côtés de la nature que l'artiste affectionna ; il ne s'appliqua jamais à rendre les horizons infinis de la Hollande ni ses prairies sans limites arrosées par d'innombrables canaux.

Si les forêts, les coteaux chargés de verdure et les prairies de la Hollande ont eu des interprètes enthousiastes, la mer en a suscité également, et Rembrandt, qui a inauguré le genre de la marine, comme dans les autres est arrivé dans celui-ci à la perfection. Moins favorablement inspirés furent ceux qui le suivirent. L'un des plus habiles peintres hollandais, Louis Backuysen, a tracé à la pointe quelques marines dans lesquelles on ne retrouve pas sa science accoutumée. Dans ses planches, l'air circule sans doute et enveloppe les vaisseaux qui flottent à l'horizon ; mais les derniers plans ont été trop sommairement indiqués,

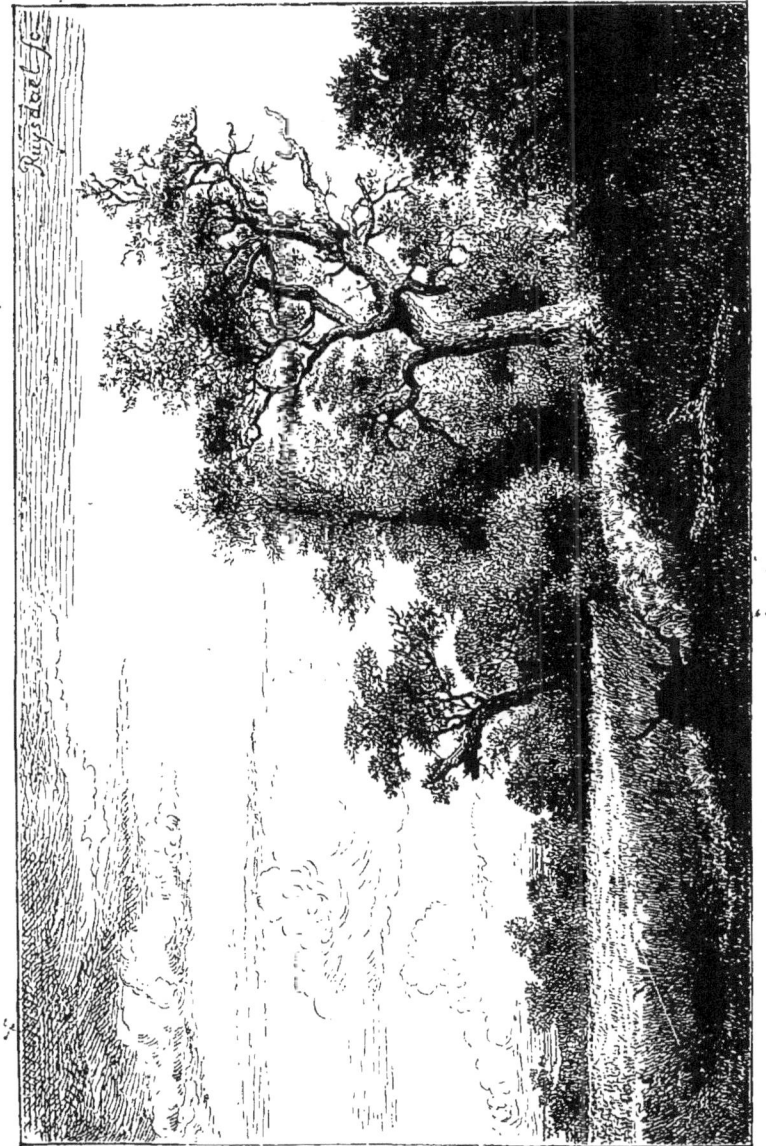

Fig. 11. — Le champ de blé, eau-forte de J. Ruysdael.

et les figures qui garnissent les devants sont d'un dessin lourd et fort incorrect. Isaïe van de Velde n'est pas plus heureux. Il s'efforce de nous montrer des ports de mer encombrés de vaisseaux ou bien des patineurs glissant sur la glace. Malheureusement les hachures sèches et âpres de sa pointe, recouvertes le plus souvent par des tailles au burin, rendent imparfaitement la physionomie de la mer, du fleuve ou du canal qu'il prétend représenter.

Pierre Bout, dont la pointe légère a réussi à indiquer très-agréablement les villages baignés par la mer et formant l'horizon, dessinait trop peu et animait ses marines de figures pesantes et banales. Il s'entendait toutefois à établir un effet, et les cinq ou six marines que l'on connaît de lui peuvent être comptées parmi celles qui donnent une impression très-juste de la mer du Nord. René Nooms, généralement connu sous le surnom de Zeeman (marin), est né à Amsterdam, vers 1612. Épris d'une passion véritable pour la peinture de marine, afin de mieux jouir de la vue de la mer, d'étudier les caprices, les allures, les aspects si divers du mobile élément et de connaître la construction des navires, il fit plusieurs voyages, embarqué comme simple matelot. C'est à cette éducation particulière que ses estampes doivent un cachet de vérité que peu d'ouvrages contemporains pourraient montrer au même degré. Aussi les vaisseaux de toute nature qu'il grava peuvent être d'un grand secours pour l'histoire de la marine, et si le curieux ne reconnaît dans les estampes de Zeeman ni une grande entente de l'effet, ni un charme bien particulier dans l'exécution, au moins l'historien les estimera-t-il pour l'enseignement qu'il en retirera, pour les documents précis qu'il saura y rencontrer.

Tandis que, suivant l'exemple de Rembrandt, les peintres hollandais se livraient avec ardeur à la gravure à l'eau-forte, exécutant pour leur gloire future des ouvrages de la plus haute valeur, à côté d'eux se formait et grandissait une école de gravure au burin qui laissa, elle aussi, une trace éclatante de son existence. Cette école de graveurs au burin ne se constitua en Hollande qu'au dix-septième siècle. Après Crispin de Passe, qui donna à de nombreux ouvrages un aspect agréable et coloré, l'on trouve toute une série de graveurs maniant le burin avec une habileté que nous ne craignons pas de déclarer trop grande. A ses débuts, Henri Goltzius se montra cependant timide et amoureux jusqu'à l'excès de la finesse et de la précision; mais, lorsqu'il se sentit tout à fait maître de son outil, il prit une allure bien différente et publia les planches les plus extravagantes que jamais imagination ait inventées. En tailles larges et espacées, il chercha à rendre des compositions compliquées et d'un pédantisme insupportable. Or cette exagération des formes rendues avec une exagération non moins grande de burin aboutit à de tristes résultats. Goltzius y gagna sans doute la réputation d'un des plus savants burinistes de la Hollande ; mais par un juste retour de l'opinion, celle de dessinateur fin et correct, que ses premiers ouvrages lui avaient assurée, lui échappa. Le

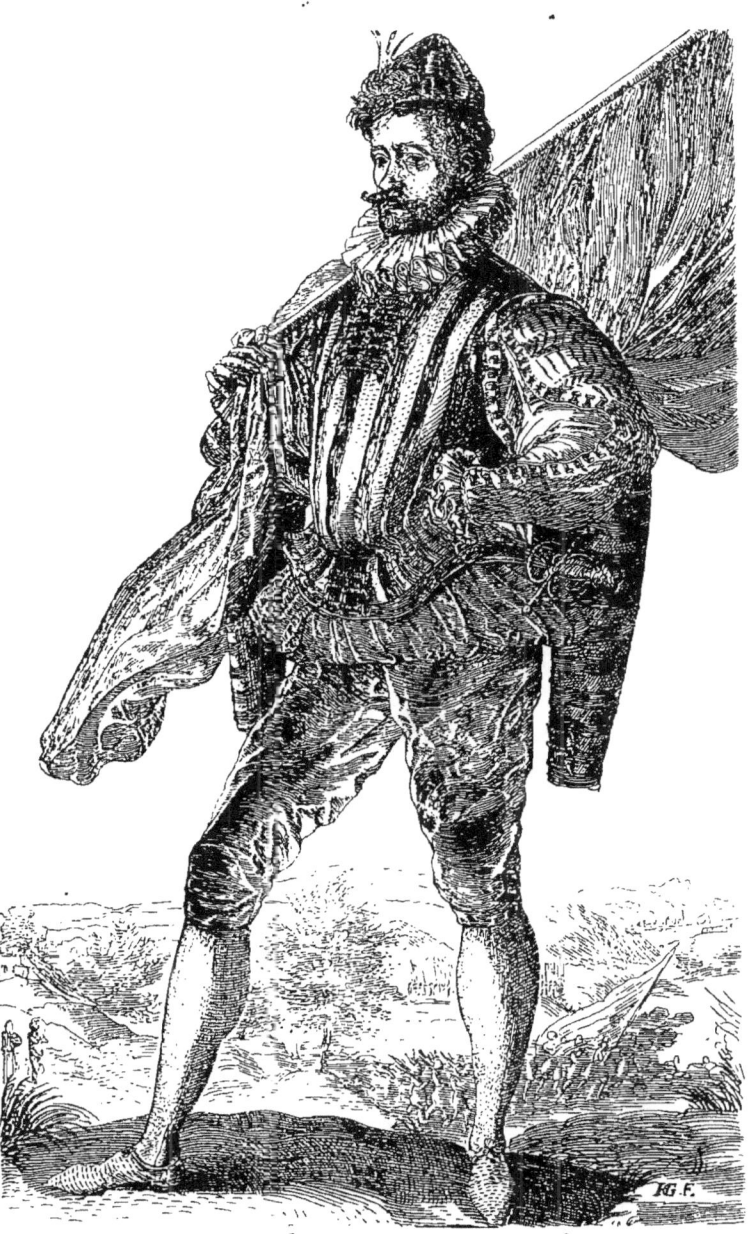

Fig. 12. — Costume, gravure de H. Goltzius.

plus regrettable, c'est qu'il eut des imitateurs et fit école. En effet, sa manière séduisit et enrôla des esprits avides de nouveauté, et pourvu qu'ils arrivent à la notoriété, peu scrupuleux sur les moyens de l'obtenir.

Parmi les imitateurs de Goltzius les moins sensés, nommons Jean Saenredam et Jean Müller. Il est impossible de pousser plus loin que ces artistes le maniement de l'outil, de montrer une habileté plus grande à tailler le cuivre. Vaincre des difficultés en apparence insurmontables, tel était leur idéal, et cette préoccupation constante de faire parade de leur savoir absorba leurs efforts. C'est pourquoi ils préférèrent demander des modèles à Barthélemy Spranger, certes le peintre le plus maniéré de l'école, plutôt que de graver leurs propres compositions ordinairement d'un style moins emphatique. Jacques Matham, autre élève de Goltzius, ne se contenta pas des leçons de son maître. Il fit un long séjour en Italie et reçut à Rome quelques conseils de son compatriote Corneille Bloemaert. S'il gagna à cette éducation nouvelle de ne plus s'adonner systématiquement aux sujets compliqués, aux formes exagérées, en se laissant guider par des talents divers, il compromit son originalité. Exécutées tantôt d'après le Josépin, tantôt d'après Zuccharo, quelquefois même d'après Raphaël et Titien, ses estampes rendent avec une fade monotonie, sans en exprimer les caractères particuliers, les ouvrages de ces artistes et ne se distinguent par aucune qualité saillante. N'étaient les portraits qu'il grava et dans lesquels la physionomie est toujours étudiée avec soin, son œuvre mériterait peu d'estime. Henri Hondius ne quitta pas la Haye, sa patrie; il y dirigea pendant cinquante ans un atelier où se formèrent nombre d'artistes. Sa manière est sèche, dépourvue de grandeur et sans caractère bien facile à définir.

Si la gravure au burin fut exercée en Hollande durant une période assez longue par des artistes uniquement préoccupés du procédé, ou par des hommes qui allaient au loin chercher leurs modèles, égarant dans ces excursions leurs qualités natives, un moment vint où cet art occupa une place si considérable que les pays voisins peuvent en être jaloux. Au milieu du dix-septième siècle une école nationale de peinture se manifesta, école que Rembrandt inspira toujours; parallèlement surgirent des graveurs qui reproduisirent les compositions des nouveaux peintres en même temps que les leurs et portèrent au loin la réputation de ceux auprès desquels ils vivaient et dont ils suivaient les préceptes. Pierre Soutman, né à Harlem vers 1580, qui avait fréquenté l'atelier de Rubens, et qui grava avec talent un certain nombre de peintures de ce maître, semble avoir donné l'impulsion à la nouvelle école de gravure. Il attira près de lui des graveurs et obtint leur confiance. Dans son atelier entra Jonas Suyderoet, qui emprunta de son maître la pratique commode de l'eau-forte unie au burin, pratique dans laquelle l'eau-forte, ne jouant qu'un rôle secondaire, servant seulement à préparer la planche, disparaît presque complètement lorsque le burin a rempli son office. Dans l'œuvre de Jonas Suyderoef, important surtout à cause des portraits gravés d'après P. Soutman, Franz Hals et Rubens, on distingue une planche qui suffirait à la réputation de l'artiste. Nous voulons parler de la *Paix de Munster*, d'après Gérard Terburg, qui ne renferme pas moins de cinquante portraits : ceux des plénipotentiaires réunis pour signer le traité.

Corneille Visscher est également un élève de P. Soutman. Plus que Suyderoef, il s'éloigna de la manière de son maître ; sa façon d'exprimer ce qu'il inventait ou ce qu'il copiait était bien différente ; il ne se servait presque jamais de l'eau-forte et attaquait directement le cuivre avec le burin. A ses débuts, il grava d'une façon assez sèche, et ses planches rappellent les plus faibles ouvrages d'un artiste polonais qui séjourna quelque temps en Hollande, Jérémie Falck. Toutefois, sa manière se modifia rapidement et son talent ne tarda point à se manifester dans toute sa force. Visscher grava le portrait de Pierre Scriverius sous la direction de Pierre Soutman, et il constata la part de son maître dans cette estampe qu'il signa ainsi : *Corn. Visscher sculpsit, P. Soutmanno dirigente*. L'œuvre de Visscher est considérable et les pièces remarquables y abondent. Le *Marchand de mort aux rats* et la *Fricasseuse*, deux pièces de l'invention de Corneille Visscher, sont dignes, sans conteste, d'occuper dans l'art de la gravure une des premières places. Dans les portraits, l'artiste se montre peut-être plus grand maître encore ; il excellait à modeler les chairs et variait avec un art infini ses travaux, suivant les objets qu'il avait à représenter. Coloriste puissant et clair autant que dessinateur fin et consciencieux, il sut profiter des exemples de ses prédécesseurs, et ses œuvres disent assez la grande admiration que lui inspiraient Rembrandt, Franz Hals et van der Helst.

Corneille van Dalen, qui suivait les leçons de C. Visscher, n'eut pas une souplesse dans le burin égale à celle de son maître. Il acquit cependant à cette excellente école une rare habileté de coloriste. Les portraits d'Alphonse d'Este, de l'Arétin et de Boccace sont regardés comme les meilleurs ouvrages qu'il mit au jour. C. van Dalen avait besoin d'un bon modèle ou de la nature même, car, lorsqu'il gravait une œuvre inférieure, il semblait ne point s'y intéresser, et son travail se ressentait de cette disposition d'esprit. Lorsqu'il gravait, au contraire, d'après Flinck ou Rubens, guidé par une œuvre flattant son regard et son goût, il rendait avec une habileté singulière les tours de force de couleur habituels à ces maîtres et prouvait alors tout son savoir.

Abraham Bloteling sortit de la même école et profita également des leçons de Corneille Visscher. Il naquit à Amsterdam, en 1634. Son œuvre considérable est plus varié que ceux des artistes dont nous venons de nous occuper et prouve que le graveur exerça tous les genres avec une égale habileté. Dans aucun, cependant, il ne sut prendre le premier rang. Ses eaux-fortes sont médiocres, et, au burin, s'il grava un chef-d'œuvre, le portrait du peintre Gov. Flinck, il produisit quantité de planches d'un mérite fort douteux. Le grand nombre de gravures qu'il exécuta en manière noire atteste combien il utilisa ce procédé. Mais il ne s'y montra vraiment supérieur que lorsqu'il eut quitté son pays pour aller en Angleterre s'exercer d'après les peintures de Peter Lely et de quelques autres habiles portraitistes; jusque-là, sa facture était restée pesante, sans harmonie, sans souplesse, avec des demi-teintes trop uniformément répandues, et le dessin semblait étouffé sous des travaux n'accusant aucune forme précise.

A la fin du dix-septième siècle, l'art hollandais disparaît à peu près complétement. Les talents deviennent de plus en plus rares. On compte, il est vrai, quelques ouvriers adroits, mais ce sont des ouvriers et non des artistes, et l'habileté prodigieuse que Rembrandt avait montrée, que déployèrent ensuite ses imitateurs et les burinistes à la tête desquels il n'est que juste de placer Corneille Visscher, se réduit peu à peu à rien. Il y a bien encore Romyn de Hooghe qui grava avec une incomparable fécondité les sujets les plus divers : batailles, cérémonies, costumes, portraits, tous les genres furent traités par cet artiste doué d'une imagination exceptionnelle, mais dépourvu de goût et ignorant les lois fondamentales du dessin. Beaucoup moins habile que Romyn de Hooghe, Jean Luyken avait, lui aussi, une imagination ardente et une rare facilité d'exécution. Mais, lourde et monotone, sa pointe servait mal son intelligence et ne produisait que des ouvrages ternes, sans signification déterminée. Jacq. Houbraken s'efforça pendant une grande partie du dix-huitième siècle de faire revivre en Hollande la belle gravure que Corn. Visscher et ses élèves avaient placée au premier rang; mais il n'y réussit point. Son dessin manquait de précision et il montra seulement une grande adresse à manier le burin. Son œuvre, considérable, est fort monotone. En dehors de ses nombreux portraits, on remarque quelques estampes gravées d'après C. Troost, planches d'une exécution habile, reproduisant des scènes de mœurs d'un intérêt local.

A l'année 1780, date de la mort d'Houbraken, doit s'arrêter l'histoire de la gravure en Hollande. Pousser plus loin cette étude nous obligerait à parler d'artistes dépourvus d'originalité, cherchant sans succès, par les imitations auxquelles ils s'appliquent, à se créer le même renom que les maîtres qu'ils prennent pour modèles.

Flandre. — Nous avons fixé à Rembrandt les commencements de l'école hollandaise de gravure; c'est Pierre-Paul Rubens qui marquera pour nous le point de départ de l'école flamande. Nous sommes, en effet, en mesure d'affirmer, sans crainte d'être taxé d'injustice, qu'une véritable école de gravure ne se fonda en Flandre que le jour où Rubens vint imposer son génie aux graveurs, leur tracer la voie à suivre et prêcher d'exemple à l'aide de ses ouvrages. L'art ne pouvait du premier coup atteindre son plus haut degré de perfection, et de nombreux graveurs précédèrent ceux qui illustrèrent l'école. Ainsi, les planches de Wierix sont exécutées avec talent; cependant on n'y trouve point un savoir très-remarquable, si ce n'est dans quelques portraits travaillés avec une finesse de dessin et une distinction surprenante. A défaut d'habileté, les Sadeler avaient montré une rare fécondité ; de son côté, Ad. Collaert s'était adonné à l'allégorie, aux pieuses histoires, et les compositions de Martin de Vos et de Stradan avaient été l'objet de ses plus vives prédilections. Enfin, Corneille, Théodore et Philippe Galle, plus versés dans leur art que les graveurs que nous venons de citer, s'étaient manifestés dans plusieurs planches de leur jeunesse avec des aptitudes sérieuses ; mais leur talent ne se développa réellement qu'au contact des ouvrages de Rubens, à qui était réservé l'honneur de fonder en Flandre une école nationale de gravure.

Né à Siegen, dans le courant du mois de mai 1577, Pierre-Paul Rubens passa dans cette ville ses premières années ; puis il séjourna quelque temps à Cologne et ne se rendit à Anvers avec sa mère qu'en 1588, après la mort de son père. Lorsqu'ils furent arrivés dans cette ville, sa mère, Marie Pypeling, s'occupa d'abord de son éducation, qu'elle lui fit donner complète et variée ; cette éducation terminée, Rubens entra en qualité de page chez la veuve du comte de Lalaing, Marguerite de Ligne. Il garda peu de temps cette position, et il obtint de sa mère l'autorisation d'embrasser la carrière des arts pour laquelle il avait montré de bonne heure des dispositions singulières. Son premier professeur fut Tobie Verhaegt, peintre aujourd'hui fort ignoré. Il ne passa que peu de temps auprès de lui, suivit les leçons d'Adrien van der Noort, et, après être resté quatre ans auprès d'Otto Venius, son véritable maître, il résolut d'aller parcourir l'Italie. Le 9 mai 1600, il quitta Anvers et visita successivement Venise, Mantoue, Rome, Gênes et Milan. Toutefois, c'est à Venise qu'il séjourna le plus longtemps, copiant les peintures de Paul Véronèse, de Titien et de Tintoret avec une ardeur extraordinaire, et c'est dans cette ville qu'il se lia avec un jeune officier, qui le mena à la cour du duc de Mantoue, Vincent de Gonzague. Cette relation fut une bonne fortune pour Rubens. Le duc retint auprès de lui l'artiste flamand et lui confia de nombreux travaux. Il crut deviner en Rubens, à côté des mérites d'un très-grand peintre, les qualités d'un excellent homme de cour, et voulant envoyer à Philippe III, roi d'Espagne, de magnifiques présents, il n'hésita pas à charger Rubens de cette ambassade. Le peintre ne fut point au-dessous de la confiance dont il avait été l'objet, puisqu'à son retour, comme récompense singulière, le duc l'autorisa à aller à Rome étudier les chefs-d'œuvre dont la cité des papes est remplie. Rubens séjourna encore assez longtemps en Italie et il se disposait à passer en France, quand une nouvelle soudaine, qui vint le surprendre à Milan, le força d'interrompre brusquement ses pérégrinations : sa mère était fort malade et avait manifesté le désir d'embrasser son fils avant de mourir. Rubens partit sans retard. Cependant, quelque diligence qu'il fît, sa mère était morte avant qu'il eût pu arriver à Anvers. Éperdu de douleur, il courut se réfugier dans le couvent de Saint-Michel, où elle avait été enterrée, et il consacra les loisirs que cette retraite volontaire lui faisait à élever un tombeau dont il fournit lui-même les dessins. Il composa aussi l'épitaphe et plaça au-dessus du mausolée un tableau qu'il avait peint à Rome. Lorsque la première période de la grande douleur fut passée, Rubens rentra dans la vie commune, s'établit définitivement à Anvers, dans une maison qu'il fit construire, et qu'il garnit d'objets d'art de toutes sortes, et se donna complétement au travail; son existence n'offre point, pendant de longues années, d'incident assez considérable pour être noté. Il se maria le 13 octobre 1609 avec Isabelle Brandt, vint à Paris en 1620, mandé par Marie de Médicis, pour peindre la galerie du Luxembourg; demeura peu de temps en France et retourna à Anvers, qu'il ne quitta désormais que lorsque, dans un moment de découragement causé par la mort de sa femme, il accepta une mission que lui confièrent l'archiduc Albert et l'archiduchesse Isabelle. Le reste de l'existence de Rubens appartient moins à l'art qu'à la politique. A tout instant il fut envoyé en Espagne et en Angleterre pour amener la paix entre ces deux pays qui, depuis de longues années, étaient en guerre. Ces ambassades successives lui fournissaient cependant l'occasion d'exercer son pinceau, car ce fut le plus souvent en faisant les portraits des rois qu'il expliquait le but de sa mission. C'est ainsi qu'il laissa à Madrid et à Londres de nombreuses et éclatantes traces de ses séjours. En novembre 1630, il se remaria; il épousa sa nièce, Hélène Fourment, qui le rendit père de cinq enfants, et il mourut à Anvers d'un accès de goutte, le 30 mai 1640. Ses obsèques se firent avec une solennité extraordinaire; la Flandre perdait en lui son plus grand peintre, et l'un des plus grands hommes qu'elle ait vus naître.

L'influence de Rubens sur la gravure fut décisive. Non-seulement ses ouvrages étaient des modèles excellents pour les artistes qui les gravaient, mais encore Rubens lui-même guidait ceux auxquels il confiait le soin de multiplier ses œuvres, les faisait travailler sous ses yeux, retouchait au pinceau les estampes gravées d'après ses tableaux, et ne laissait publier une planche que lorsqu'il l'avait jugée réellement digne de voir le jour. C'est à cette constante préoccupation, à ce respect de lui-même, pour ainsi dire, que Rubens dut l'immense réputation qui s'attacha à ses œuvres. Répandues au loin, elles donnaient à ceux qui n'avaient pas vu les peintures du maître une très-juste idée de son génie. On assure que Rubens a lui-même exécuté quelques estampes. Cependant nous croyons difficile d'admettre que toutes les gravures accompagnées des signatures uniques : *Rubens fecit, invenit* ou *excudit*, soient effectivement du maître ; et si une seule pièce, *Sainte Catherine*, semble pouvoir lui être attribuée avec quelque vraisemblance, parce qu'elle renferme des qualités de premier ordre, sans briller par une exécution bien particulière, il ne nous paraît pas raisonnable d'assigner la même origine à aucune autre planche.

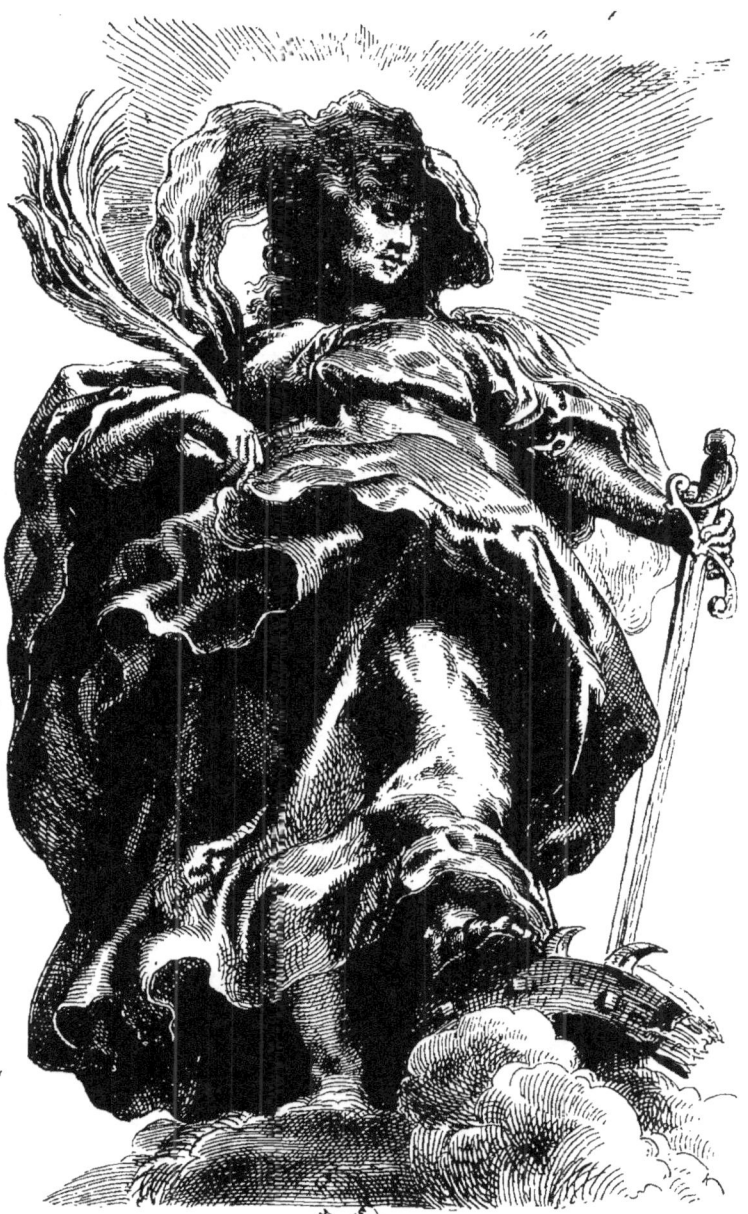

Fig. 15. — Sainte Catherine, estampe attribuée à P.-P. Rubens.

Le plus habile des artistes formés à l'école de Rubens, Schelte à Bolswert, naquit à Bolswert, en Frise, vers 1586. Avec son frère, Boèce à Bolswert, artiste d'un moindre talent, d'une réputation moindre aussi, il vint étudier la gravure à Anvers, où il fut le condisciple de Paul Pontius. Maître absolu du procédé, à l'aide de tailles savamment disposées, distribuées avec art, il obtint les effets les plus pittoresques. Tout ce qui se trouve en pleine lumière est ménagé avec délicatesse ; le blanc du papier se charge de le faire ressortir : des tailles plus ou moins espacées, et souvent terminées par des points, modèlent les masses, affirment les contours avec une ferme et savante précision. Aucune des œuvres que Bolswert exécuta dans la maturité de son talent, n'accuse la recherche de faire parade de son habileté à manier le burin ; sa préoccupation était plus haute. Son but fut de rendre, aussi fidèlement que possible, avec un procédé dépourvu des ressources de la peinture, les œuvres peintes de ses contemporains. Il choisit de préférence les tableaux de Rubens ; mais cette prédilection bien naturelle n'empêcha pas Schelte à Bolswert de chercher auprès du maître quelques élèves dont les travaux fussent dignes également d'exercer son burin, et, à côté de l'*Assomption*, de la *Pêche miraculeuse* et de la *Résurrection*, œuvres admirables de Rubens, interprétées avec un magnifique talent, on note comme méritant une admiration égale la planche que Bolswert grava d'après les *Musiciens* de Jordaens, ou bien encore le *Silène ivre* d'Antoine van Dyck.

Paul Pontius, qui travailla à côté de Schelte à Bolswert et qui partagea avec lui l'amitié de Rubens, reproduisit avec un égal bonheur les œuvres du maître. Son burin était souple et précis; il savait varier ses travaux pour exprimer la fermeté des chairs abondantes et fraîches, ou l'ampleur des draperies d'un ton toujours riche et puissant. Paul Pontius a poussé la science du clair-obscur plus loin peut-être qu'aucun autre graveur de l'école de Rubens, et cette préoccupation constante de rendre l'aspect lumineux des peintures l'a amené en même temps à négliger de parti pris une exécution trop brillante. Le nombre des planches qu'il a gravées d'après Rubens est considérable. La *Pentecôte*, l'*Assomption*, *Susanne au bain*, la *Présentation au Temple* et beaucoup d'autres ne le cèdent en rien aux meilleures planches de Bolswert; elles révèlent la même science de dessin, la même habileté d'outil, et cette imitation consciencieuse qui n'exclut pas l'individualité. Une des estampes de Paul Pontius les plus répandues, et qui jouit à juste titre d'une grande renommée, représente le célèbre tableau de Jordaens possédé par le musée du Louvre, le *Roi boit* ou la *Fête du Roi*. Cette planche, exécutée avec un entrain étonnant, rend à merveille la couleur un peu brutale du tableau et les expressions très-gaies des personnages.

La manière de Lucas Vorsterman est un peu différente de celles des artistes précédents. Son burin moins vif, mais aussi savant, rend l'aspect des peintures de Rubens en multipliant les genres de travaux, et c'est par la diversité des tailles qu'il a su, mieux qu'on ne l'avait fait avant lui, distinguer les uns des autres les éléments divers d'un tableau ; les chairs sont exprimées à l'aide de tailles espacées qui suivent la forme et le modelé, tandis que les draperies sont obtenues par un travail plus ou moins serré, selon que l'exige la place qu'elles occupent par rapport à la lumière. *Susanne et les vieillards*, l'*Adoration des Bergers* et plusieurs *Saintes Familles* donnent l'expression la plus élevée du talent de Vorsterman ; dans ces estampes, l'artiste se montre un des plus scrupuleux traducteurs de Rubens. Cependant l'honneur d'avoir reproduit avec talent quantité d'ouvrages de son maître ne put satisfaire son ambition, et il se rendit en Angleterre, où il passa huit années à graver des peintures d'un autre style. Mais lorsqu'il s'adressa aux ouvrages de Raphaël, d'Annibal Carrache ou du Caravage, quoi qu'il fît, il ne put oublier complétement les leçons qu'il avait reçues dans l'atelier de Rubens, et ses estampes d'après ces maîtres portent la marque visible de l'atelier dans lequel il s'était formé.

Pierre de Jode, *le jeune*, appartient encore à l'école de Rubens. Il naquit à Anvers en 1606. Il étudia et travailla longtemps auprès de Pierre de Jode, *le vieux*, son père, dont il imita dans ses premiers ouvrages la manière et le goût. Aussi les pièces que le fils exécuta à ses débuts ne se distinguent pas facilement de celles du père. L'originalité de Pierre de Jode, *le jeune*, ne se manifesta que lorsque, libre de ses mouvements, il renonça à travailler uniquement pour l'éditeur Bonenfant, avec qui son père l'avait mis en relation, et quand il demanda aux peintures de Rubens, de van Dyck et de Jordaens ses modèles. Dans les estampes qui reproduisent les tableaux de ces maîtres, il se montre le digne rival de Bolswert, de Paul Pontius et de L. Vorsterman. Puissant et facile, son burin rend supérieurement l'aspect des peintures colorées qu'il a sous les yeux ; son dessin se plaît aux riches inventions, et les effets de couleur les plus harmonieux sont par lui transmis au cuivre avec une heureuse précision. Le *Mariage de sainte Catherine*, les *Trois Grâces*, d'après Rubens, *Saint Augustin*, d'après van Dyck, et le *Miracle de saint Martin de Tours*, d'après Jordaens, mettent Pierre de Jode, *le jeune*, au rang des meilleurs graveurs de l'école flamande.

L'école que Rubens suscita et dirigea, à laquelle il fournit des modèles admirables, compte bien d'autres artistes que ceux que nous venons de nommer. Pierre Soutman, Hollandais de naissance, traverse l'Escaut et vient à Anvers étudier sous la direction de Rubens. Il employa beaucoup l'eau-forte et paraît avoir été principalement habile à reproduire la nature blonde de certaines figures du maître. Hans Withdœck ajouta à plusieurs de ses planches des teintes colorées, leur donnant par ce moyen l'aspect d'un *clair-obscur* sur cuivre ; Corneille Galle grava assez lourdement *Judith et Holopherne*; André Stock, Hollandais établi à Anvers, ne rendit pas dans le *Sacrifice d'Abraham* l'éclat de la peinture ; Pierre van Sompel, élève de Pierre Soutman et dessinateur expérimenté, approche de plus près de la perfection, mais échoue également devant l'éclat de la couleur ; Michel Natalis suivit à Rome l'atelier de Corneille Bloemaert, et apprit, sous la direction de cet artiste, à graver d'une façon sèche et peu harmonieuse, façon dont il ne put se défaire en face des œuvres de Rubens ; Jacques Matham, élève de Goltzius, ne sut pas non plus rompre avec la manière contractée chez son maître, et ses estampes, d'après le grand artiste flamand, bien qu'affirmant un profond savoir, ne rendent ni l'aspect coloré ni l'harmonie des modèles ; au contraire, Alexandre Voet ne dessinait pas correctement, mais il excella dans la couleur, et les estampes qu'il grava d'après Rubens (*Judith et Holopherne* entre autres) ont l'effet des œuvres originales, sinon leur dessin ferme et magistral. Enfin un graveur allemand, Christophe Jegher, — et c'est par lui que nous achèverons cette nomenclature, — quitta son pays pour s'établir en Flandre ; c'était un graveur en bois. Ses estampes passèrent sous les yeux de Rubens, qui désira voir quelques-uns de ses ouvrages reproduits par ce procédé. Le maître dessina lui-même sur le bois, à l'intention de l'artiste allemand, plusieurs compositions dont le graveur n'eut plus qu'à suivre scrupuleusement les contours. Ainsi exécutées, les estampes de Jegher sont de véritables fac-simile de Rubens. Quelquefois, en usant de plusieurs planches, Jegher indiqua les différentes teintes du dessin, les parties lavées venant modeler les contours, et ces camaïeux nous transmettent encore avec une précieuse exactitude les dessins du peintre flamand.

Les artistes qui suivirent les leçons de Rubens ne s'imposèrent pas la règle de reproduire uniquement les œuvres de ce maître. Nous avons déjà mentionné quelques planches exécutées d'après Jordaens et van Dyck par les disciples de Rubens. Ces estampes, inspirées par les élèves et les continuateurs du maître, sont en nombre considérable, et les peintures d'Antoine van Dyck, en particulier, attirèrent des graveurs qui mirent à les reproduire le plus grand empressement.

Considéré seul, Antoine van Dyck est un maître de premier ordre ; toutes les figures qu'il invente ont une distinction, une finesse et une élégance dont aucun artiste n'avait eu plus que lui le secret. Si on le compare à Pierre-Paul Rubens, il n'occupe que le second rang. Dans ses compositions, on ne trouve pas, à beaucoup près, la fécondité inouïe de son maître. Il vint après lui, d'ailleurs, et profita de ses exemples. Dans les portraits, van Dyck n'est pas inférieur à Rubens ; il voit, il est vrai, la nature sous un autre aspect, et la distinction le préoccupe plus que la grandeur ; mais, pour le sujet que nous traitons ici, il a un intérêt très-vif, que son maître n'offre que dans des proportions bien moindres. Il ne se contenta pas de revoir les estampes exécutées d'après lui par Bolswert, par Paul Pontius ou par Vorsterman, et de conseiller ses graveurs ; il mania lui-même la pointe, et de telle sorte, que, dans ce genre, il laissa des traces éclatantes de son savoir. Ce n'est pas, toutefois, dans les compositions qu'il fut le plus heureux. Le *Christ couronné d'épines* et le *Titien et sa maîtresse* ne suffiraient pas

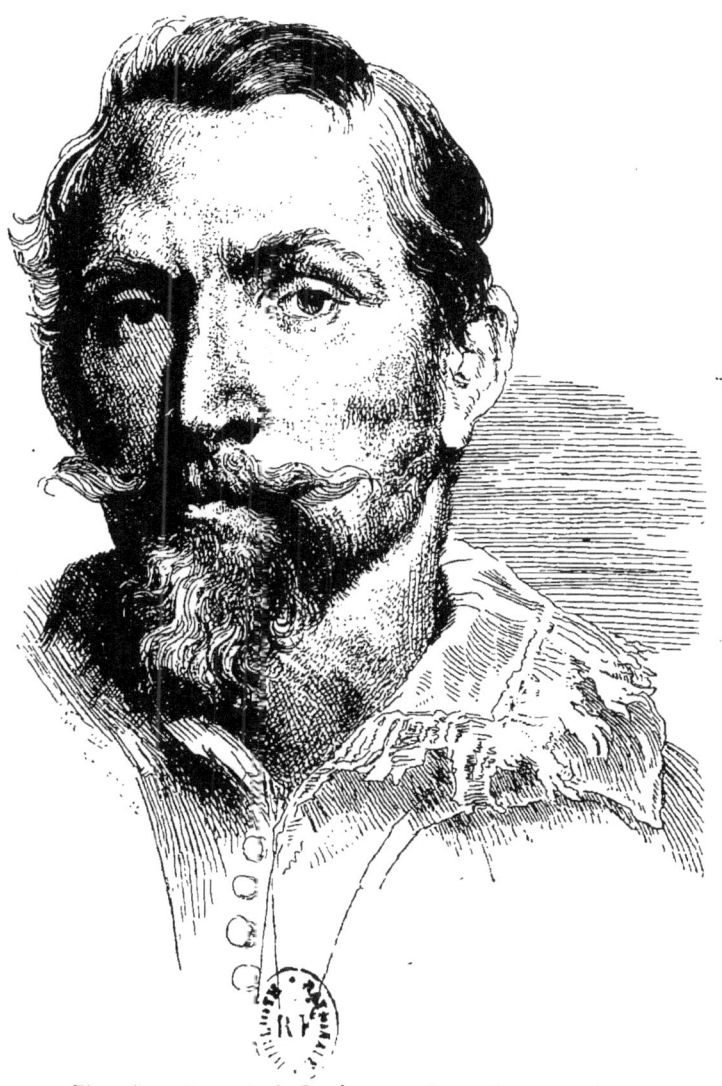

Fig. 14. — Portrait de Snyders, eau-forte d'Ant. van Dyck.

à donner de son talent d'aqua-fortiste une grande idée ; mais il prit une revanche éclatante dans les dix-huit portraits qu'il traita de sa pointe la plus savante et la plus fine. La physionomie des personnages, — artistes et amateurs, amis du peintre, — est saisie au vif; elle apparaît, vivante, expressive, sous le jour le plus favorable. Assurément jamais peintre n'a mieux compris ni mieux traduit l'esprit de son modèle, n'a imprimé sur un visage, en traits aussi éloquents, une personnalité, un caractère individuel. Après un tirage de quelques épreuves seulement, les portraits que van Dyck avait dessinés sur le cuivre furent repris par des graveurs de profession. On les termina alors au burin ; on leur donna un cachet uniforme qui leur permit d'entrer dans cette suite d'*Icones pictorum* que publièrent successivement Martin van den Enden et Gilles Hendricx. Gravée par L. Vorsterman, Bolswert, Paul Pontius, Pierre de Jode, par d'autres encore, cette magnifique série donne du talent de van Dyck la plus exacte mesure. Elle se compose de cent portraits, tous dessinés avec un étonnant accent de vérité ; ces personnages vivent, pensent et semblent agir; leur allure est toujours naturelle; calme ou vive, la physionomie reflète l'intelligence de celui qui a posé ; et les graveurs, interprètes consciencieux et dévoués, appliquent leur habileté à rendre, avec une admirable exactitude, les œuvres de l'artiste. Si le genre de gravure qu'ils emploient ne permet pas d'agir avec la liberté que la pointe autorise, ils sont assez adroits au maniement du burin pour faire passer sur le métal l'esprit, la grâce du dessin et jusqu'à l'aspect même de la couleur.

L'exemple donné par van Dyck fut suivi par plusieurs de ses compatriotes, et l'eau-forte fut employée par d'autres peintres flamands. Corneille Schut, disciple de Rubens, le plus fécond de ces aqua-fortistes, ne fit pas preuve d'un goût bien relevé. Il dessinait lourdement ; grossiers et vulgaires, ses types sont affectés indistinctement aux Madones et aux divinités de l'Olympe. Pour justifier l'attention que l'on accorde aux eaux-fortes de Corneille Schut, il faut avoir égard au travail de la pointe; celle-ci est assez grasse ; maniée par un artiste de plus de goût, elle eût fourni sans doute des ouvrages de valeur. François van den Wyngaerde, qui se livrait à Anvers au commerce d'estampes, s'exerça aussi à manier la pointe. Sa manière est difficile à déterminer, car il aborda tous les genres et fut toujours inférieur aux artistes qu'il reproduisit. La *Sainte Famille*, qu'il exécuta d'après Corneille Schut, est mal dessinée et sèchement gravée. On en peut dire à peu près autant d'une *Fuite en Égypte*, qu'il grava, d'après Jean Thomas, peintre flamand peu connu, et qui, lui aussi, laissa quelques eaux-fortes habilement traitées; van den Wyngaerde se montre particulièrement habile dans deux estampes, l'une, d'après Rubens, *Hercule et le lion de Némée*, et l'autre, d'après J. Livens, le *Portrait de Lucas Vorsterman;* sa pointe y semble bien encore un peu lourde, mais le caractère des maîtres est fidèlement traduit. Théodore van Thulden avait étudié dans l'atelier de Rubens et il accompagna son maître à Paris, lorsque celui-ci vint achever la décoration de la galerie du Luxembourg. Il exécuta dans cette ville plusieurs ouvrages, et, entre autres travaux, décora de peintures tout le chœur de l'église des Mathurins, aujourd'hui détruite ; ces peintures représentaient de nombreux épisodes de la vie de saint Jean de Matha ; van Thulden les reproduisit lui-même ; ces gravures donnent une meilleure idée de son talent que l'*Histoire d'Ulysse*, qu'il grava d'après les peintures exécutées à Fontainebleau par Nicolo dell' Abbate, sur des dessins du Primatice. Guillaume Panneels, peintre-graveur d'Anvers, avait également suivi les leçons de Rubens. Son admiration pour les œuvres de son maître était grande, si l'on en juge par le nombre des estampes qu'il grava d'après lui ; malheureusement son talent n'était pas égal à son admiration, et sa pointe pesante, dénuée d'agrément, et son dessin très-incorrect, étaient bien embarrassés devant les œuvres du peintre. En outre, sous prétexte probablement de faire preuve de beaucoup de savoir dans le clair-obscur, il chercha les oppositions les plus brusques entre les noirs intenses et les blancs vifs ; à cette malencontreuse préoccupation il dut de mettre au jour des planches sans harmonie et d'un aspect triste, bien différentes en cela de la plupart des ouvrages qu'il reproduisait qui, au contraire, sont tantôt baignés d'une lumière douce, tantôt resplendissants de clartés éclatantes.

C'est entre les mains de ces artistes secondaires que languit et que s'éteint l'école flamande de gravure. Après être arrivée au premier rang, sous la direction de Rubens, elle disparaît presque complétement au dix-huitième siècle ; à cette époque, ses manifestations sont à peine significatives. Il est vrai que les guerres qui désolaient incessamment la Flandre, y semant la ruine, étaient bien peu faites pour encourager les artistes. Ceux-ci se dispersent dans les pays voisins ; quelques-uns viennent s'établir en France, où l'art a atteint son point culminant. Quand nous nous occuperons des artistes français, nous aurons à parler de plusieurs graveurs anversois qui jouèrent un rôle important dans l'art de notre pays ; aussi nous aurons soin de constater les éléments nouveaux que ces maîtres étrangers introduisirent parmi nous.

V

LA GRAVURE EN ALLEMAGNE

Les graveurs sur bois. — Les graveurs de Maximilien. — La gravure sur métal, le Maître de 1466, Martin Schongauer. Albert Dürer.

Graveurs sur bois. — Pfister est pour nous le plus ancien graveur sur bois de l'Allemagne. Instruit de son métier d'imprimeur et de graveur par Gutenberg, il s'établit à Bamberg vers 1458, et publia pour son propre compte, avec ses ressources personnelles, un certain nombre d'ouvrages que M. Léon de Laborde indique dans son important travail sur les *Débuts de l'imprimerie à Mayence et à Bamberg*. Les estampes qu'on trouve dans ces premières productions de l'imprimerie sont assurément grossières, et ne dénotent qu'un bien mince talent ; mais aussi elles sont indépendantes de toute influence étrangère, et nous intéressent vivement, parce qu'elles fixent l'origine de la gravure sur bois tout à fait allemande.

Nulle part, plus qu'en Allemagne, on ne fit, au quinzième siècle, usage de la gravure xylographique ; le nombre d'estampes en ce genre que l'on rencontre, soit isolément, soit dans les volumes publiés à cette époque, est très-considérable. Les artistes de talent qui fournissaient les compositions ne surveillaient point assez leurs graveurs, qui modifiaient les contours et dénaturaient souvent les formes. Ils taillaient le bois avec facilité, mais semblaient avoir un mépris systématique pour la beauté. La *Bible* de Koburger contient quatre-vingt-six planches mieux exécutées que la plupart des estampes publiées antérieurement; mais, quoique quelques-unes aient été copiées dans la Bible d'Holbein, bien qu'elles aient inspiré Albert Dürer pour ses compositions relatives à l'Apocalypse, elles ne commandent pas encore une grande attention. La *Chronique de Nuremberg*, imprimée par ce même Koburger, renferme un nombre très-considérable de gravures, taillées avec talent. Malheureusement elles ont été exécutées d'après des dessins peu remarquables. Aux figures trapues, aux draperies anguleuses et chargées de plis, on reconnaît sans doute des produits de l'école allemande; ce n'est pas une raison suffisante, cependant, pour regarder toutes ces planches comme l'œuvre de Michel Wolgemut et de Wilhelm Pleydenwurff, que l'imprimeur Koburger désigne dans sa préface comme auteurs des planches de la *Chronique*. Ces planches ne sont-elles pas trop inégalement gravées, et souvent d'un dessin trop différent pour pouvoir être attribuées raisonnablement à deux seuls artistes? Wolgemut et de Pleydenwurff surveillèrent, exécutèrent même peut-être quelques-unes des planches les plus importantes; mais il est impossible d'admettre que certaines estampes inventées avec la dernière maladresse ou gravées grossièrement, soient l'œuvre d'artistes dont on connaît des ouvrages assez remarquables pour avoir mérité à leurs auteurs presque la célébrité.

Michel Wolgemut fut le maître d'Albert Dürer, et la gloire de l'élève rejaillit un peu sur celui qui le forma. On n'est plus disposé aujourd'hui à regarder Albert Dürer comme graveur sur bois, c'est-à-dire qu'on attribue simplement à des artistes travaillant sous ses yeux les superbes gravures de l'*Apocalypse* et celles de la *Vie de la Vierge*; la plus grande partie des planches qui composent ces ouvrages aurait été exécutée par Jérôme Resch, tailleur en bois et graveur en médailles. Tel est du moins l'avis d'un historien de Nuremberg. Nous devons nous incliner devant cette opinion émise par un homme dont le savoir ne peut être contesté; la franchise de l'exécution, le caractère tout à fait magistral du travail font de ces planches des pièces hors ligne, qu'il nous coûte beaucoup d'enlever à l'œuvre d'Albert Dürer. Jamais la gravure sur bois n'a trouvé un praticien plus habile que l'auteur de pareilles estampes; et si l'on refuse à Dürer de les avoir lui-même taillées, encore faut-il reconnaître qu'il dirigeait avec une sollicitude si active et si constante ceux qui multipliaient ses ouvrages, que ses graveurs ne montrèrent vraiment une valeur supérieure que lorsqu'ils eurent à traduire les dessins du plus grand artiste dont l'Allemagne s'honore.

Lucas de Cranach, né en Saxe, vers le même temps que Dürer, profita des exemples de son contemporain.

Sa manière est cependant assez différente. Il ne rechercha pas, autant que le maître de Nuremberg, la beauté et le fini de l'exécution. Les graveurs qu'il employa, — car il est peu probable qu'il ait lui-même conduit l'échoppe,—avaient un burin plus pittoresque et moins précis que ceux de Dürer, et les dessins qu'ils interprétaient étaient aussi d'une moins grande beauté. Ami intime de Luther, Lucas de Cranach adopta la Réforme avec enthousiasme. Il peignit les portraits de Luther et de sa femme, de Mélanchthon et de Frédéric le Sage ; il mit son talent au service de la religion naissante, et orna d'estampes les hardis pamphlets du réformateur. Quant aux graveurs sur bois qui reproduisirent ses dessins, ils s'efforcèrent de simplifier le travail pour que chaque composition ressortît telle qu'elle leur avait été confiée ; ils évitaient les tailles croisées, à moins qu'elles ne fussent absolument nécessaires, et poussèrent l'abnégation jusqu'à sacrifier leur personnalité à celle du maître.

Au commencement du seizième siècle, une impulsion toute particulière fut donnée à la gravure sur bois : l'empereur Maximilien commanda aux artistes les plus recommandables de l'Allemagne quatre ouvrages consacrés à sa gloire, et dont la composition l'occupa beaucoup lui-même. Le *Roi sage* (*der weisse Kœnig*) contient un grand nombre de planches, dessinées par Hans Burgmair et gravées par plusieurs artistes d'un talent inégal. Le *Theuerdanck*, poëme allégorique et moral, composé par l'empereur Maximilien et par Melchior Pfintzing, son secrétaire, est orné de planches attribuées, pour le dessin, à Hans Schauflein. Le plus important de ces livres, et celui qui était surtout appelé à augmenter le prestige du souverain, le *Triomphe de Maximilien*, fut confié presque en entier à Hans Burgmair, et cet artiste se montra à coup sûr à la hauteur de sa mission. Enfin l'Empereur fit encore exécuter les *Saints et Saintes de la famille impériale*, suite également importante et non moins remarquable que les précédentes. La mort de Maximilien vint interrompre ces nobles travaux, et des complications de toute nature en empêchèrent la publication immédiate ; pendant de longues années, on ne connut que de rares exemplaires du *Triomphe de Maximilien* et des *Saints et Saintes de la famille impériale*. Un heureux hasard fit retrouver les bois originaux que les vers n'avaient pas détruits complétement. Cette découverte en amena une autre. Au dos des planches originales du *Triomphe* on trouva les noms des graveurs. Grâce à ces inscriptions, nous pouvons dire quels furent les habiles artistes qui interprétèrent les dessins des maîtres employés par Maximilien ; ils se nommaient Jérôme Resch, Jan de Bonn, Cornélius Liefrinck, Wilhelm Liefrinck, Alexis Lindt, Josse de Negker, Vincent Pfarkecher, Jacques Rupp, Jan Taberith, Hans Franck, Saint-German. Ces noms bien authentiques de graveurs allemands du seizième siècle peuvent aider à reconnaître des monogrammes jusqu'à ce jour sans application, et en même temps apporter quelque lumière à l'histoire si obscure des débuts de la gravure en Allemagne.

Né en Souabe, en 1475, Hans Baldung Grün mourut à Strasbourg, en 1552. Il étudia sous Albert Dürer. Sa manière se rapproche, en effet, beaucoup de celle de son maître ; elle l'exagère cependant, et semble indiquer que le beau n'avait pour lui aucun attrait. Quand il s'abandonnait à ses propres inspirations, il imaginait des figures trapues, des têtes grimaçantes, des mouvements impossibles, que les graveurs reproduisaient avec une exactitude désespérante.

Hans Ulrich Vaechtlein, connu également sous les noms de *maître aux bourdons croisés* ou de Pilgrim, travaillait à peu près à la même époque que Baldung Grün. On ignore la date de sa naissance, et M. Lœdel, qui a consacré à cet artiste un travail important, pense qu'il vécut à Strasbourg. Artiste instruit de toutes les ressources de son art, il passe pour l'inventeur, en Allemagne, de la gravure en camaïeu. Ses planches, fort recherchées et très-rares, se font remarquer par un dessin précis, moins tudesque que celui de la plupart de ses contemporains, et par une exécution singulièrement habile ; elles montrent qu'il n'a point été indifférent aux ouvrages d'Albert Dürer, et son mérite consiste bien plutôt dans la science de la pratique que dans l'imprévu de l'invention.

La liste des xylographes allemands est loin d'être épuisée. En dehors des artistes anonymes, ou connus uniquement par des monogrammes, on en trouverait, sans beaucoup chercher, plusieurs encore dignes d'être cités. Il est vrai que ceux dont nous aurions à parler. Jost Amman, Henri Aldegrever, Albrecht Altdorfer,

Hans Sebald Beham, Virgile Solis ou Daniel Hopfer ne firent dans cet art que de courtes excursions, et occupent comme graveurs sur cuivre une place que ne leur assureraient pas leurs planches sur bois. Mais avant de rechercher les qualités très-réelles qui font estimer les graveurs sur métal, arrêtons-nous un instant à Bâle, où vécut un maître de premier ordre, où s'exercèrent quelques graveurs sur bois fort habiles.

Urs Graf, qui travaillait au commencement du seizième siècle, à Bâle, mourut dans cette ville en 1530. Il dessina, pour des graveurs sur bois, un grand nombre de vignettes, où l'on ne trouve ni de grandes facultés d'invention, ni un goût bien relevé. A peu près seul connu au milieu d'un grand nombre d'artistes nés à Bâle, et publiant dans cette ville leurs ouvrages, il n'aida guère au mouvement de renaissance qui s'opéra, presque de son temps, sous ses yeux et que devait, pour ainsi dire, résumer le peintre Jean Holbein le jeune.

Selon la tradition la plus généralement adoptée, Jean Holbein naquit à Bâle, vers 1498. Il eut la bonne fortune d'avoir à ses côtés un graveur sur bois qui multiplia la plupart de ses ouvrages et qui répandit au loin sa réputation. Comme peintre, Holbein laissa une grande renommée ; comme dessinateur de vignettes, sa place n'est pas moins belle. Longtemps, les innombrables dessins qui encadraient les titres des livres imprimés à Bâle, et qui formaient les lettres ornées, les têtes de page ou les culs-de-lampe dispersés dans le texte, furent attribués, pour la gravure aussi bien que pour le dessin, à Hans Holbein ; un certain monogramme, formé des lettres H. L. accolées, gênait bien un peu les iconographes ; on avait passé outre, cependant, et il fallut qu'une circonstance inattendue plaçât sous des yeux clairvoyants un alphabet accompagné de cette mention : *Hans Lutzelburger Formschneider, genant Franck*, pour rendre à son véritable auteur, Hans Lutzelburger, la part de gloire qui lui revient légitimement. Cet artiste ne reproduisit pas uniquement les dessins d'Holbein, mais il ne réussit jamais mieux que lorsqu'il s'adressa à ce maître ; il fut appelé par l'abbé Zani « le prince des graveurs sur bois. » Mariette, si bon juge lorsqu'il s'agissait d'apprécier le talent d'un graveur, dit, dans ses notes manuscrites, qu'on ne peut trop admirer la délicatesse de son travail, sa touche fine et spirituelle : « J'imagine, dit-il, que les dessins d'Holbein qui n'étaient pas fort terminés avaient eu besoin d'un si excellent artiste pour y mettre le fini qui y était nécessaire, et que ce travail avait mérité que l'éditeur de Lyon lui en fît honneur et l'en regardât comme le père. Son nom, qui méritait de passer à la postérité, est demeuré dans l'oubli, mais il y a apparence que le monogramme H. L., qui se voit sur le soubassement du lit où est couchée une jeune personne que la mort attire à elle, donne les premières lettres de son nom. » Ce nom n'est plus aujourd'hui un mystère ; Hans Lutzelburger est bien l'auteur des gravures de la *Danse des morts* (1538) et de *l'Ancien et du Nouveau Testament* (*Icones Historiarum Veteris testamenti*, Lyon, Jean Frellon,

1547). Son burin, savant et docile, a rendu avec une extrême délicatesse ces compositions d'Holbein, bien petites si l'on en mesure les surfaces, immenses sous le rapport du caractère et de la conception. Le talent de Lutzelburger consista précisément à savoir conserver dans des cadres fort exigus cette grandeur d'aspect, et

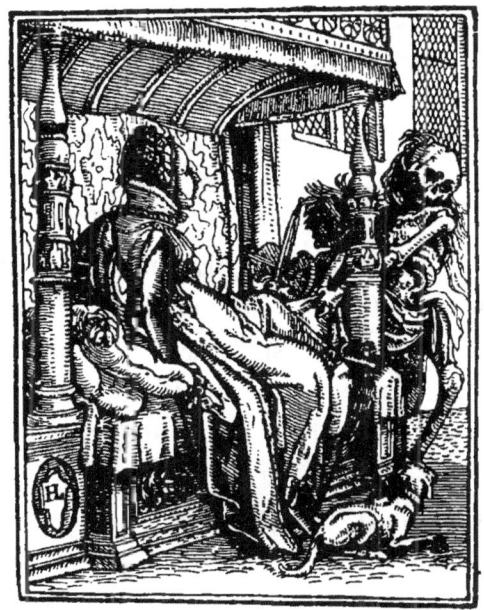

Fig. 15. — Estampe extraite de la *Danse des morts*, de H. Holbein, par H. Lutzelburger.

à faire passer sur le bois tout l'esprit du maître. De nombreux graveurs, dont le nom est resté inconnu, reproduisirent aussi des dessins d'Holbein; aucun de ceux dont nous avons pu voir les planches n'égala Lutzelburger. Le plus souvent, ils alourdirent le trait, arrondirent les contours et dépouillèrent les compositions du maître de tout ce que celui-ci y avait mis de ferme et de piquant.

Gravure sur métal. — Si, depuis la découverte de l'abbé Zani, les prétentions de l'Allemagne à l'invention de la gravure sur métal n'ont plus de raison de subsister, il ne faut pas pour cela retirer aux Allemands toute part dans l'histoire de cet art à ses débuts. Ils ont le droit de s'enorgueillir d'un graveur de grand talent, dont le nom n'est malheureusement pas connu, que l'on désigne généralement sous la dénomination de *Maître de* 1466. Parmi les artistes anonymes qui précédèrent ce graveur, M. Duchesne a appelé le *Maître aux banderoles* l'auteur de quelques planches dessinées grossièrement, gravées d'une façon toute particulière, et que leur archaïsme fait rechercher. Les personnages qui se meuvent dans les compositions de cet inconnu sont dessinés à l'aide de tailles imperceptibles qui sont obtenues par un instrument aigu et non par un burin coupant. Le métal est plutôt éraillé que creusé, et ne paraît pas avoir subi un tirage à la presse; l'encre posée sur cette surface en très-petite quantité n'eût pas supporté une forte pression, et la planche elle-même n'y eût pas résisté. De là on peut conclure que le graveur connu sous le nom de *Maître aux banderoles*, à cause des phylactères garnis de légendes dont il accompagna ses figures, ne possédait pas encore tous les secrets de son art; il doit être, pour ce motif, regardé comme

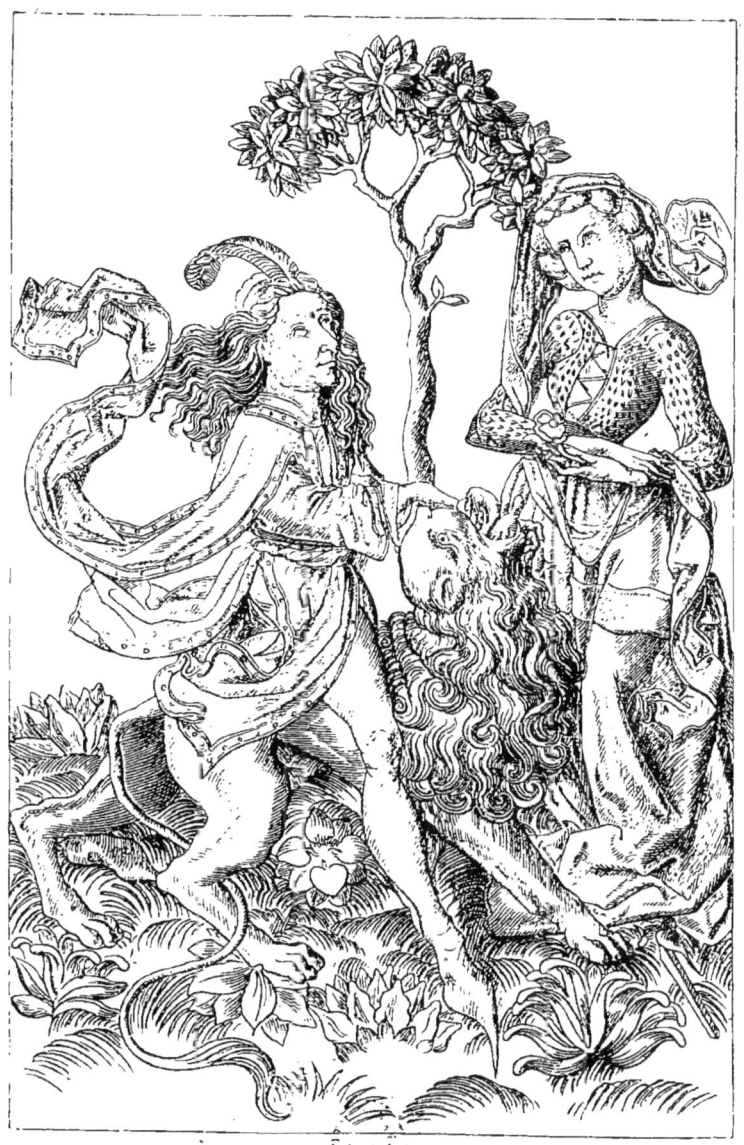

Fig. 16. — Samson, vainqueur du lion, estampe du Maître de 1466.

un des plus anciens graveurs de l'école allemande.

Cet autre artiste anonyme, dont on trouve un assez grand nombre d'estampes portant les lettres E. S., et les millésimes 1466 et 1467, est fort digne de porter le nom de maître qui lui est également donné; son burin net et d'une grande propreté coupait le cuivre avec une souplesse surprenante; quoique son dessin soit d'une correction souvent contestable, il est facile et expressif; ses compositions ont de la variété, et sont souvent très-heureusement agencées. L'*Adoration des Mages* rappelle de très-près quelqu'une de ces miniatures du siècle précédent auxquelles on accorde aujourd'hui une admiration méritée. Artiste gothique par excellence, le *Maître de* 1466 ne rechercha pas la beauté telle que les primitifs Italiens l'exprimèrent toujours; la forme et la grandeur du dessin furent pour lui des préoccupations secondaires; ce qu'il s'appliqua à rendre, ce qu'il atteignit souvent, c'est le sentiment naïf et l'expression juste de la figure qu'il mettait en action. Par ce côté il se rapproche de ces artistes extraordinaires, pour lesquels on a professé trop longtemps une injuste indifférence, qui construisirent la cathédrale de Strasbourg et nos superbes monuments du moyen âge. Comme eux, il s'entendit à agencer des ornements, et lorsqu'il s'adressa à la figure humaine, il lui donna un cachet de simplicité naïve qui n'est pas exempte de majesté; que ses têtes soient trop fortes, ses mains et ses pieds trop exigus, les plis de ses draperies brisés avec excès, rien n'est plus vrai. Mais à côté de la correction matérielle, de la représentation fidèle de la réalité pure, l'art n'a-t-il pas encore la mission d'exprimer un sentiment, de retracer une idée? A ce point de vue, le *Maître de 1466* ne mérite que des éloges ; c'est le premier graveur allemand qui ait songé à mettre son talent au service de l'expression et du sentiment.

Martin Schongauer suit de près le *Maître de 1466* ; il eut sur toute l'école allemande une si grande influence qu'il pourrait en être appelé le père, et il jouit aujourd'hui d'une réputation amplement justifiée. Après avoir été en honneur de son temps, à ce point que les éditeurs ne craignaient pas d'apposer sa marque sur des estampes auxquelles il n'avait aucune part, dans le but peu louable de les faire valoir aux yeux des amateurs inexpérimentés, il fut pendant les dix-septième et dix-huitième siècles relégué avec tous ses contemporains dans cette catégorie d'artistes gothiques auxquels plusieurs historiens, même parmi les plus autorisés, reconnaissaient à peine du talent. Lorsque, plus sainement dirigée, la critique moderne a songé aux maîtres qui avaient ouvert la voie à leurs successeurs, elle s'est trouvée fort embarrassée ; les spécimens authentiques de cet art primitif qu'on avait si longtemps dédaigné, manquaient. Les documents relatifs aux personnes avaient disparu, aussi bien que leurs ouvrages ; aussi l'on ne connaît aujourd'hui ni le lieu ni la date de la naissance de Martin Schongauer.

A l'aide de quelques œuvres signées et datées, on est cependant parvenu à fixer l'année 1420 comme l'époque probable de sa naissance. Sa famille étant originaire d'Augsbourg, on prétendit le faire naître dans cette ville; trouvant trace de son passage à Ulm, certains auteurs veulent qu'il y soit né; d'autres, enfin, et c'est le plus grand nombre, placent son berceau à Colmar. Ce qu'il y a de certain, c'est que Martin Schongauer vécut longtemps dans cette dernière ville, qu'il y exécuta un grand nombre de peintures et qu'il mourut le jour de la Purification (1488) comme en fait foi l'acte mortuaire retrouvé dans les registres de la paroisse Saint-Martin de Colmar et publié récemment en fac-simile. Si la biographie de Martin Schongauer est impossible à établir, fort heureusement ses œuvres gravées et authentiques permettent d'apprécier son talent à sa juste valeur : il connut les estampes du *Maître de 1466*, et celles-ci ne lui furent pas inutiles; mais, dessinateur plus expérimenté, bien que dans quelques pièces on retrouve encore des maigreurs dans les extrémités, il inventa et grava des compositions d'une bien autre importance. Le *Portement de Croix*, estampe justement célèbre, qui eut l'honneur d'être connue de Raphaël et de ne pas lui paraître indigne d'être étudiée; la *Tentation de saint Antoine*, que Michel-Ange copia, si l'on en croit, du moins, une ancienne tradition, et le *Combat de saint Jacques*, sont des œuvres qui n'ont guère leur équivalent dans toute l'école allemande. En dehors de ces planches dont la réputation est aussi bien établie que légitime, l'œuvre de Martin Schongauer est plein de pièces admirables; dans une composition de dimension restreinte, l'*Annonciation*, l'artiste a su donner à la

Vierge une physionomie douce et tendre qui se rapproche de la beauté, et la tête de l'envoyé céleste possède une grâce qui n'est pas sans quelque affinité avec l'art milanais. Dans la *Fuite en Égypte*, le chef-d'œuvre, suivant nous, de Martin Schongauer, la Vierge entourant le divin enfant de ses bras, passe, montée sur un âne, sous un palmier couvert d'anges ; saint Joseph cueille à l'arbre quelques fruits. Cette ingénieuse composition est encore relevée par le sentiment de bonheur de la Vierge, pressant contre son sein ce fils soustrait à la colère d'Hérode et adoré par des anges. C'est dans les sujets tendres que les artistes gothiques ont surtout excellé. Ils avaient la foi, et la foi éclairait et fortifiait leurs inspirations. Nous pourrions sans peine citer nombre de planches de Schongauer, aussi remarquables sous le rapport du sentiment que sous celui de l'exécution, qui est merveilleuse. *La Mort de la Vierge*, les *Vierges folles et les vierges sages*, les *Emblèmes des quatre Évangélistes*, *Jésus-Christ couronnant la Vierge*, sont des morceaux de tous points accomplis. Le maître s'y montre avec toute sa richesse d'invention, sa science de dessinateur et son talent de graveur.

Les sujets d'un ordre supérieur n'occupèrent pas seuls le grand artiste allemand ; il grava aussi quelques scènes familières : le *Départ pour le marché*, les *Paysans* jouant ou luttant ensemble, enfin des ornements et des objets d'orfévrerie. Mais la vraie gloire de Schongauer consiste, entouré comme il l'était d'artistes que la recherche de la vérité littérale absorbait, à avoir porté ses vues plus haut et, dans ses compositions agencées avec art, à être arrivé à la beauté, à l'expression d'un sentiment toujours noble, toujours

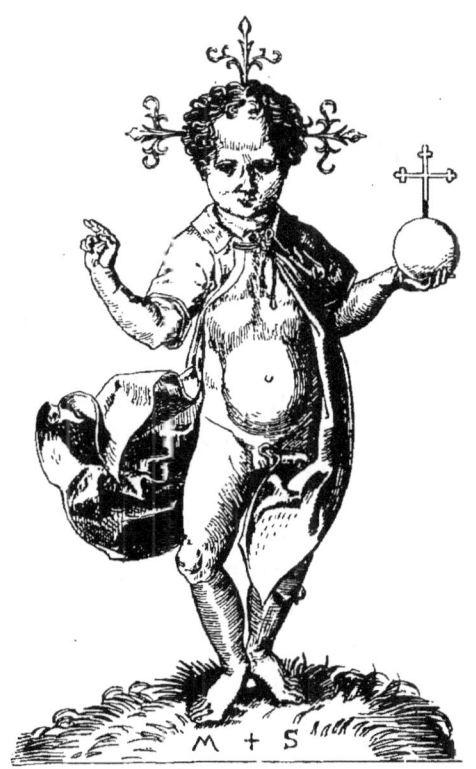

Fig. 17. — L'enfant Jésus, gravure de Martin Schongauer.

élevé. Son titre de maître de l'art allemand n'est pas non plus contestable : ses œuvres jouirent d'une telle faveur, exercèrent une telle influence, qu'elles inspirèrent et guidèrent tous les artistes qui vinrent après lui. Au surplus, les successeurs de Martin Schongauer jouissent d'une renommée, selon nous, exagérée. Albert Glockenton reproduisit ordinairement les estampes du maître en les adoucissant, en les dépouillant de ce parfum de naïveté qui leur donne tant de charme. Il exécuta également plusieurs planches de son invention, mais sans y faire preuve d'originalité ; son dessin est assez précis, mais son burin est dur et nullement moelleux. Israël van Mecken doit sa renommée au nombre considérable d'estampes qui portent son nom, plutôt qu'à leur valeur réelle. Nous croirions volontiers que l'auteur de toutes ces planches était marchand autant qu'artiste. La plupart des estampes qui avaient du vivant de van Mecken quelque célébrité furent copiées dans son atelier ; ainsi la *Patène du Maître de* 1466, le *Portement de Croix* et le *Saint Antoine* de Martin Schongauer, les *Trois Grâces* d'Albert Dürer servirent de modèles aux artistes qui suivaient sa discipline ; mais grossièrement exécutées, ces copies ont peu de valeur ; elles ne conservent, d'ailleurs, aucune des qualités originales, ni la fermeté savante du dessin, ni la sûreté habile de l'outil. Les scènes contemporaines inspiraient van Mecken plus heureusement que les estampes de ses prédécesseurs ; il interprétait la nature, il copiait les personnages qui posaient devant lui, avec un talent qu'on ne saurait nier, et une estampe très-connue, le *Concert*, montre tout ce qu'il était capable de faire dans ce genre.

Franz van Bocholt, autre imitateur de Martin Schongauer, passa sa vie à composer et à graver des estampes qui se rapprochent des œuvres du maître ; mais il ne les égala pas. Dans la *Vierge debout soutenant la croix*, son meilleur ouvrage, il fit cependant acte de talent ; la Vierge a une expression de véritable douleur et l'ajustement des draperies est d'un assez bon goût. Un artiste qui signe tout au long ses estampes et qui est connu sous le nom de Mair, semble un imitateur d'Israël van Mecken, plutôt qu'un disciple de Martin Schongauer. Les planches que nous connaissons signées de lui représentent des scènes d'intérieur et des costumes ; les figures, habillées à la mode du quinzième siècle, sont amaigries et étriquées ; et si les vêtements dissimulent parfois une grande insuffisance de dessin, cette insuffisance saute aux yeux dans les parties nues. Martin Zagel professa également pour van Mecken une grande admiration ; son burin maigre et sec exécuta un certain nombre de compositions que ne lui fournissait pas toujours son propre fond.

Pour rencontrer en Allemagne un nouveau maître, qui jouît d'une célébrité plus grande que Martin Schongauer, et qui eût un talent au moins égal, il faut arriver à la fin du quinzième siècle. Albert Dürer fut le troisième de dix-huit enfants. Son père était venu s'établir à Nuremberg en 1455 pour y exercer la profession d'orfévre. Comme celui-ci, Albert Dürer apprit d'abord le métier d'orfévre et il ne tarda pas à s'y montrer plus habile que ceux dont il suivait les leçons. Mais, dès qu'il put se livrer à l'étude de la peinture, il quitta l'atelier du ciseleur chez lequel il travaillait, pour se mettre sous la discipline de Michel Wolgemut, dont le renom était déjà très-répandu en Allemagne. Antoine Koberger, le célèbre imprimeur, parrain d'Albert Dürer, ne fut peut-être pas étranger à cette détermination, car il publiait à cette époque la *Chronique de Nuremberg*, et il avait confié à Wolgemut le soin de surveiller l'exécution des planches qui devaient orner son ouvrage. Naturellement le jeune Dürer dut trouver chez le collaborateur de son parrain un accès facile, un accueil bienveillant, et, dès qu'il eut terminé son apprentissage, à l'exemple de la plupart de ses compatriotes, il se mit en route et visita successivement les Pays-Bas et le nord de l'Italie.

Albert Dürer revint à Nuremberg en 1494, mandé par son père qui avait, pendant l'absence de son fils, négocié pour lui un mariage avec la fille d'un mécanicien de la ville, Agnès Frey. Lorsque Dürer eut perdu son père, en 1502, et qu'il eut assuré l'existence de sa mère et celle de ses frères, Hans et André, il quitta sa ville natale et se dirigea vers Venise. A peine arrivé, il reçut la commande d'une peinture pour le *Fondaco dei Tedeschi*, et Giovanni Bellini ayant le désir de connaître cet artiste déjà célèbre, le fit venir chez lui et lui demanda un tableau. L'époque de son séjour à Venise et de ses fréquentes excursions à Bologne fut pour Dürer la plus heureuse de sa vie. Jeune, il se voyait fêté, comblé d'honneurs ; seul et libre, il n'avait aucun souci de la vie domestique.

Un jour, pourtant, il fallut retourner à Nuremberg ; un travail de longue haleine qu'il y entreprit, fit qu'il regretta moins le séjour qu'il venait de faire à Venise; Nuremberg, d'ailleurs, lui apparaissait sous un aspect plus agréable que lorsqu'il en était parti. La gloire que lui avait value son talent attirait chez lui les artistes et les notables de la cité; on recherchait son amitié; sa maison était fréquentée par les hommes les plus distingués du pays; l'empereur Maximilien, grand amateur des arts, prenait plaisir à y venir, pour le voir travailler; il lui témoignait les plus vives sympathies, et le comblait d'égards. Après un assez long séjour à Nuremberg, séjour absolument consacré au travail, Albert Dürer fut repris du désir de voyager. Il emmena sa femme et sa servante et se dirigea vers les Pays-Bas, où l'excellente réception qu'on lui avait faite jadis l'engagea à retourner. De ce voyage, commencé en 1520, Albert Dürer tint un journal qui nous est parvenu. L'artiste y note jour par jour, pour ainsi dire, les honneurs dont il est l'objet, les visites qu'il reçoit ou qu'il rend, les travaux qu'il exécute, ses dépenses, ses impressions, les faits qui l'intéressent.

Mais le bruit courut à Anvers, un certain vendredi de l'année 1521, que Martin Luther avait été fait prisonnier et mis à mort. Aussitôt Albert Dürer écrit une véritable profession de foi et publie, sous forme de prière, sa grande admiration pour l'audacieux réformateur. Cet enthousiasme déplut aux catholiques néerlandais, et l'archiduchesse Marguerite, qui jusque-là avait fait à Albert Dürer un excellent accueil, se montra froide, circonspecte, et même ne lui dissimula pas son mécontentement. Très-sensible à un si complet revirement d'opinion, Dürer comprit qu'il n'avait pas de meilleur parti à prendre désormais que de quitter les Pays-Bas et de retourner à Nuremberg.

Quelques mois après son retour, il perdit son beau-père Hans Frey, et deux ans plus tard, sa belle-mère. Resté seul avec sa femme, il demanda au travail une distraction que son intérieur ne pouvait point lui offrir. Tentative inutile ; ses forces étaient maintenant au-dessous de sa volonté, et, le 6 avril 1528, il succomba.

L'immense réputation, la place considérable qu'il occupe dans l'histoire de l'art, Albert Dürer les doit sans doute à ses nombreuses peintures, à ses recherches sur les proportions du corps humain, enfin, à l'ensemble de ses travaux; cependant on peut affirmer avec certitude que ses estampes, plus que ses autres ouvrages, ont déterminé l'admiration générale. Supposons que Dürer se fût livré à la peinture seulement. Ses tableaux, auxquels on n'a si longtemps accordé aucune valeur, parce qu'ils avaient ce cachet gothique qui semblait horrible et repoussant pendant près de deux siècles, étant presque tous contestés ou perdus, il faudrait pour lui comme pour la plupart des peintres primitifs, se résigner à une admiration de confiance, et l'on serait sans moyens pour reconnaître sur quelles qualités s'appuyait le titre de maître que lui décernaient ses contemporains. Heureusement les estampes qu'il mit au jour, qu'il signa et qu'il data le plus souvent, permettent de constater ses tendances, le caractère de ses préoccupations habituelles, en un mot, son

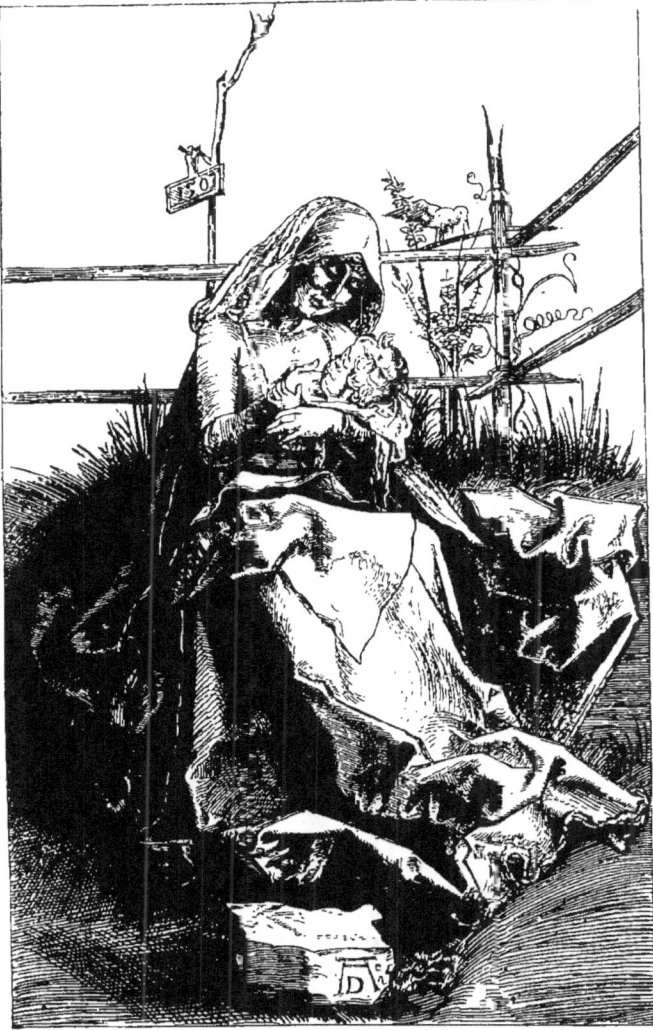

Fig. 18. — La Vierge et l'enfant Jésus, estampe d'Albert Dürer.

talent. Épris de la nature plus que de la beauté proprement dite, Albert Dürer dessinait, avec une fidélité scrupuleuse, les objets les plus divers, et, loin d'être intimidé par la figure humaine lorsqu'elle était vulgaire ou laide, il osa employer son merveilleux talent à graver une vieille femme, au ventre ballonné, aux extrémités grossières, à la face hideuse, qu'il appela *Némésis* et que l'on désigne aujourd'hui, bien à tort à coup sûr, sous le titre de *la Grande Fortune*. On peut dire qu'il n'avait pas une idée exacte ou complète de la beauté. D'autre part, il ne connaissait pas l'antiquité; mais son talent, tout à fait personnel, n'eût probablement rien gagné à subir une discipline en contradiction avec son tempérament, et qui sait si son originalité ne s'y fût pas compromise, n'y eût pas perdu quelque chose?

Comme buriniste, Albert Dürer est incomparable. Jamais avant lui on n'a su avec une pareille souplesse modeler une figure, noyer les contours. A l'aide d'un burin très-fin, creusant le cuivre d'un nombre infini de tailles, il a obtenu un aspect harmonieux et doux, supérieurement approprié à ses dessins. Les planches célèbres qu'il inventa et qu'il grava lui-même, ont le rare mérite de ne jamais accuser la fatigue, bien que, certes, elles aient exigé un travail raisonné, lent et pénible; la *Mélancolie*, sujet dont le sens nous échappe, le *Cheval de la Mort*, la *Nativité*, *Saint Hubert* et plusieurs petites Vierges également propres à inspirer la ferveur du chrétien et l'admiration de l'artiste, sont peut-être plus recommandables encore par l'habileté manuelle que par l'invention. Jamais orfévre, rompu aux diverses ressources de son art, n'a taillé le métal avec plus de netteté, et dans aucune école, même dans celles où la recherche du métier a été poussée le plus loin, on ne rencontre un artiste qui sût allier avec autant de bonheur le talent du dessinateur à la connaissance approfondie de la gravure.

Les paysages qui complètent un grand nombre de compositions d'Albert Dürer, hérissés de châteaux forts et de maisons à tourelles, arrosés par des rivières qui les traversent et les égayent, sont toujours gravés avec une finesse charmante. La perspective aérienne y est peu observée sans doute; mais l'exécution délicate des plans éloignés rachète, en partie du moins, l'inexactitude des proportions relatives des objets. Tous les genres furent d'ailleurs traités par Albert Dürer avec un égal succès. Ses portraits dénotent une entente toute particulière de la physionomie, et l'exécution est toujours en rapport avec la justesse et la précision du dessin.

Albert Altdortfer vécut à Ratisbonne; il subit toutefois l'influence d'Albert Dürer et chercha souvent à imiter la manière du maître. Ce fut lui, dit-on, qui inaugura, en Allemagne, l'habitude de graver en petit, système qui fit donner à une catégorie de graveurs germains le surnom de *petits maîtres*. Il alla en Italie et copia plusieurs estampes de Marc-Antoine; il ne recula même pas devant des emprunts faciles à constater, mais ne profita en rien des artistes italiens qu'il copia ou pilla. Son dessin resta fort médiocre, sans caractère comme sans expression ; ses têtes sont laides, quelquefois grotesques ; son burin, assez fin et conduit souvent avec habileté, n'offre réellement d'intérêt que lorsqu'il retrace des pièces d'orfévrerie ou des ornements. Barthélemi Beham, un des plus habiles *petits maîtres*, exécuta, avec une rare finesse d'outil, *la Vierge offrant le sein à l'enfant Jésus, Cléopâtre*, des *Enfants couchés à côté de têtes de mort*, et vingt autres planches dans lesquelles l'exécution matérielle soignée et nette rend indulgent pour des fautes de goût regrettables chez un artiste de talent. Les deux portraits de Charles-Quint et de Ferdinand Ier, que Barthélemi Beham grava en 1531, occupent dans son œuvre une place importante. Directement aux prises avec la nature, il fit là deux ouvrages qui peuvent être mis au nombre des meilleurs que l'école allemande ait produits. Hans-Sebald Beham, comme Barthélemi Beham, son oncle et son maître, travailla à Nuremberg. Il suivit avec abnégation les leçons qui lui furent données ; ses estampes diffèrent très-peu de celles de son professeur, et, sans les monogrammes des deux artistes, on serait souvent embarrassé pour faire la part de chacun d'eux : même goût de dessin affectant de ne pas choisir dans la nature ; même talent de graveur singulièrement instruit de toutes les ressources du burin.

Jacques Binck, qui naquit à Cologne et mourut à Kœnigsberg, vers 1560, copia tous les grands maîtres, Marc-Antoine, Albert Dürer, Martin Schongauer et

Hans-Sebald Beham, et sut assez bien s'approprier la manière de chacun. Avec Albert Dürer et Marc-Antoine, son burin est doux; il est un peu lourd avec Beham. Quand il gravait des sujets de son invention, il semble que ce ne fût plus le même artiste : les tailles serrées et nettement accusées des planches reproduisant la composition d'autrui sont remplacées par des tailles écartées et grêles, à peine suffisantes pour indiquer le modelé, pour accentuer les contours. Les types sont moins laids chez Binck que chez la plupart de ses compatriotes. Il avait séjourné deux ans en Italie (1529 et 1530), et l'on voit qu'il n'était pas resté indifférent aux beautés qu'il y avait pu étudier. Georges Pencz n'eût-il gravé que la planche représentant *Jésus entouré de petits enfants*, qu'il mériterait d'occuper un bon rang parmi les *petits maîtres*. Dans cette estampe bien composée, l'artiste a vêtu les mères et les enfants à la mode allemande du seizième siècle, ajoutant ainsi au mérite très-réel de son travail comme œuvre d'art, tout l'intérêt d'un document sur les costumes de l'époque. Son œuvre, assez riche, est même très-curieux à consulter sous ce rapport. Si l'Italie eut quelque influence sur Georges Pencz, ce fut l'Italie du Nord; Venise et ses peintres le charmèrent plus que Rome et les élèves de Raphaël; et il songea sans doute à Jean Bellin, à Titien et à Giorgion, lorsqu'il dessina quelques-unes des figures de ses compositions; mais le petit côté de la nature le préoccupa principalement, à la façon de beaucoup d'orfévres qui, lors même qu'ils ont un réel talent, rapetissent non-seulement les dimensions, mais encore le caractère de ce qu'ils représentent.

Au premier rang des artistes qui donnèrent un reflet affaibli des œuvres d'Albert Dürer et qui appartiennent au camp des *petits maîtres*, il faut placer Henri Aldegrever. Né en Westphalie, en 1502, mort vers 1555, il passa à Nuremberg la plus grande partie de son existence et eut constamment sous les yeux les estampes d'Albert Dürer. Son œuvre se ressent de cette influence, et l'on y retrouve souvent des airs de tête qui rappellent de très-près la manière du grand maître. Aldegrever traita tous les genres. Cependant il ne fut jamais plus habile que lorsqu'il ne se proposa pour but que de représenter des personnages de son temps. N'ayant pas à inventer, se bornant à copier ce qu'il avait sous les yeux, il réussit à souhait. Sa tendance à allonger, outre mesure, toutes les figures, à exagérer les formes, s'atténue beaucoup sous les ajustements des habits, et les plis ne sont pas aussi brisés que dans ses estampes de pure invention. Il se montra encore supérieur à tous ses émules, dans les ornements entremêlés de figures dont il enjoliva des gaînes de couteaux ou de poignards. Dans cette partie de son œuvre, il fit preuve d'une imagination et d'une verve que ses compositions, quand la figure humaine y joue le rôle principal, ne révèlent pas toujours à un égal degré.

Tandis que la gravure au burin obtenait en Allemagne un succès que justifiait l'habileté avec laquelle

elle était traitée, quelques artistes pratiquèrent aussi la gravure à l'eau-forte. Albert Dürer en avait donné l'exemple, mais sans atteindre, dans ce genre, le même degré de perfection que dans ses autres planches. Ce mode de gravure semble d'ailleurs avoir peu convenu aux Allemands, qui préféraient un art moins expéditif, leur permettant de mûrir leurs pensées avant de les exprimer. Les Hopfer, David, Jérôme et Lambert ne montrèrent ni un goût de dessin bien relevé, ni une grande variété dans le travail de la pointe ; souvent ils copièrent les estampes de leurs prédécesseurs, mais, en général, avec si peu d'exactitude que leurs productions n'offrent qu'un bien mince intérêt. Hans-Sebald Lautensack et Augustin Hirschvogel, tous deux peintres de Nuremberg, laissèrent également un certain nombre de planches à l'eau-forte, lesquelles, bien que dénotant plus de savoir que celles des Hopfer, ne suffisent pas encore à donner des eaux-fortes allemandes une haute idée. Touchés d'une pointe fine et incisive, les petits paysages de Lautensack ne valent pas les portraits que cet artiste exécuta au burin. Ceux-ci, remarquables par une physionomie franchement accusée et un caractère individuel, sont également supérieurs au portrait de Georges Rockenback, gravé, lui aussi, par Lautensack, mais à l'eau-forte. Enfin, quelque valeur que les amateurs de curiosités leur accordent, les planches d'Augustin Hirschvogel ne sauraient donner de la gravure à l'eau-forte en Allemagne une haute idée, et, faute de bons spécimens, il vaut mieux ne point s'appesantir sur les artistes qui s'adonnèrent à ce genre.

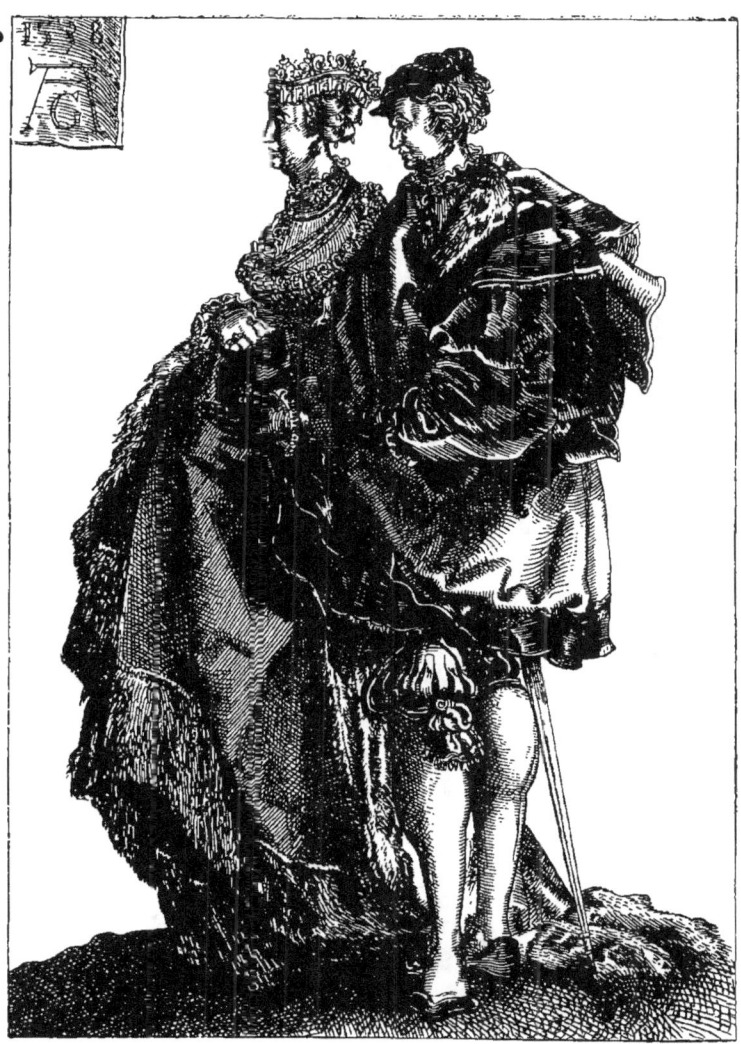

Fig. 19. — Costumes allemands, estampe de H. Aldegrever.

Lorsque l'école fondée par Albert Dürer commença à perdre de son prestige, la gravure allemande ne tarda pas à péricliter. Le goût pour les petites choses, pour les ornements, pour les objets d'orfévrerie, résista encore, mais l'art véritable disparut bien vite. La période originale de l'école allemande était close : on ne trouve plus que des artistes de second ordre cherchant à s'inspirer de leurs prédécesseurs, et se dépouillant ainsi volontairement de la part la plus précieuse de leur talent, la personnalité.

Né à Nuremberg, en 1514, et mort dans la même ville en 1570, Virgile Solis s'efforça de continuer la manière mise en honneur par ses prédécesseurs. Il se rattacha ainsi à la catégorie des *petits maîtres*. Mais il leur était bien inférieur. C'était à peine, lorsqu'il ne copiait pas autrui, s'il savait mettre une figure d'aplomb. Son travail est grêle, sans souplesse et dénué de charme; son œuvre considérable ne renferme que quelques morceaux dignes d'être notés : ce sont des pièces d'orfévrerie dont l'ornementation est encore plus jolie que la forme générale. Virgile Solis grava avec Jobst Amman une suite de portraits des rois de France, qui n'ajoute rien à la réputation des deux artistes. Jobst Amman, dont le mérite principal fut de fournir un grand nombre de dessins aux graveurs sur bois, mit au jour beaucoup d'eaux-fortes travaillées d'une pointe fine, délicate, mais monotone. Le dessin en est petit et confus. Un portrait de Gaspard de Coligny, entouré d'ornements et de petits sujets relatifs à la vie du personnage, est une des meilleures pièces de son œuvre. Cependant la série de costumes publiés sous son nom lui assure plus de renommée que toutes ses eaux-fortes, qui dénotent moins un grand savoir qu'une imagination variée et facile.

Théodore de Bry appartient encore à ce groupe d'imitateurs attardés des *petits maîtres*. Il naquit à Liége, en 1528, et s'établit de bonne heure à Francfort, où il mourut en 1598. Ce fut un des artistes les plus féconds du seizième siècle. Dans de grandes publications qu'il dirigea et auxquelles il travailla lui-même, entre autres, *les Grands et les petits voyages*, il se fit aider par ses fils, surtout par Jean, qui souvent se montra son égal. Cependant il nous semble avoir principalement réussi dans de petits sujets où se meuvent par milliers des figures de petite dimension, ou bien quand il grava des ornements d'un goût très-individuel et qui attestent une grande facilité d'invention. Par ce côté encore il appartient à ce groupe de graveurs qui luttèrent avec les orfévres pour la finesse du travail et pour l'exécution minutieuse.

L'art allemand perd à la fin du seizième siècle tout caractère original. Les graveurs qui demeurent dans leurs pays sont accaparés par des éditeurs préoccupés bien plus de les faire beaucoup travailler que de les aider à produire de bons ouvrages. Mathieu Mérian, auteur d'une infinité de vues de villes; les Kilian, tous graveurs de portraits; Dominique Custos, Flamand devenu Germain par son long séjour à Augsbourg; Martin Greuter, grand amateur d'allégories et d'écussons armoriés; les Haïd, qui s'exercèrent dans la gravure en manière noire, et tant d'autres, occuperaient dans l'histoire de l'art une place bien peu importante, si l'on n'avait égard aux personnages dont ils ont conservé les traits, aux monuments, aujourd'hui détruits, grâce à eux sauvés d'un complet oubli, et aux compositions qu'ils ont reproduites. La plupart des planches de ces artistes accusent une assez grande habileté de pratique, mais rien de plus. Tous les Allemands qui vivent pendant les dix-septième et dix-huitième siècles, aiment par-dessus tout à montrer leur adresse à couper le métal, et cette préoccupation unique leur fait oublier qu'il est indispensable de savoir dessiner pour produire une gravure vraiment bonne.

Wenceslas Hollar fait exception. A de fréquents et longs voyages il gagna de pouvoir comparer les écoles rivales, et sa manière est particulière et personnelle à ce point que dans tout son œuvre on chercherait en vain une seule estampe rappelant l'influence de son maître, Mathieu Mérian. Autant celui-ci avait une exécution sèche et peu pittoresque, autant celle de W. Hollar fut harmonieuse et colorée. Il excellait à représenter la physionomie humaine, à rendre la transparence du verre, l'éclat des métaux, les poils ou les plumes des animaux, le soyeux des étoffes. Mais il fallait qu'il eût un bon modèle sous les yeux, car lorsqu'il s'en rapportait à lui seul pour le dessin, ses estampes ne se ressentaient que trop de son insuffisance sous ce rapport.

Wendel Dieterlin, qui ne sortit pas d'Alsace, ne se

contenta pas d'être un architecte habile et un peintre renommé ; il publia aussi dans un recueil, aujourd'hui fort recherché, de nombreux spécimens d'ornements d'un goût tout à fait original. Plein de verve, il ne recula devant aucune donnée ; avec un entrain superbe, il inventa les formes les moins vraisemblables, et, sans le goût des figures qu'il eut parfois l'imprudence de mêler à ces ornements, on serait tout disposé, ce genre étant admis, à lui accorder une place honorable parmi les architectes-graveurs de la Renaissance. Sa pointe hardie attaquait franchement le cuivre, et docile à la main qui la conduisait, souple et ingénieuse, heureuse souvent dans ses audaces, elle atteignit à plus d'un effet pittoresque et inattendu.

Après ces artistes, l'art véritable n'existe plus guère en Allemagne. J.-É. Ridinger, Ch. Dietrich, Ch.-B. Rode et Weirotter sont des peintres d'un talent médiocre, qui s'exercent quelquefois à manier la pointe, mais ne produisent pas d'ouvrages de valeur. Jean-Élie Ridinger doit la petite réputation qui entoure son nom aux sujets de chasse et aux scènes de la vie des animaux qu'il a traités, plutôt qu'au talent dont il a fait preuve dans ses estampes. Dietrich a beau s'efforcer, dans ses gravures, de rappeler Rembrandt, il ne réussit à tromper personne, pas même les ignorants ; sa pointe est lourde, son dessin mauvais, sa science de clair-obscur presque nulle. Christian-Bernard Rode, né à Berlin en 1725, courut le monde : les voyages ne lui profitèrent point ; ses eaux-fortes sont d'un dessin très-prétentieux et gravées avec une négligence déplorable ; ses compositions, que l'emphase envahit, sont vides de pensées et agencées sans ordre ni goût. Les paysages de François-Edmond Weirotter sont fort peu intéres-

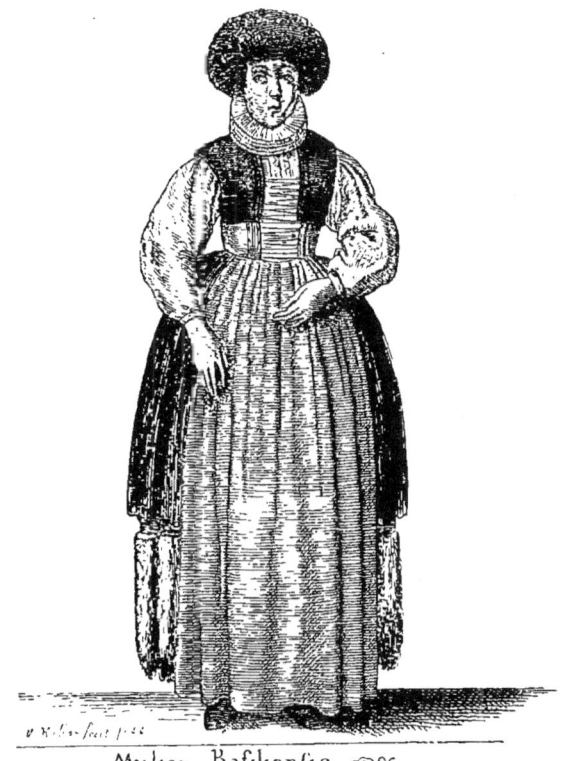

Fig. 20. — Dame de Bâle, estampe de W. Hollar.

sants, et pour retrouver des graveurs allemands dignes de fixer l'attention, il faut franchir le Rhin et chercher à Paris les artistes qui semblent s'y être donné rendez-vous, pour apprendre des maîtres français un art dont leur pays a laissé perdre les secrets.

Jean-Georges Wille et son ami Georges-Frédéric Schmidt vinrent en France dès leur jeunesse. Ils commencèrent leurs études de graveur dans notre pays. C'est également chez nous qu'ils les poursuivirent jusqu'au bout, obligés, pour vivre, de travailler chez l'éditeur Odieuvre. Wille arriva rapidement à une facilité manuelle qui le fit préférer à ses émules. Hyacinthe Rigaud vit quelques-unes de ses planches, sut facilement en reconnaître les mérites et rendit au jeune artiste la carrière facile en lui créant des relations avec les amateurs, en lui donnant les moyens de reproduire certains ouvrages importants qui le mirent en évidence; aussi le jeune graveur allemand ne tarda-t-il pas à dépasser en réputation tous les graveurs français de son temps. Ce qui distingue les planches les plus célèbres, c'est le brillant et la netteté du travail. Cette exécution d'une habileté inouïe donne à l'estampe un aspect métallique très-prononcé, et l'œil qui voudrait d'abord voir l'ensemble est trop souvent attiré et distrait par un des agréments quelconques du travail. L'artiste sacrifia un peu trop de cette façon son modèle à sa propre renommée. En faisant une telle montre de science, il semble ignorer que le devoir du graveur est de s'identifier complètement avec son modèle, d'abdiquer son individualité, de s'effacer et de reproduire l'œuvre du peintre avec la plus entière sincérité.

Georges-Frédéric Schmidt, compatriote, contemporain et ami intime de Wille, eut à peu près les mêmes débuts; venus ensemble à Paris, leurs commencements ne furent pas très-faciles ; mais Nicolas Lancret rendit à Schmidt un service analogue à celui qu'Hyac. Rigaud avait rendu à J.-Georges Wille. Mis en rapport avec Larmessin, Schmidt prépara les planches de ce graveur, employant les rares moments de liberté que lui laissait son maître à graver pour l'éditeur Odieuvre de petits portraits qui, s'ils n'étendaient point sa réputation, lui permettaient au moins de s'exercer d'une façon lucrative. Cependant travailler pour autrui le fatigua bien vite. Il songea à voler de ses propres ailes et ce fut encore H. Rigaud qui lui facilita l'entrée dans la carrière. Rigaud confia au jeune artiste le portrait du comte d'Évreux, qu'il venait d'achever, et, satisfait du résultat, il lui donna à reproduire, avec l'autorisation du prélat, le portrait de Saint-Albin, archevêque de Cambrai ; l'accueil très-mérité fait à cette belle estampe établit définitivement le renom du graveur (1742). La manière de Schmidt a quelque ressemblance avec celle de Wille. Le plus ordinairement il ne se sert que du burin et il joint à une grande facilité d'outil une entente de la couleur qui ajoute beaucoup de charme à ses productions ; malheureusement son habileté l'entraîna, lui aussi, hors des bornes, et souvent il fit trop bon marché de la peinture qu'il traduisait. Dans ses eaux-fortes il est moins habile. Bien que plusieurs portraits en ce genre soient très-recherchés, nous sommes peu disposé à partager l'enthousiasme qu'ils excitent. L'eau-forte réclame une grande liberté d'exécution, et ce n'est point par là que brillent les estampes de Schmidt. L'artiste, en se servant de la pointe, semble n'avoir d'autre préoccupation que celle d'arriver à une lutte impossible avec le burin.

Quoi qu'il en soit, J.-G. Wille et G.-Fr. Schmidt eurent sur l'art français, dont ils étaient venus s'inspirer, une influence incontestable. Ils acquirent, l'un et l'autre, une réputation au moins égale à celle de nos compatriotes. Notre école moderne de gravure a vu son maître, Bervic, étudier, dans l'atelier de Jean-Georges Wille, suivre avec scrupule les préceptes de l'artiste allemand, et, à son tour, transmettre fidèlement à ses élèves les leçons qu'il avait lui-même reçues.

Après ces maîtres qui se sont pour ainsi dire expatriés, l'Allemagne contemporaine peut encore nommer avec fierté plusieurs artistes qui lui font honneur et qui semblent avoir eu à cœur de relever dans leur pays natal l'art de la gravure bien compromis. Christian-Frédéric Müller acquit, grâce à l'estampe qu'il signa d'après la *Madone de Saint-Sixte*, une réputation justement méritée; M. Joseph Keller, entre autres planches excellentes, prouva par la façon avec laquelle il interpréta la célèbre fresque de Raphaël, la *Dispute du Saint-Sacrement*, que les compositions de l'ordre le plus élevé ne l'effrayaient nullement, qu'il savait les comprendre et en transmettre la majesté. Enfin, Jacques Felsing, quoiqu'en n'abordant pas des œuvres d'une difficulté aussi grande, témoigna de l'habileté pratique qu'il avait acquise en étudiant les maîtres qui l'avaient précédé et en s'assimilant leur manière.

VI

LA GRAVURE EN ANGLETERRE

La gravure sur bois. — W. Caxton. — L'influence des artistes étrangers sur l'art anglais. — La gravure en manière noire. — L'école humoristique.

Chose singulière, le premier livre imprimé par le plus ancien des imprimeurs anglais, William Caxton, est écrit en français, et c'est aussi le premier qui ait été imprimé dans notre langue. Il a pour titre : *Cy commence le volume intitulé le Recueil des hystoires de Troyes composé par vénérable homme Raoul le feure prêtre chappellain de mon très-redoubt seigneur Monseigneur le duc Philippe de Bourgogne en l'an de grâce mil cccc lxiiii*. Malheureusement, à son origine, la gravure en Angleterre, pas plus que dans la plupart des autres pays, n'a de caractère propre. William Caxton ornait rarement de planches les livres qu'il publiait, et lorsqu'il voulut se donner ce luxe, il n'eut à sa disposition que des tailleurs d'ymaiges malhabiles, et aucune des estampes parues dans ses publications n'a de valeur au point de vue de l'art. La seconde édition, sans date, du premier livre imprimé en Angleterre en 1474 (*the Game and Playe of the chesse*) contient plusieurs figures qui représentent un joueur devant un échiquier, un roi, deux cavaliers, un fou, etc. Mais aucune ne possède ce qui accuse la nationalité, et, n'était le texte qui les encadre, il ne serait vraiment pas possible de dire d'où elles viennent. Il en est de même d'un autre livre moins rare, intitulé *le Miroir du Temps* (Thimage or Mirrour of the Worlde, 1481). Les quelques planches qu'il contient donnent l'image d'un professeur enseignant la grammaire ou d'un logicien assis dans une chaire et discourant avec ses disciples; l'art en est aussi complétement absent que des planches précédentes, preuve décisive du peu d'habileté des premiers graveurs anglais. Dans une édition des *Fables d'Ésope* (the Subtyl Hystoryes and Fables of Esope) publiée trois ans plus tard, en 1484, par le même Caxton, on trouve des planches copiées d'après des éditions antérieures, latines et françaises, qui semblent confirmer l'infériorité de nos voisins par rapport à nous-mêmes, s'il pouvait y avoir des degrés entre des œuvres qui ne dénotent de talent ni les unes ni les autres, et qui ne présentent réellement quelque intérêt qu'au point de vue archéologique.

Les auteurs anglais, mal à l'aise pour défendre la prééminence de leurs gravures, et désireux de se mêler à la discussion engagée sur la priorité de l'invention, ont nié intrépidement les titres des différents compétiteurs, et ont été jusqu'à prétendre que la gravure n'était pas du tout d'invention moderne, puisque, d'après un certain verset de la Genèse, Tubalcaïn en aurait été l'inventeur[1]. L'argument est original, mais, en bonne conscience, ce serait perdre son temps que de le réfuter. Au lieu donc de remonter si haut et de suivre les historiens anglais, il vaut mieux en venir tout de suite à des manifestations ayant une signification véritable, et faire commencer notre étude au moment où la gravure anglaise a conquis un caractère particulier et quand le talent de ceux qui s'y livrent commande l'attention et les sympathies.

John Payne, né à Londres en 1606 et mort dans la même ville en 1648, ouvre la série. Non qu'il ait du premier coup fait acte de maître, ni qu'il ait dirigé une école; mais ses estampes, gravées uniquement au burin, témoignent d'une habileté dont aucun autre graveur n'avait fait preuve avant lui. Élève de Simon de Passe, artiste hollandais qui vécut de longues années en Angleterre, John Payne exécuta, avec quelque sécheresse, des vignettes, des ornements, des portraits. C'est dans ce dernier genre qu'il fut le mieux servi par ses facultés, et en cela il subit les conditions communes à tous ses compatriotes, qui ne réussissent jamais aussi bien que lorsqu'ils ont à exprimer la physionomie humaine. Guillaume Faithorne, qui porta en Angleterre la gravure au burin au premier rang, naquit vers 1620 et vécut jusqu'en 1691. Sa vie ayant été très-accidentée, sa biographie est assez intéressante.

[1] Voici le verset de la Genèse sur lequel s'appuient les auteurs qui font remonter vers l'an 2975 avant Jésus-Christ l'invention de la gravure : « Sella enfanta aussi Tubalcaïn, qui eut l'art de travailler avec le marteau et qui fut habile en toutes sortes d'ouvrages d'airain et de fer. Noéma était la sœur de Tubalcaïn. » *Genèse*, IV, 22.

Élève de Peack, peintre et libraire anglais, il embrassa, ainsi que son maître, la cause de Charles Ier; il fut fait prisonnier lors de la chute de ce prince, et enfermé à Aldersgate. Les loisirs que lui faisait sa captivité, il les employa à graver, et c'est dans sa prison qu'il exécuta le portrait du duc de Buckingham. L'influence de ses amis et la réputation que ses premiers ouvrages lui avaient value intéressèrent en sa faveur et lui firent rendre la liberté. Cependant, en sortant de prison, il refusa de prêter serment à Cromwell, et banni, obligé de quitter sa patrie, il vécut en France, où il continua ses études dans l'atelier de Philippe de Champagne d'abord, puis auprès de Robert Nanteuil, dont les leçons lui profitèrent beaucoup. Il ne tarda pas à acquérir une vraie renommée, et quand les événements lui permirent de rentrer en Angleterre, c'est-à-dire en 1650, son talent le fit parfaitement accueillir de ses compatriotes. Comme son ami et maître Nanteuil, il dessina des portraits aux trois crayons qui eurent tout de suite une grande vogue. Heureusement il ne cessa pas pour cela de pratiquer la gravure, et ses nombreuses estampes prouvent, aussi bien que ses dessins, une remarquable aptitude à saisir les physionomies. Formé aux leçons de Nanteuil, muni des préceptes de cet excellent artiste, il l'égala quelquefois, l'imita sans aller jusqu'à la contrefaçon, et sut conserver son individualité. Les portraits de Nanteuil attestent un savoir profond et en même temps une nature de talent contenu et réservé tout à fait conforme aux habitudes de l'école française; les planches de

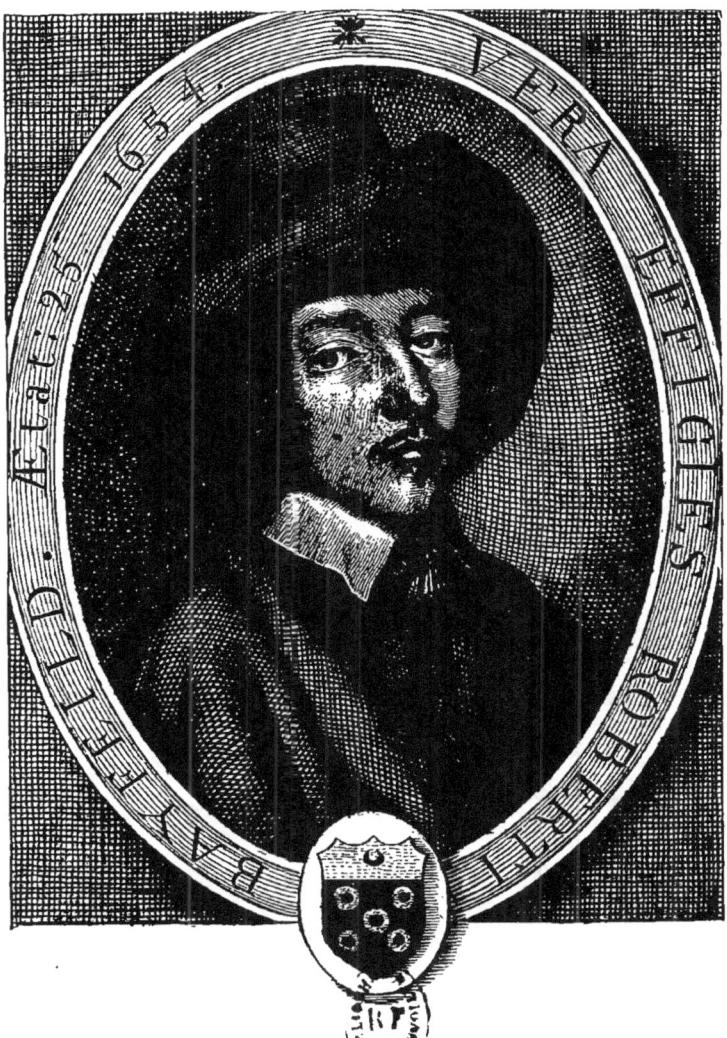

Fig. 21. — Portrait de R. Bayfield, estampe de Guillaume Faithorne.

Faithorne, gravées soit d'après Ant. van Dyck, ou d'après des artistes qui vécurent sous la dépendance du maître flamand, soit dessinées par le graveur lui-même, se ressentent de l'influence qu'exerça sur l'école naissante l'illustre élève de Rubens, et témoignent d'une recherche de la couleur à laquelle ne visa jamais le graveur français. Les portraits de R. Bayfeild, de William Paston, de William Sanderson et plusieurs autres encore, justifient pleinement l'estime que l'on accorde à l'œuvre de Guillaume Faithorne, dit le Vieux. Ce sont du reste les portraits qui donnent du talent de l'artiste la meilleure idée, car les compositions qu'il grava ne révèlent pas à beaucoup près une habileté aussi grande, et l'on jugerait certainement G. Faithorne au-dessous de sa valeur si l'on ne connaissait de lui que la *Sainte Famille* d'après Simon Vouet, ou la *Vierge caressant l'Enfant Jésus*, d'après Laurent de la Hyre, estampes qui rappellent le travail de Couvay et de Mellan sans même en avoir toutes les qualités.

Bien des artistes tentèrent de suivre la manière de Guillaume Faithorne ; aucun cependant n'eut assez d'originalité ou de talent pour mériter une place à part dans l'école anglaise. Tous furent médiocres, et leur infériorité fut tellement notoire, que les Anglais eurent recours aux burins d'outre-Manche toutes les fois qu'ils voulurent faire graver un ouvrage de quelque importance : Nicolas Dorigny fut mandé de France pour multiplier sur le cuivre les fameux cartons de Raphaël conservés au château d'Hamptoncourt. Baron fut chargé de reproduire les peintures de Rubens et de van Dyck des collections anglaises, et on arrive à la fin du dix-huitième siècle avant de rencontrer en Angleterre des artistes assez habiles à manier le burin pour reproduire les chefs-d'œuvre accumulés en ce pays.

Il ne faudrait pourtant pas croire que durant un si long espace de temps il n'exista en Angleterre aucun artiste s'occupant de la gravure; en effet, un Allemand, Wenceslas Hollar, fixé à Londres, donna à la gravure à l'eau-forte une impulsion louable. D'autre part, le prince palatin Robert introduisit dans le Royaume-Uni cette façon de graver que l'on appelle *manière noire*, ou même assez communément, tant les artistes anglais surent en tirer bon parti, *manière anglaise*. Nous nous occuperons plus loin de ces deux genres particuliers; pour le moment, arrêtons-nous à la gravure au burin; nous allons encore avoir à noter l'influence des écoles étrangères.

Robert Strange, né en 1723, mourut à Londres en 1795. Tout jeune, il passa la Manche et vint étudier à Paris chez Philippe Lebas. Mais R. Strange surpassa bien vite son maître dans le maniement de l'outil et quitta l'atelier où son talent avait commencé à se développer, pour aller en Italie étudier les grands maîtres de l'art. Il passa dans ce pays cinq années, travaillant avec ardeur d'après les ouvrages de Raphaël, du Titien, de Corrége, du Guide et de Carle Maratte, et il ne revint s'établir à Londres que lorsque ses études furent assez complètes pour qu'il pensât n'avoir plus rien à apprendre. Peu d'artistes produisirent des estampes exécutées avec une plus complète habileté : le travail du burin est agréable et coloré ; diversement menées, les tailles suivent les formes, noient les contours et s'entre-croisent à l'infini sans offrir jamais à l'œil un aspect désagréable ou monotone. Toutes ses planches révèlent une connaissance complète, approfondie des ressources du métier. A côté de tant de savoir pratique, d'une telle adresse manuelle, pourquoi faut-il si souvent regretter une pauvreté de dessin surprenante chez un artiste certainement intelligent, mais plus préoccupé de donner l'aspect des originaux qu'il reproduit, que leur caractère et leur style !

Guillaume Woollett, né également en Angleterre et disciple de John Tinney, tourna ses vues du côté du paysage. Bien qu'il ait quelquefois gravé des figures, et même des compositions considérables, par exemple la *Bataille de la Hogue* et la *Mort du général Wolf*, il ne se montra jamais aussi habile que dans la reproduction des tableaux de Claude Lorrain, de Wilson ou de Pillement. Personne avant lui, sans autre ressource que le burin, n'avait obtenu des effets aussi divers, ni donné aux plans, avec autant de justesse, la valeur qui leur convient réellement. Les lointains, éclairés par un rayon de soleil, sont dessinés avec précision et, malgré leur éloignement, apparaissent distincts, sans confusion et sans cesser pour cela de garder leur véritable place ; en revanche, les arbres et les terrains placés en avant, gravés à l'aide d'un burin de forte dimension qui entame profondément le cuivre, accentuent davantage la valeur relative des plans et se prêtent à la dégradation de la lumière. C'est Claude Gellée qui fournit à Woollett ses meilleures planches ; la savante et majestueuse disposition des lignes, les vastes et profonds horizons, la beauté des sites ont séduit le graveur, et celui-ci a su faire passer dans ses reproductions les éminentes qualités du peintre. A aucune époque, Claude le Lorrain ne fut mieux interprété, et jusqu'à nos jours il ne s'est pas rencontré un artiste qui se soit aussi complétement identifié avec notre grand paysagiste.

Francois Vivarès, qui naquit en France, aux environs de Montpellier, mais qui passa en Angleterre la plus grande partie de son existence, rendit avec une habileté à peu près égale les ouvrages de Claude Gellée. Son burin souple convenait à merveille à de si nobles compositions. La lumière sagement distribuée dans la nature, telle que l'exprime ce maître, a été transportée sur le métal avec une justesse remarquable, avec une précision étonnante. Le soleil lui-même, que l'art semble impuissant à traduire, surtout quand l'artiste n'a à sa disposition que le noir de l'encre et le blanc du papier, ne dirait-on pas qu'il inonde de ses rayons les estampes de Vivarès ? Le graveur, comme le maître qui l'inspire, connaît à fond les lois de la lumière : il sait disposer ses ombres de telle sorte que les parties qui doivent être frappées directement par le soleil sont à peine couvertes de travaux légers et acquièrent du voisinage des tailles serrées qui les encadrent une franchise et un éclat extraordinaires.

Guill. Wynne Ryland, né à Londres en 1732, apprit la gravure chez Ravenet, artiste français établi en Angleterre. Il vint ensuite en France, entra dans l'atelier de Boucher, et grava à l'eau-forte, avec talent, deux paysages d'après ce maître, suivit quelque temps les conseils de Jacques-Philippe Lebas, et retourna dans sa patrie après cinq années d'absence. Seulement, au lieu de profiter des modèles qu'il avait été à même d'étudier en France et des exemples qu'il avait eus sous les yeux, aussitôt après son arrivée en Angleterre, il se laissa séduire par une manière nouvelle importée par un graveur italien, Francesco Bartolozzi, manière qui consistait à imiter avec le burin l'effet produit par le crayon sur le papier. Entre les mains d'un dessinateur habile, ce procédé eût pu produire et produisit, en effet, des ouvrages de valeur ; mais Ryland ne possédait pas assez de talent pour en tirer un bon parti ; il s'adressait d'ailleurs trop souvent aux inventions banales d'Angélica Kauffman, et à ce jeu il perdit en peu de temps la réputation que ses premiers ouvrages lui avaient légitimement acquise. Une circonstance fortuite l'écarta tout à coup de la gravure : accusé d'avoir commis un faux, il fut jugé, convaincu, condamné. A partir de ce jour, il disparut et l'on n'entendit plus parler de lui.

La liste des graveurs au burin anglais est promptement épuisée, et lorsque nous aurons encore nommé Georges Vertue et Abraham Raimbach, aucun des graveurs qui tiennent dans l'histoire de l'art anglais un rang distingué n'aura, pensons-nous, été omis. Georges Vertue excella dans la reproduction des tableaux du chevalier Kneller. Sa gravure est propre, d'une régularité qui tombe parfois dans la monotonie; mais l'aristocratie britannique le protégea, parce qu'il rendait avec talent et surtout avec une distinction remarquable la physionomie et le grand air des lords et des ladies.

C'est Abraham Raimbach qui ferme la liste des graveurs au burin de l'Angleterre. On dirait que ce maître est né tout exprès pour traduire les ouvrages du peintre Wilkie; du moins, il a reproduit les compositions si parfaitement agencées, si spirituelles, que l'on appelle *Collin-Maillard, le Payeur de rentes, les Politiques de village*, avec une habileté vraiment surprenante. Malgré leurs dimensions assez grandes, ces planches ne s'éloignent pas de ce que l'on est convenu d'appeler la gravure de genre. L'exécution en est libre; préparées et fort avancées à l'eau-forte, l'artiste les a presque entièrement reprises au burin, et ces deux procédés, se prêtant un mutuel secours, produisent entre les mains de Raimbach les plus agréables effets. Les visages enjoués ou sévères des enfants qui jouent autour de leurs pères, ou des petits rentiers attendant avec impatience l'argent qui leur est dû, sont reportés sur le métal avec la plus grande vérité; l'aspect gai et agréable des peintures est également bien rendu, et les estampes de Raimbach se distinguent même par une harmonie d'ensemble que les toiles de Wilkie ont en partie perdue aujourd'hui. Parmi ses compatriotes, Abraham Raimbach est, sans conteste, digne d'occuper une des premières places ; dans l'histoire générale de la gravure, ses œuvres le mettent au rang de ceux qui connurent le mieux les ressources de leur art et qui surent exprimer avec le plus de talent les différentes passions gravées, pour ainsi dire, sur la physionomie humaine.

Si la gravure au burin ne fut pratiquée avec talent en Angleterre que par un bien petit nombre d'artistes, si l'eau-forte eut quelque peine à s'établir en ce pays et ne réunit que peu d'adeptes, malgré les efforts et les exemples de Wenceslas Hollar, enfin si François Barlow mérite d'être mentionné pour les animaux qu'il exécuta d'une pointe grasse et savante, la gravure en manière noire, au contraire, importée, comme nous l'avons dit, par le prince Rupert, reçut des Anglais le plus favorable accueil. Nulle part mieux qu'en Angleterre on ne sut en tirer parti. Les ouvrages de sir Joshua Reynolds, de Gainsborough, de sir Thomas Lawrence, le plus souvent d'un coloris doux et agréable, d'un dessin peu arrêté, convenaient fort bien à ce genre de gravure qui admet une interprétation vague des contours, qui se prête volontiers à un modelé poussé aussi loin que possible. Les portraits exécutés par Antoine van Dyck, en Angleterre, étaient autant de modèles excellents. C'est ce que comprirent de suite quantité d'artistes anglais. On est indécis sur la question de savoir qui dirigea cette école de gravure, lequel est digne d'occuper le premier rang, et quelle est la part d'influence qu'il exerça sur ses contemporains.

Richard Earlom, dont le nom est peut-être le plus connu, ne se cantonna pas, comme la plupart de ses compatriotes, dans le genre du portrait, et doit sans doute sa réputation à la variété de travaux qu'il entreprit ; il grava des *bouquets de fleurs* et des *groupes de fruits*, d'après van Huysum, qui ont acquis une juste célébrité, et *Betsabée amenant Abisag à David*, passe pour le chef-d'œuvre de la gravure en manière noire. Néanmoins, quel que soit le mérite de ces ouvrages, nous ne pouvons y reconnaître les qualités exceptionnelles qui pourraient en faire les souches de toute une école. Le portrait, d'ailleurs, a toujours été mieux traité en Angleterre que les compositions d'histoire ou de genre. L'état des peintres qui, dans ce pays, ont fait preuve d'un goût relevé et d'une préoccupation du grand style, est facile à établir, tandis que les portraitistes sont très-nombreux, même en ne tenant compte que des artistes de talent. Sir Joshué Reynolds, le plus illustre d'entre eux, fournit aux graveurs beaucoup de modèles remarquables que les graveurs, à leur tour, se hâtèrent d'imiter. Si l'on examine avec soin ces belles planches, on ne sait à quel artiste donner la préférence. Il est évident que J.-R. Smith témoigne, dans le portrait de Jean Crewe ou dans celui de lady Caroline Montagu, de tout autant de talent que V. Green dans ceux du duc de Bedford, de W. Chambers ou de lady Caroline Howard ; et Mac Ardell, J. Watts, James Ward, J. Faber, J. et Thomas Watson, E. Fisher, John Dixon, W. Dickinson, G. Clint, C.-H. Hodges, C. Turner, John Murphy, C. Corbutt, S. Paul, J. Crozer,

John Jones, J. Spilsbury, R. Dunkarton, gravèrent avec une habileté égale les portraits de mistress Bonfoy, de Joseph Baretti, de Richard Burke, du duc de Devonshire, de Drummond, archevêque d'York, de John Paterson, de Garrick, de lady Elisabeth Lee, du duc de Leinster, de lady Charles Spencer, de Robert Haldane, de John Lee, du vicomte G. Malden et lady Capel, du duc de Portland, de mistress Chambers, de la vicomtesse Spencer, de lady Seafort, de Fox, de miss Jacop ou de miss Horneck. Reynolds semble avoir surveillé lui-même les graveurs qui interprétaient ses œuvres, tant l'exécution y paraît conforme aux procédés du peintre, tant la production est exacte et imite jusqu'aux touches du pinceau. Mais aucun de ces graveurs n'a en réalité de manière individuelle qui le distingue de ses rivaux. De tempéraments sans doute fort divers, ayant reçu dans les ateliers qu'ils fréquentèrent, ceux-ci une forte éducation, ceux-là une moindre, ils gravent cependant tous avec le même talent : ils ont les mêmes qualités, et, également au fait des ressources de la manière noire, ils poussent les uns autant que les autres jusqu'aux dernières limites le soin de reproduire la gamme blonde des œuvres qu'ils copient ; ils font souvent imprimer leurs planches avec une encre bistrée qui ménage mieux que l'encre noire les transitions et ajoute encore à l'harmonie générale.

Né à Lubeck en 1648, formé à l'école de Rembrandt, le peintre Godefroi Kneller, malgré son origine et son éducation étrangères, doit prendre place dans l'école anglaise. Il s'établit très-jeune à Londres et ne quitta guère cette ville; il semble oublier, en mettant le pied sur le sol britannique, les leçons qu'il a reçues ailleurs. Plusieurs artistes gravèrent au burin ses tableaux; mais J. Smith fut à peu près le seul qui s'exerça à la manière noire, d'après lui, et, en récompense de cette assiduité, le peintre fit le portrait du graveur, que celui-ci reporta ensuite sur le cuivre. Parmi les autres portraits gravés par J. Smith, d'après G. Kneller, on remarque surtout ceux de Guillaume III, roi d'Angleterre, du peintre Guillaume Vandevelde, de la comtesse de Salisbury et de Jean, duc de Marlborough; ces planches reproduisent avec exactitude les peintures un peu compassées du maître.

Thomas Gainsborough n'eut pas le talent ou la possibilité de grouper autour de lui des artistes disposés à multiplier ses ouvrages. La manière noire était cependant plus capable qu'aucun autre genre de gravure de rendre les effets blonds de ses peintures, et les portraits du prince de Galles, gravé par John Raphaël Smith, de Richard Warren par J. Jones, du comte de Derby par George Keating, et de Henri, duc de Buccleugh, par J. Dixon, attestent non-seulement le talent des graveurs, mais, en outre, le parti qu'avec la manière noire on pouvait tirer de ces peintures fraîches et gaies qui donnent de l'aristocratie anglaise une idée si nette et si juste; malheureusement on n'a gravé qu'un petit nombre des peintures de Gainsborough, et ce très-joli tableau intitulé l'*Enfant bleu*, qui obtint un si grand et si légitime succès à l'Exposition de Londres, en 1862, n'a pas été reproduit par les graveurs contemporains du peintre. Sir Thomas Lawrence fut mieux partagé; s'il ne trouva pas non plus beaucoup d'artistes qui s'attachèrent à multiplier ses excellents ouvrages, du moins eut-il la chance de rencontrer dans Samuel Cousins un interprète habile qui exécuta, d'après une de ses peintures, un véritable chef-d'œuvre. Nous entendons parler du portrait du pape Pie VII, la meilleure planche peut-être exécutée en manière noire dans les temps modernes; singulièrement instruit dans son art, le graveur a su conserver toute la vie que le peintre avait donnée à son modèle; il a ménagé avec un tact infini les lumières et dessiné la tête du pontife avec une science que la plupart de ses compatriotes n'ont jamais connue. Ch. Turner grava également d'après Lawrence un excellent portrait de William Pitt. Ce descendant direct de Reynolds eut le bonheur de rencontrer parmi ses contemporains des artistes qui comprirent admirablement ses ouvrages et qui les traduisirent avec un louable talent.

Nous n'avons pas encore parlé de l'école humoristique. Elle occupe cependant en Angleterre une place importante; mais nous avons voulu achever cette étude sur la gravure anglaise par un genre qui, en faisant à la littérature, à la politique et aux mœurs de nombreux emprunts, perd une partie de ses avantages à n'être considéré qu'au point de vue de l'art.

Le maître de ce genre est William Hogarth. Né de

parents sans fortune, il commença, lui qui devait introduire dans l'art un genre nouveau, par ciseler des métaux, par tracer sur argent, or ou bronze, des armoiries, des chiffres, des arabesques. Ce fut ainsi qu'il apprit le métier de graveur. Lorsqu'il se fut pendant quelques années exercé chez un orfévre, il résolut de quitter le rôle modeste de copiste pour se livrer à l'art proprement dit. Il étudia avec ardeur la nature, s'appliquant au côté pittoresque de chaque être, de chaque chose; notant dans sa mémoire, puis sur le papier, ce qui frappait son attention dans ses promenades. La vie misérable que ses parents avaient menée et qu'il avait longtemps partagée avait laissé dans son esprit observateur et curieux un souvenir d'amertume et de tristesse qui lui faisait d'ordinaire apercevoir l'humanité par ses côtés les plus poignants. Son idéal consistait non pas à rechercher la beauté des formes et des types, l'élégance des contours, ni les mouvements simples, les nobles attitudes, mais l'expression vraie, dure quelquefois et grimaçante, toujours pénétrante et énergique. Fielding disait de son ami Hogarth : « Les figures des autres peintres respirent, celles d'Hogarth pensent. » Il avait raison. Hogarth est philosophe au moins autant qu'artiste. Ses tableaux, d'un ton souvent peu harmonieux, sont composés habilement sans doute, certaines figures paraissent même inventées avec un art véritable : mais la pensée domine tout; le sujet absorbe le regard et l'intérêt aux dépens du dessin et de l'exécution. La *Vie de la fille de joie* (the Harlot's Progress), la *Vie du libertin* (the Rake's Progress) ou le *Mariage à la mode* sont, à bien considérer, des comédies en plusieurs actes autant que des tableaux, comédies morales où l'auteur ne recule pas, pour arriver à instruire, devant la représentation brutale et révoltante de certains actes. William Hogarth ne se borna point à agencer des scènes de mœurs : il les grava lui-même, et, grâce à cette sage précaution, ses estampes ont conservé l'accent et l'attrait des œuvres originales. Préparées à l'eau-forte et menées ainsi fort loin, ses planches étaient reprises au burin avec une grande adresse. Préoccupé avant toutes choses de l'expression, il se servait de la pointe et du burin aussi facilement que du pinceau et du crayon, et ses estampes offrent quelquefois une qualité que ses peintures ne renferment pas toujours à un égal degré, l'harmonie.

Entre William Hogarth et les artistes qui traitèrent en Angleterre les sujets de mœurs ou les caricatures, il y a une distance énorme. Autant le maître semble désireux de donner à ses compositions toute la valeur d'un enseignement moral, autant les caricaturistes qui lui succèdent se montrent peu portés à donner à leurs estampes un intérêt général. S'ils cherchent à ridiculiser tel personnage, ils accentuent les défauts physiques de sa personne, le représentent déguenillé, misérable ou bafoué ; s'ils entendent signaler une des innombrables misères de la vie humaine, ils se contentent de pousser la bouffonnerie jusqu'à l'extrême, et leurs figures, dans les gestes, l'expression, l'accoutrement, sont tellement exagérées, qu'elles ne parviennent pas toujours à provoquer même le rire.

James Gillray, le plus célèbre de ces caricaturistes, naquit à Lanark, en 1757; comme Hogarth, il débuta chez un orfévre; mais la passion du théâtre l'envahit bientôt et il quitta l'atelier, qu'il avait d'ailleurs assez peu fréquenté, pour suivre une troupe nomade de comédiens. Après avoir erré de ville en ville, n'ayant obtenu aucun des succès qu'il avait rêvés, il eut le bon sens de rentrer au logis paternel. A son arrivée a Londres, il suivit les cours de l'Académie royale et fréquenta, assure-t-on, l'atelier de W. Ryland. Ses débuts comme caricaturiste datent de l'année 1779. Une fois engagé dans ce genre, il s'y livra sans relâche. Tout événement de quelque importance lui fournit matière à caricature; tout personnage en évidence eut à comparaître devant le tribunal de Gillray. A l'époque de sa plus grande puissance, William Pitt est représenté jouant au bilboquet avec le globe terrestre; plus tard, en 1797, lorsqu'il ne peut faire face aux demandes de remboursement que la crainte d'une invasion fait affluer, le ministre apparaît coiffé du bonnet d'âne et déguisé en roi Midas. L'empereur Napoléon fournit, comme on pense, au graveur anglais le sujet d'un grand nombre de caricatures. La plupart sont grossières. Caricaturiste politique, Gillray mit son talent au service des passions du moment, et à ce titre il restera comme un des artistes qui ont le mieux contribué à faire connaître, au jour le jour, les événements accomplis en Angleterre sous le règne de Georges III.

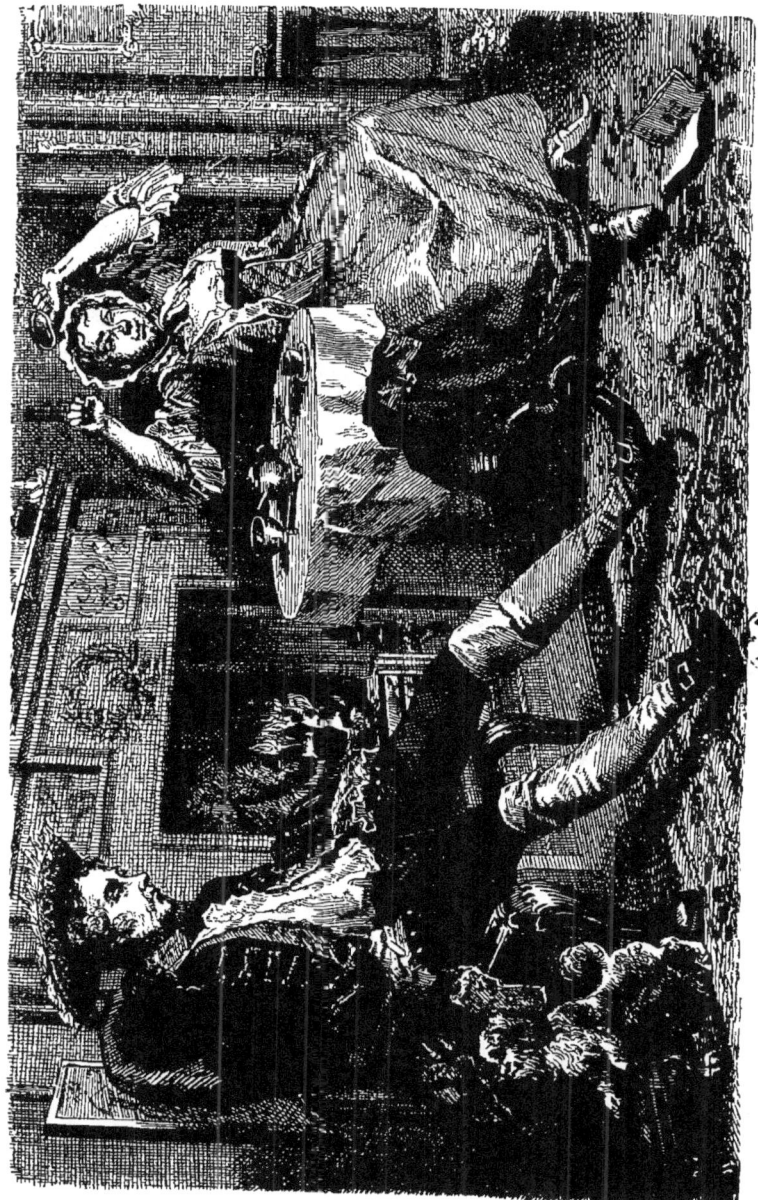

Fig. 22. — Estampe de W. Hogarth, pour le *Mariage à la mode*.

Thomas Rowlandson, qui naît à Londres un an avant Gillray, au mois de juillet 1756, peut prendre rang à côté de lui ; il ne suit pas cependant tout à fait la même voie ; la politique le préoccupe peu, les scènes de mœurs l'attirent davantage. Il excelle à grouper, à côté les unes des autres, un grand nombre de figures, à disposer une composition, à animer des personnages. Il se sert de la pointe comme du crayon ou de la plume, et n'est graveur que parce qu'il faut multiplier les scènes grotesques qu'il invente. Il veut avant tout dévoiler le ridicule de ses contemporains. Le plus souvent il atteint son but. A la fin de sa vie, Th. Rowlandson dessina des vignettes pour des livres. Le volume illustré par lui qui eut le plus de succès en Angleterre fut le *Docteur Syntax*, histoire des aventures innombrables d'un voyageur poursuivi par la mauvaise fortune ; les planches gravées à l'eau-forte et coloriées à la main qui accompagnent le texte anglais suffiraient à montrer le côté spirituel du talent de Th. Rowlandson et peuvent certainement compter parmi les meilleures productions de l'artiste. Rowlandson dissipa, en partie au jeu, à Paris, son patrimoine. Quand ses ressources furent réduites à peu de chose, il revint à Londres et suivit les cours de l'Académie royale. Mais ses anciens penchants reprenant le dessus le poussèrent à de nouvelles folies. Devenu vieux et infirme, ses facultés affaiblies par le désordre plus encore que par l'âge, il tomba dans l'indigence, et mourut le 22 avril 1827.

Georges Cruikshank, qui suivit la même voie que

les artistes précédents, vint un peu après eux; il a attaché son nom à une immense quantité de vignettes d'un comique bien réel; si la politique le séduisit quelquefois et lui inspira quelques bonnes planches, ordinairement il a préféré les scènes de mœurs et les sujets franchement grotesques. En même temps que son frère Robert, il avait appris à dessiner chez son père, Isaac Cruikshank, et il resta si longtemps sous la direction paternelle qu'il ne signa ses ouvrages que fort tard. Du reste, les travaux du père et des deux fils sont assez semblables pour être difficiles à distinguer. Georges cependant est le plus habile. On peut le considérer comme le chef de l'école comique et humoristique qui se continue aujourd'hui à Londres. Il est âgé, il travaille moins; mais son influence est encore considérable sur les jeunes artistes, et son genre n'a point cessé d'être en faveur.

VII

LA GRAVURE EN FRANCE

Les graveurs sur bois. — Les graveurs sur métal. — L'école de Fontainebleau. — Les portraitistes. — Nicolas Poussin et Jean Pesne. — Charles Lebrun et Gérard Audran. — L'école de Watteau. — Les graveurs de vignettes. — L'école de David.

Les premiers livres ornés de gravures paraissent en France à la fin du quinzième siècle ; mais le *Roman de Fierabras* (Lyon, 1480), *Bélial, ou la Consolation des pauvres pécheurs* (1484), et d'autres ouvrages accompagnés d'estampes sur bois, ne sauraient être regardés comme offrant des spécimens vraiment significatifs de la gravure sur bois. En réalité, les publications d'Antoine Vérard, et parmi celles-ci la *Mer des histoires*, imprimée chez Jean Dupré en 1491, sont les premières dans lesquelles l'art commence à jouer un certain rôle ; les tailles de la gravure y sont encore bien grossières ; les ornements rappellent en plus d'un point les arabesques compliquées de nos monuments d'architecture du quinzième siècle ; mais l'invention en est souvent heureuse et continue à révéler cette recherche de la vérité que les miniatures antérieures nous ont rendue familière ; la naïveté des expressions, l'esprit des figures, tiennent lieu de science dans la composition et rendent indulgent pour les fautes de dessin et les imperfections qui fourmillent dans ces essais d'un art naissant. Dans la *Danse des morts*, imprimée pour la première fois en 1485 par les soins d'Antoine Vérard et souvent réimprimée depuis, on trouve, plus encore peut-être que dans la *Mer des histoires*, des planches dignes d'intérêt : les personnages que la Mort appelle successivement à elle reçoivent d'une façon particulière le triste messager ; chacun a sa physionomie individuelle bien déterminée, fortement exprimée ; chaque personnage est rendu avec son caractère propre, et celui qui inventa ces figures est digne assurément de prendre place parmi les graveurs qui commencèrent à s'élever au rang d'artistes.

Dès que les Français se furent accoutumés à trouver dans des volumes de tous genres des estampes qui rendaient visibles aux yeux des scènes historiques ou des récits romanesques, ils voulurent aussi que les livres d'heures destinés à leur édification fussent ornés d'images. Les anciens missels et les livres de prières, décorés de miniatures, ne leur suffisaient plus ; l'invention de l'imprimerie avait créé un besoin de lecture inconnu auparavant. Quantité d'artistes furent de suite employés par les éditeurs empressés de satisfaire les désirs du public ; et si le nom de ces hommes de talent n'a pas été conservé, on peut au moins dresser sans peine la liste des imprimeurs qui leur facilitèrent les moyens de se produire. Les livres sortis de l'officinc d'A. Vérard et de Simon Vostre et portant leurs marques renferment de petits sujets superposés qui encadrent les versets des psaumes ou les oraisons ; tantôt l'artiste s'est inspiré de l'Ancien ou du Nouveau Testament, tantôt c'est à la vie privée qu'il a demandé des motifs d'ornementation ; quelquefois, par une bizarrerie difficile à expliquer, des sujets profanes sont mêlés à la pieuse décoration. Les compositions sont variées comme invention, mais le caractère des graveurs est invariablement le même : les petits personnages se détachent toujours sur un fond obtenu uniformément à l'aide de petits points qui ont la prétention de rappeler les fonds d'or des miniatures. Des planches de plus grande dimension commencent chaque office, et leur auteur y a représenté des scènes de la Bible ; ordinairement la création d'Ève, l'Annonciation, la Visitation, la Résurrection. Si la naïveté en fait le principal mérite, il y a aussi une certaine entente de l'agencement qui témoigne que l'art progresse et cherche à sortir de l'état d'enfance où il est encore.

Une fois l'élan donné, de nombreux imprimeurs mirent leurs presses au service de la même industrie. Philippe Pigouchet s'associe à Simon Vostre pour publier en 1488 un livre d'heures à l'usage de Rome ; Thielman Kerver emprunte les planches du même imprimeur, ou peut-être les fait-il copier pour ses ouvrages de piété ; Gilles Hardouin emploie dans le même but une série d'artistes qui semblent un peu trop se préoccuper de l'art germain ; Guillaume Eustache,

Guillaume Godart et François Regnault suivent, eux aussi, l'impulsion et publient quelques livres curieux ; mais n'ayant pas à leur disposition des artistes aussi habiles que leurs devanciers, leurs éditions s'en ressentent. Enfin l'industrie envahit bientôt l'art, le dénature, l'altère, et le besoin du bon marché enfante des ouvrages qui ne rappellent plus que de loin les productions antérieures.

Fort heureusement le seizième siècle commence, et l'art profite largement de ce désir de renouvellement qu'on a si bien désigné par le nom de *Renaissance*. Autant qu'aucun autre pays, plus peut-être, la France y prend une part active. Les sculpteurs, Jean Goujon et Germain Pilon, les architectes Bullant, Philibert Delorme et Pierre Lescot, les peintres Jean Cousin et les Clouet donnent à l'art français un lustre jusque-là inconnu. Guidés par ces maîtres, les graveurs sur bois acquièrent, dans leur sphère plus modeste, une habileté au moins égale à celle de leurs voisins. Ils taillent le bois avec autant de légèreté et de finesse, et, ayant sous les yeux des modèles excellents, ils s'accoutument à les copier très-fidèlement. Le plus fécond de ces graveurs français est connu sous le nom du *petit Bernard*; jamais il n'a signé ses planches, de sorte que si l'on n'avait point trouvé dans une édition de la Bible, datée de 1680, une mention ainsi conçue: « Les figures que nous te donnons icy sortent de la main d'un excellent ouvrier, connu en son temps sous le nom de Salomon Bernard, dit autrement *le petit Bernard*, et ont toujours été fort estimées de ceux qui se connaissent en cette sorte d'ouvrage, » on ignorerait encore quel était cet artiste qui grava au seizième siècle une infinité de planches où la délicatesse du travail le dispute à la finesse du dessin. Ces petites compositions sont animées de mille personnages campés avec aisance, agissant facilement et dessinés non sans élégance. L'art français y accuse nettement les caractères de son originalité, l'esprit et la prestesse.

La vogue singulière des estampes du petit Bernard ne tarda pas à faire naître chez d'autres artistes le désir de s'exercer à leur tour dans le même genre. Les éditeurs leur commandèrent alors des marques pour distinguer les livres qu'ils publiaient, puis des fleurons, des culs-de-lampe, des lettres initiales, menus ouvrages dans lesquels brillent un mérite exceptionnel, et qui prouvent que l'art s'introduisait partout et n'avait besoin pour se produire ni de grands espaces, ni d'encouragements officiels. Malheureusement l'embarras est grand lorsqu'il s'agit de classer les publications de cette époque. Aucune de ces estampes n'est signée, et si quelques noms ont échappé à l'oubli, encore n'est-on pas toujours d'accord sur les œuvres auxquelles ils doivent être appliqués. On ignore absolument le nom de l'artiste fort habile qui a dessiné et gravé deux petits ouvrages qui peuvent être considérés comme les spécimens les plus accomplis de la gravure sur bois au seizième siècle, les *Figures de l'Apocalypse* (Paris, Estienne Groulleau, 1547) et l'*Amour de Cupido et Psiché, mère de Volupté* (Paris, Jeanne de Marnef, veuve de Denis Janot, 1546). La traduction du *Songe de Poliphile* (Paris, 1546) contient aussi des planches du style le plus élégant : elles reproduisent, accommodées au goût français, les estampes de l'artiste italien qui orna l'édition publiée à Venise par les Aldes en 1499 ; mais, après avoir longuement disserté sur le nom possible de l'auteur, aucune conjecture ne nous paraît assez vraisemblable, assez sérieusement appuyée.

Geoffroy Tory, de Bourges, auquel M. Auguste Bernard a consacré une monographie très-complète, fut à la tête d'une école de graveurs, et toutes les planches sorties de son atelier se reconnaissent à une double croix qui en est, pour employer une expression moderne, la marque de fabrique. Le maître travaillait lui-même. Le plus souvent il n'employa pas d'autre signe que celui qui était commun à tout l'atelier, et il n'est pas très-difficile de retrouver sa main dans un certain nombre de planches marquées seulement de la croix de Lorraine. En prenant pour base les *Heures de la Vierge*, publiées en 1524 par Simon de Colines et signées en toutes lettres: Geoffroy Tory, on est certain de ne pas faire fausse route. Le dessin des ornements et des figures accuse un artiste au courant de toutes les ressources de l'art : le bois, coupé avec timidité, suit toujours le sens de la forme ; mille petites tailles interrompues, en attestant l'inexpérience de l'artiste, témoignent aussi de sa volonté formelle de ne point s'écarter des contours tracés : le goût des arabesques est puisé aux sources les plus pures et se ressent de l'influence de l'art antique ; enfin les figu-

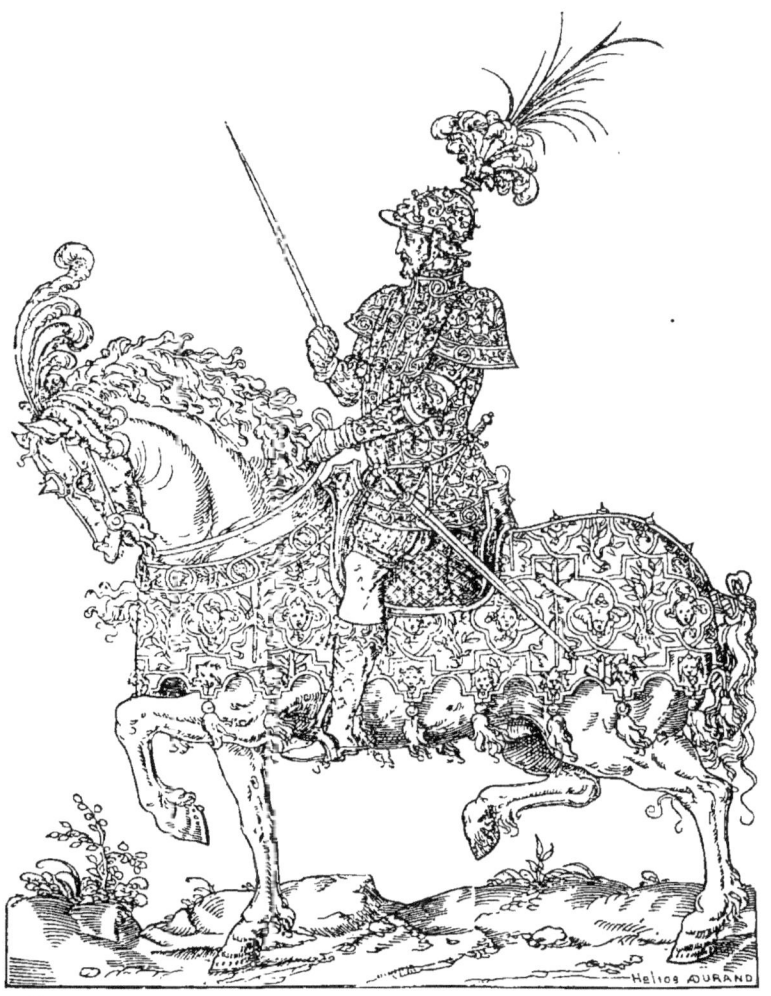

Fig. 25. — Henri II à cheval. Estampe de Geoffroy Tory, extraite de l'*Entrée de Henri II à Paris en 1549*.

res, élancées et sveltes, annoncent un amour de l'élégance qui fut quelquefois poussé en France jusqu'à l'exagération. En procédant par analogie, sans interroger d'autres planches que celles qui portent la croix de Lorraine, on peut attribuer, sans hésiter, à Geoffroy Tory l'*Entrée de Henri II à Paris en* 1549, l'*Ancienne et nouvelle alliance*, pièce allégorique gravée sur un dessin qui rappelle la manière de Jean Cousin, et *François Ier écoutant la lecture que Machault lui fait de sa traduction de Diodore de Sicile*; ces estampes, les seules que nous osions affirmer avoir été gravées en entier par Geoffroy Tory, sont dignes, dans toute collection choisie, d'occuper les premières places.

Après Geoffroy Tory et les graveurs anonymes qui, vivant à ses côtés, parvinrent à rappeler sa manière, la gravure sur bois alla en déclinant et tendit à disparaître. Olivier Codoré, auteur des planches qui décorent l'*Entrée de Charles IX à Paris, le 6 mars* 1572, montra de la lourdeur et, malgré la précision de son dessin et le soin de son travail, sembla donner le signal de la décadence.

Ce fut alors que Perissim et Tortorel gravèrent sur bois les tristes épisodes du règne de Charles IX, et leurs planches eurent un tel succès qu'elles furent immédiatement copiées sur cuivre, en France, en Hollande, en Italie et en Allemagne, et multipliées à l'infini. Ce succès n'était certes pas dû au talent déployé par les artistes, mais bien plutôt aux sujets eux-mêmes, dessinés sous le coup de l'émotion, à mesure qu'ils se produisaient.

Au bas des grandes planches pieuses et païennes qui virent le jour en France au seizième siècle, on trouve les noms d'éditeurs peu connus qui pourraient bien avoir eux-mêmes tenu l'échoppe; citons Jean Leclerc, Denis de Mathonière, Marin Bonnemer, Germain Hoyau, Nicolas Prevost, François de Gourmond; ceux-là et quelques autres encore doivent être considérés non-seulement comme des marchands d'estampes vendant les œuvres d'autrui, mais aussi comme des artistes qui, ne se contentent pas de diriger un atelier, prenaient part au travail et payaient d'exemple. Malheureusement le besoin de produire vite ne fut point favorable à ces estampes; on y retrouve quelquefois un souvenir de l'art français du seizième siècle, mais souvenir lointain et bien affaibli; elles sont exécutées d'une façon lourde et souvent très-négligée.

Du moment où le commerce s'en empare et l'envahit, la gravure sur bois, pratiquée avec succès en France pendant plus d'un siècle, disparaît tout à fait. Au dix-huitième siècle, les travaux de Papillon, l'historien un peu diffus de la gravure sur bois, n'eurent pas d'influence : sa pratique lourde et monotone, les dessins médiocrement spirituels qu'il reproduisait, ne pouvaient captiver l'attention à une époque où toute une pléiade de graveurs sur cuivre dessinaient et gravaient avec une grâce charmante les petites vignettes destinées à orner les livres, les fleurons et les culs-de-lampe qui commençaient ou terminaient les chapitres. Il était réservé à notre temps de rendre à la gravure sur bois sa splendeur évanouie. De grandes publications (le *Magasin pittoresque*, le premier, en 1833) se sont fondées et ont prospéré, au delà de toute espérance, grâce à l'intelligence dévouée de ceux qui les dirigeaient; des éditeurs ont appelé à eux les dessinateurs les plus expérimentés ; ceux-ci ont formé leurs graveurs ; les procédés se sont perfectionnés, leur rôle se développa, le goût se répandit; cet art si longtemps délaissé fleurit de nouveau, et personne aujourd'hui ne songe plus à contester la supériorité de notre pays en ce genre de gravure devenu populaire.

Gravure sur métal. — Ce n'est pas par l'originalité que se font remarquer les estampes qui ornent l'ouvrage de Breydenbach intitulé : *Des sainctes pérégrinations de Jérusalem et des lieux circonvoisins.* (*Lyon. Michel Topie de Pymont et Jacques Heremberck.* 1488.) Elles reproduisent sur cuivre des estampes sur bois publiées à Mayence deux ans auparavant, et l'on y voit les panoramas de Venise, de Parenzo, de Corfou, de Modon, de Candie, de Rhodes, et une vue générale de la terre sainte et des lieux circonvoisins. La gravure en est fort peu avancée ; mais le dessin de l'architecture est étudié avec quelque soin, et c'est pour cela que le *graveur* de 1488, — l'on désigne sous ce nom l'auteur de ces planches, — mérite d'être mentionné dans un travail d'ensemble sur les artistes français. Noël Garnier, qui le suit de près, graveur tout à fait primitif, signe la plupart de ses estampes de son nom ou de ses initiales. Ses copies des estampes d'Albert Dürer, de Georges Pencz et d'Hans Sebald Beham sont d'une faiblesse déplorable et ne témoignent d'aucun talent ; et, si l'on songe au temps où il vécut, — il copia des estampes exécutées vers 1540, — on est en droit de le juger sévèrement ; à cette époque, les bons modèles n'étaient pas rares ; l'artiste avait à côté de lui des maîtres excellents, dont il ne sut pas profiter, et son burin dénote une inexpérience sans excuse.

Le premier graveur sur métal digne du nom de maître dont la France puisse s'honorer est Jean Duvet. Il naquit à Langres en 1485. Quelle qu'ait été l'influence de l'Italie sur son talent, l'artiste conserva son individualité native. Plus qu'aucun autre maître, Mantegna paraît avoir eu ses sympathies, et la plus belle pièce de l'œuvre de Jean Duvet, le *Martyre de saint Sébastien*, se rattache à l'école du maître padouan. La suite de l'*Apocalypse*, au contraire, et les pièces relatives aux *Amours de Henri II* semblent exécutées en dehors de toute préoccupation étrangère. Ces compositions sont un peu confuses ; le travail en est trop uniforme ; les accessoires qui accompagnent les personnages sont terminés avec la même précision que les figures elles-mêmes, et cette minutie, en divisant l'intérêt, enlève aux objets principaux leur importance relative, et empêche l'œil de saisir de suite le sujet représenté. Deux artistes lyonnais, Claude Corneille et Jean de Gourmont, signèrent leurs estampes de leur monogramme, un double C et un J et un G accolés. Guidés sans doute par les petits maîtres sur bois qui florissaient à Lyon au seizième siècle, ils déployèrent sur le cuivre un esprit analogue à celui de leurs contemporains. Ils excellèrent principalement dans les petites compositions. Ils aimaient les architectures compliquées ; ils peuplaient leurs portiques ou leurs rotondes inachevées de petits personnages bibliques ou fabuleux, qu'ils dessinaient avec une certaine verve ; leur burin propre et soigneux proclame leur ancienne profession d'orfévre.

Un des plus grands artistes de la Renaissance, celui avec lequel la plupart des historiens modernes font commencer l'histoire de la peinture en France, Jean Cousin, ne dédaigna pas de manier la pointe. Non content de fournir aux graveurs sur bois les dessins excellents qui accompagnent et qui expliquent son *Traité de perspective* et son *Livre de portraiture*, il voulut connaître par lui-même les difficultés d'un art qui, arrivé déjà dans les autres pays presque à son apogée, ne s'était pas encore révélé en France tout entier. Jean Cousin grava trois planches qu'il signa de son nom : *Saint Paul frappé sur le chemin de Damas*, l'*Annonciation* et la *Mise au tombeau*. Gravées d'une pointe ferme et savante, elles suffiraient à donner du talent de Jean Cousin une opinion assez complète. On y trouve la largeur du style et l'élégance sobre qui sont les caractères particuliers de l'artiste ; les figures sont animées de l'expression qui leur convient, et chaque physionomie dit bien ce que l'artiste a voulu lui faire dire.

Au seizième siècle, la gravure prit en France une très-grande extension. Les artistes qui manièrent la pointe ou le burin sont fort nombreux, même sans y comprendre ceux de l'école de Fontainebleau. Pierre Woeiriot, artiste lorrain, se souvint, dans les scènes qu'il exécuta d'après ses propres dessins, de son prédécesseur Jean Duvet. Lui aussi couvrit ses figures de travaux beaucoup trop multipliés. Tous ses portraits ne dénotent pas une égale science de dessin, mais on le juge favorablement devant les planches qui reproduisent les traits de Louise Labbé, de François de Serocourt, d'Antoine Le Pois ou le sien. Mieux inspiré devant ces physionomies, guidé peut-être par de meilleurs modèles, il se montra là sous un jour très-heureux et prit rang parmi ces excellents portraitistes dont la France vit les succès pendant toute la durée du seizième siècle.

Nicolas Beatrizet et Niccoló della Casa, compatriotes de Woeiriot, passèrent leur existence en Italie. Aussi ne sont-ils Français que par l'origine, et leur manière se rapproche bien plus des maîtres mantouans que d'aucun de nos compatriotes. Leur talent n'est pas d'ailleurs assez élevé pour que nous ayons grand intérêt à le revendiquer ; l'influence des successeurs de Michel-Ange les domina, et comme tous les élèves attardés de ce grand maître, ils imitèrent les côtés exagérés plutôt que la beauté réelle et le style de ses ouvrages. Étienne Dupérac, qui vécut également à Rome, ne songea qu'à reproduire les sites pittoresques ou les monuments dont il était entouré. Sa manière est sèche, mais son dessin est exact, et l'archéologue trouvera dans son œuvre plus d'un document précis sur les anciens monuments de Rome.

Paris n'était pas encore au seizième siècle ce qu'il devint plus tard, un centre unique vers lequel tendaient tous les artistes. Les provinces avaient alors des écoles de gravure et chaque ville, pour ainsi dire, serait à même de citer quelque nom digne d'estime. Orléans peut s'enorgueillir d'avoir donné le jour à Étienne Delaune, l'un des plus féconds et des plus habiles graveurs de la Renaissance française. Il affectionnait particulièrement les travaux de petite dimension. Deux ou trois fois cependant il en exécuta d'assez grands, mais ce fut pour reproduire des compositions de Jean Cousin et son burin s'accommodait moins bien de ce genre de travaux. Lorsqu'il restait livré à lui-même, ou bien lorsqu'il gravait des dessins de son fils, il savait faire entrer dans de tout petits espaces des compositions très-compliquées, et, en dépit de l'exiguïté du cadre, il y mettait une telle précision, que chaque personnage apparaît parfaitement à son plan, chaque objet à sa véritable place. Le travail de son burin consistait à tracer un contour général indiquant les formes extérieures, puis il obtenait le modelé à l'aide de petits points rarement rehaussés de quelques tailles. De nombreux ornements, des arabesques élégantes, des pièces d'orfévrerie et deux estampes qu'on ne trouve pas facilement, représentant l'intérieur de l'atelier d'un orfévre, complètent l'œuvre du graveur orléanais et achèvent de lui concilier les sympathies qu'il mérite.

C'est encore à Orléans que naquirent et que travaillèrent Jean Chartier et Pierre Vallet. Le premier exécuta avec une certaine âpreté une dizaine d'estampes représentant des figures allégoriques, la *Force*, l'*Abondance*, la *Justice*, etc. Pierre Vallet se montra beaucoup plus habile; il a gravé à l'eau-forte, avec une facilité qui n'exclut point la plus stricte exactitude, le plan de Paris dressé par François Quesnel. La physionomie humaine trouve en lui un interprète non moins correct; témoin son propre portrait et celui du botaniste Jean Robin; enfin, dans les estampes du roman de *Théagène et de Chariclée*, il fit bien voir qu'il savait interpréter avec esprit les dessins d'autrui.

Joseph Boillot est natif de Langres; il a laissé deux ouvrages gravés de manières assez différentes; dans son *Livre des Termes* la gravure est lourde, les planches sont surchargées de travaux inutiles; son livre sur l'*Art militaire* (1598), au contraire, montre qu'il savait manier librement l'eau-forte et son travail pittoresque acquiert en agrément, sans rien perdre pour cela de sa correction.

A Chartres, Pierre Sablon grava à l'eau-forte avec esprit son propre portrait. A Bourges, Jean Bouchier, un très-habile artiste de peu de célébrité, mais dont les ouvrages accusent un véritable talent, grava six planches qui semblent inspirées par l'école de Parme, tant on y trouve de grâce et de charme; la meilleure estampe de cet artiste représente la *Vierge debout tenant dans ses bras l'Enfant Jésus qui veut l'embrasser*. D'autres villes de province fourniraient encore, certainement, plus d'un graveur dont les œuvres seraient dignes d'être mentionnées et qui développèrent leur talent loin de la capitale. Mais il n'y aurait pas avantage à pousser plus avant nos recherches, et, en divisant ainsi par contrées l'histoire de la gravure, nous serions insensiblement amenés, sans profit, à sacrifier l'intérêt général à l'intérêt local.

Paris ne fut pas d'ailleurs mal partagé non plus, et c'est même là que les artistes les plus renommés se donnèrent rendez-vous. Pierre Biard exécuta, d'une pointe pittoresque, une nombreuse série d'estampes de son invention ; cependant il réussit plus complétement lorsqu'il suivit des dessins qu'il n'avait pas composés, et deux pièces, l'une d'après Michel-Ange, l'autre d'après Jules Romain, l'*Esclave* et *Vénus jalouse de Psyché excitant l'Amour à venger son injure*, bien que d'une interprétation un peu trop libre, donnent de son talent une idée plus favorable que tous ses autres ouvrages.

Dans quelques planches qui ornent le *Ballet comique de la Royne faict aux nopces de Monsieur le duc de Joyeuse et de Mademoyselle de Vaudemont* (Paris, 1582, in-4°), Jacques Patin fit preuve d'une assez grande habileté; le dessin laisse bien quelque chose à désirer dans les figures un peu grandes, mais la gravure, finement touchée, mérite des éloges.

Auprès de ces artistes se place tout un groupe de graveurs qui se contentèrent de reproduire les œuvres d'autrui, sans doute faute de capacités nécessaires pour inventer eux-mêmes la moindre composition. Ne trouvant pas en France une école de peinture bien formée, les uns cherchèrent leurs modèles dans les Flandres, les autres en Italie. Charles Mallery, Pierre Firens et Jean-Baptiste Barbé s'inspirèrent des ouvrages des Wierix, dont ils ne manquèrent pas d'imiter la façon mesquine d'interpréter la nature. Comme leurs patrons, ils réussirent mieux dans le portrait que dans les images de piété. Philippe Thomassin, Valérien Regnart et quelques autres Français du même temps eurent l'Italie pour objectif; mais, chose assez singulière, au lieu de s'inspirer des œuvres excellentes que Marc-Antoine et quelques-uns de ses élèves pouvaient leur fournir, ils s'adressèrent à un artiste flamand, établi à Rome, Corneille Cort, et s'appliquèrent à imiter sa manière emphatique et plate. Cette malencontreuse idée leur fit perdre leur originalité sans aucune compensation, et leurs estampes qui reproduisent d'un burin dur, sans exactitude, par tailles très-espacées, plusieurs compositions d'un goût souvent contestable, ne peuvent leur assigner dans l'art qu'un rang fort peu élevé.

L'école qui se forma à Fontainebleau, où François Ier avait attiré de tous pays des maîtres expérimentés, laissa indifférents les artistes qui viennent de nous occuper; ceux dont nous allons parler maintenant, Italiens, Français ou Flamands, semblent, au contraire, en respirant le même air, en obéissant à la même influence, avoir oublié, ou tout au moins avoir confondu leurs nationalités, à un tel point que leurs produits ne sont ni flamands, ni italiens, ni français, mais une sorte de composé de l'art de ces trois pays.

Deux artistes italiens. Rosso et Primatice, dirigeaient l'école. Doués l'un et l'autre d'un talent hors ligne, ils donnèrent l'impulsion et l'exemple, et enseignèrent mieux par leurs ouvrages que n'eussent pu le faire par leur parole les théoriciens les plus habiles.

Parmi les meilleurs graveurs de l'école de Fontainebleau dont le nom nous soit resté, mentionnons Antonio Fantuzzi, Léonard Tiry, René Boyvin et Guido Ruggieri. Ces artistes, dont on connaît plusieurs œuvres signées de leur nom ou d'un monogramme, travaillaient directement sous les yeux de Rosso ou de Primatice. C'est ce qui explique leur exactitude vraiment étonnante à rendre la manière de ces maîtres, l'élégance peut-être exagérée, la grâce parfois outrée de leurs peintures. Antonio Fantuzzi se montra le plus savant des graveurs de l'école. Sa pointe semblait faite tout exprès pour retracer les dessins de Primatice. Dans le *Parnasse*, composition pleine de personnages, il sut, par la netteté de son travail, distinguer chaque groupe, donner à chaque figure son importance relative. Ailleurs, dans une composition également compliquée, représentant *Jupiter renvoyant Junon, Vénus et Minerve devant Pâris*, il rehaussa son eau-forte de quelques traits de burin qui accentuent le travail sans compromettre en rien l'harmonie de la planche ; mais lorsqu'il employa seulement le burin, comme dans les *Grottes de Fontainebleau*, signées tout au long : *Ant. Fantuz. J. D. Bologna fecit Dan. . MD. 45*, on sent que gêné par le travail forcément pénible de l'outil, il rencontra des entraves qu'il ne put toutes surmonter, et ses estampes accusent alors une sécheresse qu'on ne retrouve aucunement dans ses eaux-fortes.

Léonard Tiry, le plus fécond des graveurs de l'école de Fontainebleau, Flamand de naissance, passa une partie de son existence en Italie, et ne vint en France que lorsque son talent fut définitivement formé; exécutées tantôt d'une eau-forte libre, tantôt d'un burin si facile qu'on oublie le procédé, ses planches portent les signes d'un véritable tempérament d'artiste; elles retracent les ouvrages de Primatice et de Rosso avec une facilité parfaite et en même temps avec une telle aisance qu'on pourrait croire le graveur livré à son inspiration seule, plutôt qu'astreint à reproduire le dessin d'autrui. Au dire de Vasari, Léonard Tiry, que quelques historiens de la gravure désignent sous le nom de Léon Daven, aurait été peintre et associé aux travaux de Rosso, hypothèse fort admissible qui expliquerait l'habileté du graveur.

René Boyvin naquit à Angers. A son égard, nous n'avons point d'autres renseignements biographiques; on ignore l'époque de sa naissance, le nom de son maître et les moindres faits de son existence. Ce qu'on n'ignore pas, c'est qu'il grava avec une grande habileté et qu'il fut un admirateur zélé des peintres de Fontainebleau. Il n'employa que le burin. Dans sa main, cet instrument obtint des effets excellents et acquit une rare souplesse. Les nombreuses planches que Boyvin exécuta d'après Rosso, Primatice et Lucas Penni, attestent un respect profond pour le talent de ces maîtres ; une suite nombreuse de l'invention de Rosso, l'*Histoire de Jason*, donne du talent de René Boyvin l'opinion la plus favorable : chaque petit sujet est entouré d'une bordure différente, qui témoigne à la fois de la facilité de conception du peintre et de la souplesse du burin entre les mains du graveur. Guido Ruggieri suivit en France Rosso et Primatice ; il s'attacha à leurs travaux, et quoique ne faisant que rarement usage de la pointe, il réussit heureusement à rendre les compositions qu'il prenait pour modèle. Son œuvre est peu considérable. Il suffit néanmoins pour justifier la faveur qui entoure le nom de l'artiste.

Léonard Limousin, le célèbre émailleur, grava quelques estampes seulement, espèces de patrons destinés à être reproduits en émail. Lui aussi apporte dans ces planches, dont l'invention lui appartient, un goût qui rappelle l'école de Fontainebleau. Quatre pièces où se trouvent ses initiales et la date de 1544 représentent des sujets du Nouveau Testament : elles ne sont point exemptes d'une certaine dureté ; mais, spontané et voulu, le trait est indiqué sans hésitation, en toute franchise.

Geoffroy Dumonstier, qui appartient à une famille de peintres fort célèbres en France, a exécuté d'une pointe nerveuse plusieurs planches qui se font remarquer surtout par une invention ultra-pittoresque ; les figures élancées de la Vierge ou des bergers qui adorent l'Enfant Jésus dans la crèche, — sujet cinq fois traité par le peintre-graveur, — rappellent Rosso en exagérant encore les formes affectionnées du maître, et si la lumière n'était pas distribuée de façon à concentrer toute l'attention sur le divin Enfant, on accorderait peu d'estime à cet artiste, qui doit sa réputation au nom qu'il porte bien plus qu'à ses ouvrages.

On a de Jacques Prévost, né à Gray, un portrait de François Ier plein de caractère et d'une grande intensité de vie ; la bouche édentée du monarque vieilli est rendue avec une vérité qui dut déplaire au roi, mais ceux que la sincérité du dessin et la recherche du vrai séduisent et attachent, sauront gré à l'artiste franc-comtois d'avoir sacrifié un succès de cour à l'exactitude de la physionomie, à l'énergique justesse de l'expression.

Dans cette prodigieuse quantité d'estampes inspirées par les artistes de Fontainebleau, beaucoup ont une origine incertaine, sinon tout à fait inconnue. Nous nous contenterons donc de dire qu'il y a un nombre considérable d'estampes, auxquelles on ne peut attribuer un nom particulier, et dont, pour cette cause, on désigne les auteurs sous la dénomination collective de graveurs anonymes de l'école de Fontainebleau.

La gravure n'eut toutefois qu'une part secondaire dans le mouvement général de l'art à cette époque. Elle fut associée à tous les travaux de l'école, parce qu'elle servait à les multiplier, à les répandre ; mais les contemporains ne lui reconnurent pas toute l'importance qu'elle méritait, et il fallut que le temps et les mutilations successives dont le palais eut à souffrir, démontrassent son utilité. C'est par les estampes seulement qu'aujourd'hui, et depuis longtemps, on peut apprécier le talent déployé pendant cette période de la Renaissance.

Tandis que les décorateurs féconds et infatigables se disputaient l'espace et couvraient les murs de Fontainebleau de scènes mythologiques, dont le goût rappelle à la fois les écoles italiennes, flamandes et françaises, un art tout à fait national prit naissance à la cour et s'établit en France. Nous voulons parler de l'art du portrait. Un certain nombre d'artistes travaillent à cette époque et produisent des dessins admirables qui n'ont, dans aucun pays, leur équivalent. La physionomie y est étudiée jusque dans ses détails les plus minutieux et l'aspect du visage est rendu avec son esprit, sa vie, son caractère, sa signification propres. Peu importent à ces artistes les procédés, et de leur personnalité ils font aussi le sacrifice complet. Les crayons attribués aux Clouet, aux Quesnel et aux Dumonstier sont admirables; leur simplicité nous étonne; on est embarrassé pour dire comment ils ont été exécutés; le papier est à peine couvert; les tons sont fondus avec une incomparable perfection; la facture, la pratique matérielle, échappent au regard; en un mot, il semble que c'est un souffle qui a produit ce dessin, souffle qui fixe la vie et la physionomie, et qui, après trois siècles, apparaît encore sans avoir rien perdu de sa fraîcheur ni de sa grâce.

La gravure ne put triompher de toutes les difficultés qu'offrait la reproduction de telles œuvres; le talent des artistes qui s'y exercèrent fut impuissant en présence de cette vérité d'aspect, de cette frappante image de la vie. Obligé, à l'aide de tailles, d'indiquer le contour de chaque partie du modelé, le burin savait rendre l'accent du dessin et la ressemblance de la physionomie; mais reproduire l'aspect même des originaux était chose au-dessus de ses moyens. Jean Rabel, Thomas de Leu, Léonard Gaultier, Pierre Daret, Claude Mellan et Michel Lasne, pour ne citer que les plus habiles, traduisirent, chacun avec son tempérament particulier, les dessins qui leur furent confiés; mais quelque soin qu'ils y mirent, ils n'obtinrent jamais du métal le charme exquis des *crayons* sans rivaux qu'ils entendaient multiplier.

Jean Rabel prouva, par ses estampes, qu'il était luimême peintre et dessinateur habile; il excella à exprimer la physionomie et le caractère de chacun de ses modèles. Il a dépeint au naturel Remi Belleau, Antoine Muret, le président de Thou, et le chancelier de l'Hospital; il nous les montre tels que de son côté l'histoire nous les fait connaître ; à les regarder, on sent que les portraits de Rabel sont ressemblants, et que les personnages y sont représentés sous le jour le plus juste et le plus favorable.

Thomas de Leu, graveur aussi habile que Jean Rabel, eut soin d'indiquer au bas de plusieurs de ses planches le nom de ceux auxquels il empruntait ses modèles. Cette précaution utile consacre l'authenticité d'ouvrages de maîtres connus et permet de juger la valeur d'artistes dont les travaux, sans elle, fussent demeurés dans l'oubli ; Isaïe Fournier, James Blamé, Jacob Bunel, Darlay, G. Guibert, Quesnel, Daniel et Pierre Dumonstier lui sont redevables de tout ou partie de leur notoriété.

Dans la série nombreuse de portraits gravés par Thomas de Leu, le choix est difficile. L'habileté de l'artiste est presque constamment la même, l'œuvre ne trahit que de rares faiblesses, et tous les portraits de Thomas de Leu se distinguent par une grande recherche de la physionomie et une remarquable certitude de dessin. Ainsi les portraits de Pierre de Brach et de Barnabé Brisson ne sont point supérieurs à ceux de Gabrielle d'Estrées ou d'Antoine Caron ; la finesse de l'expression fait estimer les uns autant que les autres, et la propreté du burin est égale partout.

Léonard Gaultier, qui grava un nombre peut-être égal de vignettes et de portraits, fut le contemporain, et, pour ainsi dire, le rival de Thomas de Leu. Vivant à côté l'un de l'autre, souvent ces deux artistes firent les portraits des mêmes personnages. Mais chacun y mit son talent propre. Léonard Gaultier eut le travail moins serré que Thomas de Leu. Ses tailles sont plus espacées et plus grosses ; la physionomie des gens est également bien observée et le dessin aussi précis ; seulement l'aspect de ces planches en est plus dur et moins agréable.

Briot, Jean Picard et Jaspar Isac, imitateurs de la manière de Thomas de Leu et de Léonard Gaultier, cherchèrent, mais sans succès, à reproduire les œuvres des habiles faiseurs de *crayons* du seizième siècle. Ils dessinent péniblement et gravent avec une lourdeur impardonnable; la physionomie du personnage ressort à peine du métal, tant l'interprétation est maladroite et la gravure pesante et dure. Jacques de Fornazeris, qui pourrait bien être le même qu'Isaïe Fournier, d'après lequel Thomas de Leu a gravé, rappelle le maître mieux qu'aucun autre contemporain. Son burin délicat a reproduit assez exactement quelques dessins français du seizième siècle, et gravé d'assez nombreuses vignettes, heureusement conçues; enfin, Jacques Granthomme et Charles Mallery se montrent trop attentifs à imiter les œuvres flamandes et n'ont pas de titres sérieux pour être compris dans l'école française. Leurs ouvrages se rapprochent des planches des Wierix, sans jamais accuser une tentative d'indépendance.

Pour continuer cette série non interrompue de portraitistes qui fait tant d'honneur à l'école française, il faut maintenant parler de Pierre Daret, de Claude Mellan et de Michel Lasne, qui furent pour le règne de Louis XIII ce que Thomas de Leu et Léonard Gaultier avaient été pour celui de Henri IV. Peu de personnages célèbres, occupant un rang élevé ou jouant un rôle de quelque importance, ont échappé à ces hommes expérimentés. Ils dessinaient bien, mais ils avaient un genre de gravure peu agréable. Le burin de Pierre Daret, souvent sec et monotone, reproduisit cependant assez bien un dessin de Daniel Dumonstier, représentant l'abbé de Saint-Ciran. Claude Mellan, qui fit une parade de son adresse en modelant avec une

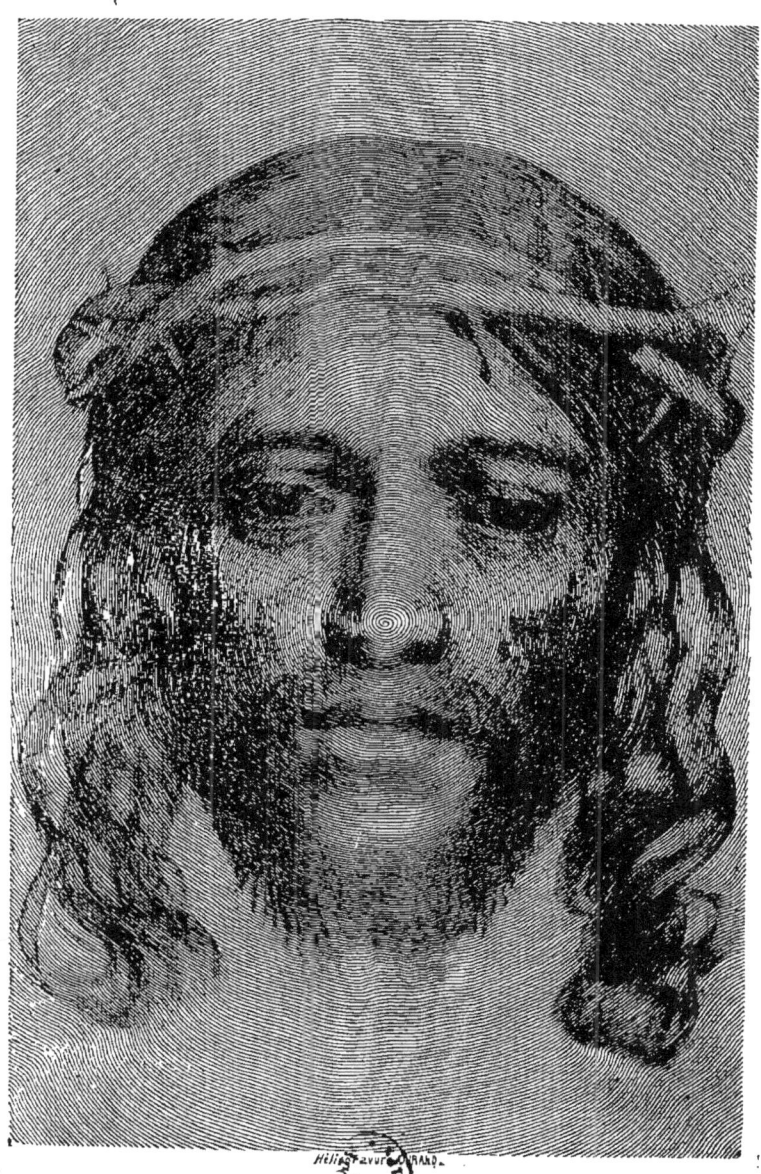

Fig. 24. — Tête de Christ. Estampe de Claude Mellan.

seule taille de burin non interrompue une tête de Christ vue de face, montra un goût plus sûr dans le portrait de Peiresc et dans quelques effigies de femmes, exécutés d'après ses propres *crayons*. Il est fâcheux que les tailles, espacées et d'une valeur trop souvent égale, arrêtent l'œil et l'empêchent d'apprécier toutes les qualités du dessin.

D'après ses premières planches, on voit que Michel Lasne s'inspira d'abord de gravures étrangères, au lieu de chercher simplement ses modèles autour de lui. C'est vers 1630, — sa première estampe porte la date de 1617, — qu'il adopta la manière qui lui a valu une place distinguée dans l'école française. Ses portraits de cette période, ceux de Pierre Séguier et de Pierre de Marcassus, d'après D. Dumonstier, de Strozzi, d'après Simon Vouet, de Brunyer et d'Évrard Jabach, d'après van Dyck, se font remarquer par une fermeté d'outil et une entente de la physionomie que bien peu d'artistes français ont égalées. La conscience dans l'interprétation n'en a exclu ni la volonté ni le caractère. Par malheur, à la fin de sa carrière, le succès de Claude Mellan troubla Michel Lasne : il résolut d'imiter cet artiste ; il s'appliqua à espacer ses tailles autant que possible, au delà du raisonnable, et, préoccupé surtout de la *manœuvre*, il sacrifia le dessin au futile avantage de montrer son savoir.

Les artistes qui viennent de nous occuper ne se cantonnèrent pas dans les portraits : ils abordèrent les autres genres, et ils y ont laissé des œuvres qui méritent d'être mentionnées. En dehors de Perissin et de

Tortorel, dont nous avons parlé plus haut, on connaît un certain nombre d'estampes historiques — nous entendons ici, par ce mot historique, la gravure mise au service de l'histoire, retraçant une bataille, une victoire, une action quelconque d'un peuple ou d'un souverain — signées des noms de Thomas de Leu, de Léonard Gaultier, ou de Pierre Firens. Le *Sacre de Louis XIII dans la cathédrale de Reims*, le *Sacre de Marie de Médicis*, le *Roi Henri IV imposant les mains aux malheureux atteints des écrouelles*, et un assez grand nombre d'autres planches du même genre non signées, témoignent chez leurs auteurs d'une habileté véritable et d'une rare exactitude.

Avec le règne de Louis XIII commence pour la gravure française une ère nouvelle. Jacques Callot, qui vit le jour en Lorraine, ne procède de personne ; il occupe dans l'art une place hors ligne, que lui assignent son esprit éminemment français et sa manière originale. Sa biographie est curieuse. Né à Nancy en 1592, il partit furtivement pour Rome, âgé de douze ans, avec une troupe de bohémiens ; mais, reconnu sur les chemins par un marchand de Nancy, il fut ramené à sa famille et demeura quelque temps dans sa ville natale. Il tenta une seconde fois de s'échapper, et ce fut son frère aîné qui, l'ayant rencontré dans une rue de Turin, se chargea de le reconduire au pays. Cependant une telle volonté éclaira ses parents, qui virent bien que toute résistance serait désormais superflue. Ils résolurent donc de favoriser la vocation de leur fils et s'enquirent, pour envoyer Jacques Callot à Rome, d'une bonne occasion. Elle ne tarda pas à se présenter. En 1609, un ambassadeur, délégué auprès du pape par Henri II de Lorraine, voulut bien se charger du jeune artiste, qui déjà avant son départ avait gravé quelques planches annonçant des aptitudes particulières. Son séjour à Rome décida de sa destinée. Dans la ville éternelle, il suivit d'abord, sans doute avec ses compatriotes Israël Henriet et Claude Deruet, qui l'avaient devancé, les leçons d'Ant. Tempesta; mais s'il fréquenta cet atelier, ce fut peu de temps, car on ne trouve nulle part dans son œuvre la trace des leçons qu'il y aurait reçues, et les biographes les mieux informés désignent comme son premier maître Philippe Thomassin, graveur français établi à Rome et travaillant depuis de longues années dans cette ville lorsque Callot y arriva.

C'est par l'étude du burin que Callot commença. Il exécuta dans ce genre un certain nombre de planches qui rappellent assez la manière de Thomassin pour montrer quelle fut l'influence du maître sur l'élève. Fixé pendant quelque temps à Florence, Callot fut distingué par Cosme II de Médicis, qui l'attacha à sa personne et le chargea de graver la *Pompe funèbre de la reine d'Espagne*. Or, s'étant acquitté de cette tâche à son honneur, ce premier travail important commença à établir sa renommée. Mais une invention qui devait prospérer acheva de l'affermir. Désireux de quitter la gravure au burin et de s'exercer dans un genre plus conforme à son esprit ingénieux et fécond, à son imagination vive et ardente, il s'efforça de trouver un mode d'expression plus expéditif et moins pénible. Ayant abandonné absolument le burin pour ne plus se servir que de la pointe et de l'eau-forte, il exécuta à Florence plusieurs planches de cette manière, et rentra en Lorraine en 1622, précédé d'une brillante réputation. Il grava alors deux suites de douze pièces, la *Noblesse* et les *Gueux*, où se montrent toute la distinction de son talent, tout l'esprit, l'imprévu de sa pointe. A Paris, où il vint en 1629, il retrouva son compatriote Israël Henriet, qui exerçait le commerce d'estampes; il commença dans cette ville le portrait d'un célèbre amateur d'estampes, Charles Delorme, charmant travail qu'il acheva l'année suivante, lorsqu'il fut retourné à Nancy.

En 1633, lors de l'entrée de Louis XIII dans la capitale de la Lorraine, notre graveur se signala par un noble et fier patriotisme. Le roi, instruit du talent de l'artiste, proposa à Callot de graver le siége de Nancy. Callot refusa sans hésiter, et la réponse qu'il fit au souverain nous a été transmise par Félibien, en son texte même : « Sire, je suis Lorrain, dit-il, et je crois ne devoir rien faire contre l'honneur de mon prince et de mon pays. » Pour témoigner d'une façon plus formelle encore l'horreur que la guerre lui inspirait, il inventa et grava, de sa pointe la plus fine et la plus mordante, la fameuse suite connue sous le titre des *Misères de la guerre*. Il y représenta les maux inouïs dont ses compatriotes avaient été affligés pendant la lutte et les affreux supplices qu'on avait fait endurer

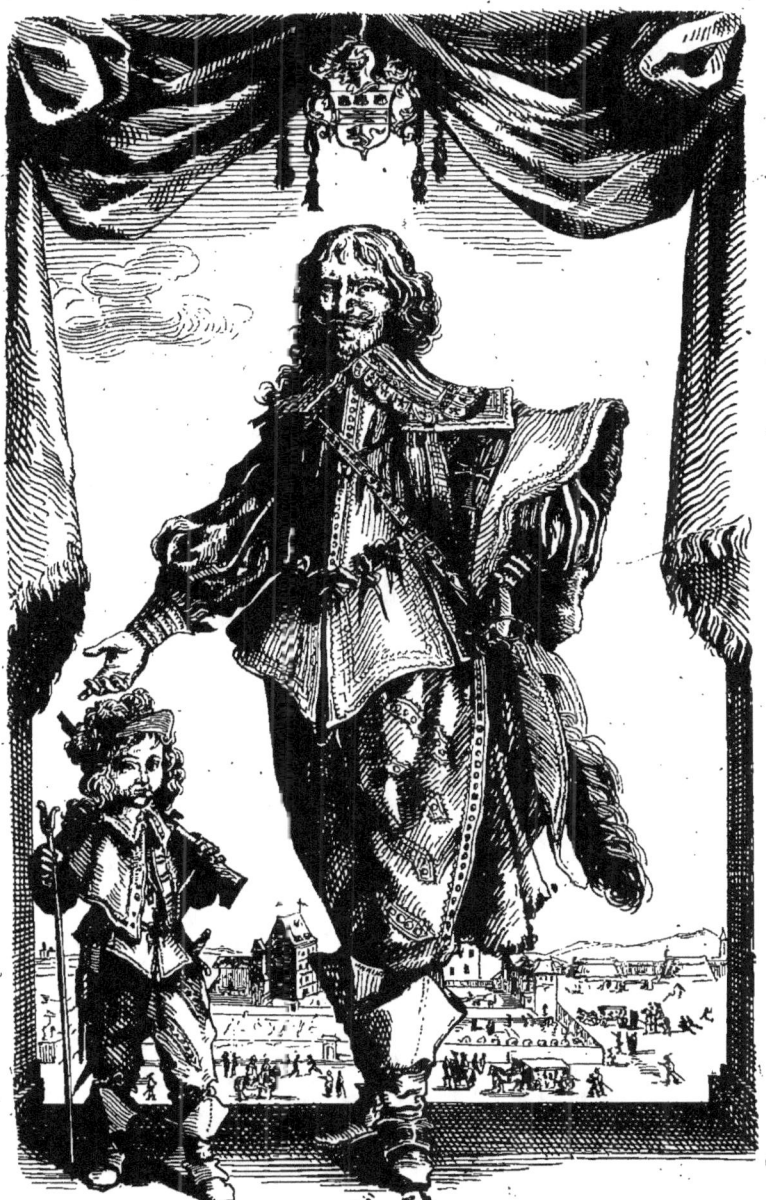

Fig. 25. — Portrait de Claude Deruet. Eau-forte de Jacques Callot.

à quelques-uns d'entre eux. Deux ans plus tard, le 24 mars 1635, après une longue maladie qui ne l'avait pourtant point empêché de mettre au jour quelques planches, Jacques Callot mourut sans laisser d'enfants de sa femme Catherine Puttinger. Dans sa ville natale on lui éleva un tombeau digne de lui, et un autre graveur à l'eau-forte, Abraham Bosse, moins prime-sautier peut-être, bien capable cependant de continuer l'œuvre du maître, nous a laissé une estampe d'après ce mausolée, au milieu duquel se lit une longue épitaphe.

Abraham Bosse est un des artistes français les plus intéressants. Son œuvre considérable fournit pour l'histoire des mœurs et des costumes sous Louis XIII des documents rigoureusement authentiques. Ses ouvrages sur la gravure et l'architecture, en accusant une érudition peu commune chez les artistes, nous font connaître l'état de la science à une époque où les traités faits par des gens du métier n'étaient certes pas communs. Ses estampes ne sont pas recherchées seulement à cause de ce qu'elles représentent : elles offrent aussi par elles-mêmes un attrait véritable. Faisons une réserve cependant. Abraham Bosse, qui témoigne dans son Traité sur la gravure, d'une juste estime pour l'invention de Callot, eut la regrettable idée de ne pas suivre l'exemple que lui fournissait le maître lorrain. En effet, au lieu de se servir de la pointe comme il se serait servi d'une plume et de dessiner sur le cuivre comme sur le papier, trop souvent il chercha à imiter les tailles du burin ; dans la *Noblesse française à l'église* ou dans le *Jardin de la noblesse française*, charmantes suites de costumes gravés d'après les dessins de Jean de Saint-Igny, artiste normand qui grava lui-même quelques planches, A. Bosse prouve clairement que ce fut par parti pris, et non par impuissance, qu'il lutta quelquefois avec le burin, et les estampes de ces deux suites, exécutées librement, doivent être comptées parmi les meilleures pièces de son œuvre.

Comme la plupart des artistes tout à fait originaux, Jacques Callot n'eut point, à proprement parler, d'élèves immédiats. Sa manière tenta un grand nombre d'artistes; aucun cependant ne reçut les conseils directs du graveur lorrain. Claude Deruet seul, son compatriote, eût pu recueillir ses avis; mais il était peintre et ne grava que trois estampes, lesquelles révèlent l'influence de Callot sans rappeler toutefois absolument la main du maître. Nicolas Cochin, l'ancien, fut quelquefois chargé par ses contemporains de graver les fonds dans les planches qu'ils mettaient au jour, et il chercha à se rapprocher de la manière de Callot, mais il ne parvint pas à égaler la finesse de sa pointe. Quoique Étienne de la Belle soit né à Florence et qu'il ait fait son apprentissage en Italie, il est certain que les estampes exécutées à Florence par l'artiste lorrain l'attirèrent bien plus que les ouvrages de ses compatriotes. Son œuvre tout entier se compose de petits sujets traités avec délicatesse et gracieusement inventés.

Sébastien Leclerc vint plus tard : il naquit à Metz le 26 septembre 1637, et mourut à Paris le 25 octobre 1714. Il conserva néanmoins les traditions de Callot, et dans les petits costumes qu'il inventa et grava, il n'est pas rare de retrouver un souvenir du maître que la France place, avec tant de raison, au nombre de ses enfants les plus illustres.

La Lorraine nous fournit un autre de nos plus célèbres graveurs du dix-septième siècle ; mais celui-ci était peintre avant tout et ne mania la pointe qu'accidentellement. Il est vrai que, lorsqu'il s'en servit, il produisit des chefs-d'œuvre. Plus connu sous le nom de Claude le Lorrain, Claude Gellée grava quelques eaux-fortes qui possèdent toutes les qualités de ses tableaux. Le *Lever du Soleil* et le *Bouvier*, les deux planches principales de son œuvre, peuvent servir d'excellents modèles aux paysagistes modernes qui essayent de graver à l'eau-forte. Personne n'a exprimé avec autant de vérité l'impression de la nature. La pointe a rendu avec la même grâce facile la transparence de l'eau, la solidité des constructions, la souplesse du feuillage agité par le vent ; l'air circule partout, enveloppe tout ; peu soucieux de la taille uniforme, du contour net, l'artiste a gravé comme il eût peint. Ce sont des tons qu'il superpose en les dégradant et qu'il met à leur vraie place ; la nature qu'il a devant lui et qu'il voit avec ses yeux et son âme de poëte fait le reste. En aucun temps le paysage ne fut traité avec cette ampleur naïve, cette majesté sereine ; et, qu'on le considère comme graveur ou comme peintre, Claude le Lorrain doit être estimé le plus grand paysagiste qu'ait vu naître la France.

Claude Gellée apparaît comme une exception dans l'école française. A peine eut-il quelques imitateurs, encore ceux-ci restèrent-ils bien loin de leur modèle. C'est que les regards étaient tournés d'un autre côté, et les graveurs préféraient reproduire les œuvres d'un peintre de figures alors fort en vogue, de Simon Vouet. Pendant sa jeunesse, cet artiste avait beaucoup voyagé en Angleterre, en Turquie et en Italie, et, de retour en France, sa réputation s'était promptement établie. Les graveurs, attirés par le succès du peintre, s'empressèrent de multiplier ses ouvrages. Simon Vouet ne dédaigna pas non plus la pointe, et il grava deux planches, *David vainqueur de Goliath* et *la Vierge et l'Enfant Jésus, auquel saint Joseph présente un oiseau*, qui ne durent pas ajouter beaucoup à son renom. S'il exécuta peu de gravures, en revanche les maris de ses deux filles, Michel Dorigny et François Tortebat, semblent avoir consacré une partie de leur existence à célébrer la gloire de leur beau-père. De ces deux peintres-graveurs, Michel Dorigny est de beaucoup le plus habile ; sa pointe libre rendit avec une remarquable exactitude la couleur limpide et le dessin quelquefois bien incorrect de Simon Vouet, et il est peu de compositions importantes du peintre que ce graveur n'ait reproduites. Plus accentuée et aussi moins docile et moins souple était la manière de Tortebat. D'ailleurs la pointe de cet artiste était à peu près dénuée de charme. Ses premières estampes signées portent la date de 1664, ses dernières celle de 1668. Un œuvre si peu nombreux semble annoncer qu'il

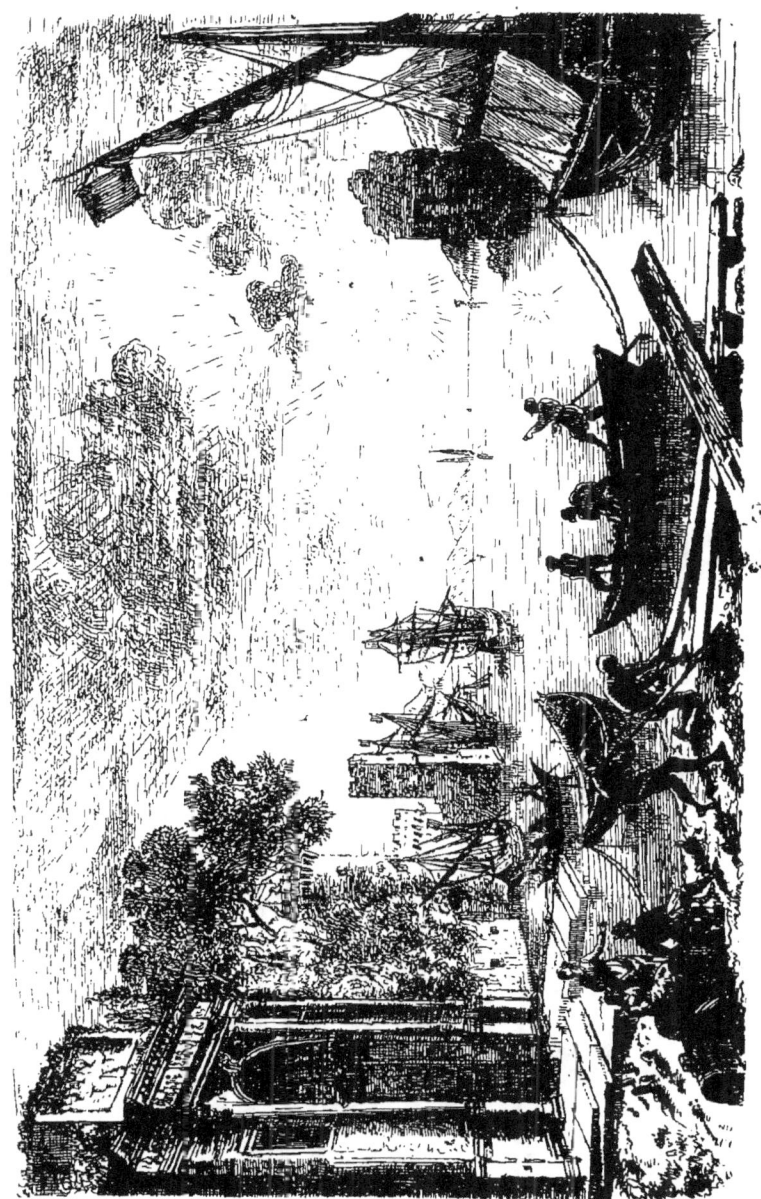

Fig. 26. — Le lever de soleil. Eau-forte de Claude Gellée, dit le Lorrain.

abandonna assez promptement la gravure pour se livrer sans partage à la pratique de la peinture.

François Perrier, Pierre Daret, Michel Lasne et Claude Mellan subirent eux aussi l'influence de Simon Vouet et appartinrent à son école. Mais chacun eut une manière de graver bien particulière. La meilleure estampe de François Perrier, qui fut surtout peintre, est le portrait de Simon Vouet. Les autres pièces de son œuvre considérable sont souvent exécutées d'une pointe maigre, qui ne traduit pas toujours fidèlement les peintures limpides de l'école française au commencement du dix-septième siècle. Nous avons déjà, à propos des graveurs de crayons, parlé de Daret, de Lasne et de Mellan. Nous n'y reviendrons point, les qualités ou les défauts que nous avons alors signalés se retrouvent, dans les mêmes proportions, dans les sujets gravés au burin, d'après les compositions de Simon Vouet ou de ses imitateurs. Laurent de la Hyre et François Chauveau ne résistèrent pas davantage à l'influence du maître tout-puissant alors. Ils s'affranchirent un peu cependant du joug qui pesait sur l'école française, et leur indépendance se manifesta dans quelques planches gravées avec une élégance exagérée, qui nous reporte à l'école de Fontainebleau; l'un et l'autre employèrent l'eau-forte, et si Laurent de la Hyre disposa d'une pointe un peu sèche et quelquefois trop fine, Chauveau, au contraire, entamait le cuivre avec une vigueur trop marquée. Il gaspille, d'ailleurs, son talent au service d'éditeurs avides d'exploiter sa très-réelle facilité, attentifs à le faire beaucoup produire plutôt qu'à lui demander de bons ouvrages.

Tandis que la gravure française prenait à Paris, sous le règne de Louis XIII, une allure dégagée et tout à fait personnelle, un mouvement analogue se produisait sur tous les points de la France ; en effet, on rencontre en province des graveurs qui, à défaut d'un dessin bien pur, d'un sentiment élevé de l'art, eurent une originalité très-appréciable. A Tours, Claude Vignon grava un assez grand nombre de planches, qui se font remarquer par le charme de la pointe, sinon par le goût et le style. A Nancy, Jacques Bellange poussa l'exagération jusqu'à ses dernières limites, mais sa manière de graver était très-souple et particulièrement agréable; à Mantes, Pierre Brebiette signe de nombreuses compositions spirituellement indiquées et gravées avec légèreté ; à Toulouse, le peintre et poëte Hilaire Pader, non content de tracer sur le cuivre quelques dessins de sa composition, publie aussi une traduction du *Traité des proportions du corps humain*, de Jean-Paul Lomazzo, et un livre bizarre intitulé *le Songe énigmatique de la peinture parlante*; à Châteaudun, Nicolas Chapron confie au métal les dessins exécutés par lui à Rome, d'après les peintures de Raphaël qui ornent les loges du Vatican, et même jusqu'à présent c'est l'artiste qui semble avoir le mieux rendu ces œuvres admirables; à Arles, Nicolas Delafage grave dans un goût qui se rapproche un peu du genre italien du dix-septième siècle, quelques figures de la Vierge, qui dénotent une grande habileté d'outil. Enfin, en cherchant bien, on trouverait dans chaque province, pour ainsi dire, un ou deux artistes qui s'exercèrent avec succès dans un art acclimaté partout en France.

Mais si louable, si empressée que fût cette émulation de la province, elle n'était pourtant point suffisante. Pour prospérer, le grand art a besoin d'une éducation que ne pouvaient fournir même les plus grandes cités du royaume. De sorte que tous les artistes soucieux de leur renommée, jaloux de se perfectionner, éprouvant le besoin de progresser, allèrent à Rome étudier les chefs-d'œuvre de l'antiquité et de la Renaissance, témoignages encore debout d'une grandeur disparue. La plupart y séjournèrent plusieurs années ; quelques-uns même s'y fixèrent tout à fait, et de ces derniers fut le plus grand artiste que la France ait vu naître, Nicolas Poussin. Le peintre échappe ici à notre appréciation, cependant les qualités qui le distinguent ont été traduites avec une telle vérité par certains graveurs qu'on pourrait, ce qui pour tout autre artiste serait impraticable, rien qu'en examinant les estampes exécutées d'après ses célèbres compositions, se former une idée juste, complète et définitive de son talent. C'est que la beauté de ses œuvres réside dans l'ordonnance et le style des figures, la grandeur des lignes et l'expression des gestes et des visages bien plus que dans la facture ou le coloris. Jean Pesne se voua à la reproduction des œuvres du Poussin ; gravant sous les yeux du peintre, docile à ses conseils, instruit de toutes les ressources de son art, il obtint avec l'unique secours de la pointe d'excellents résultats. Libre et sûr, son travail est exempt de pédantisme ; il ne sent jamais la gêne. Jean Pesne prouva une fois de plus que le meilleur graveur est, en réalité, celui qui sait le mieux dessiner, et grâce à lui, l'œuvre de Poussin nous apparaît dans toute sa majestueuse beauté. Qu'il interprète les *Sept Sacrements*, le *Ravissement de saint Paul*, ou bien qu'il grave le *Triomphe de Galatée*, jamais il ne semble inférieur à son modèle. Toujours préoccupé de la forme correcte des figures ou des objets, il arrive, par la précision et la justesse de son dessin, à retracer fidèlement la peinture qu'il a sous les yeux, l'œuvre qu'il s'est proposée pour modèle.

Gérard Audran, le plus habile praticien de l'école française, grava, d'après N. Poussin, son chef-d'œuvre. *Le Temps faisant enfin rendre justice à la Vérité*, magnifique composition, dans laquelle le peintre employa toutes les ressources de son talent à faire ressortir l'injustice de ses contemporains à son égard, trouva dans Gérard Audran un interprète admirable. « Se servant tour à tour de la pointe et du burin, il semble, dit M. Denon, que ces deux instruments soient venus, à chaque instant, au secours l'un de l'autre, comme les différentes teintes sous le pinceau du peintre. » Le travail, en effet, est si parfaitement fondu qu'il disparaît à peu près entièrement, et l'œil, qui n'est distrait par aucun tour de force sensible, voit seulement la composition sans s'apercevoir qu'il a fallu au graveur une habileté presque égale à celle du pein-

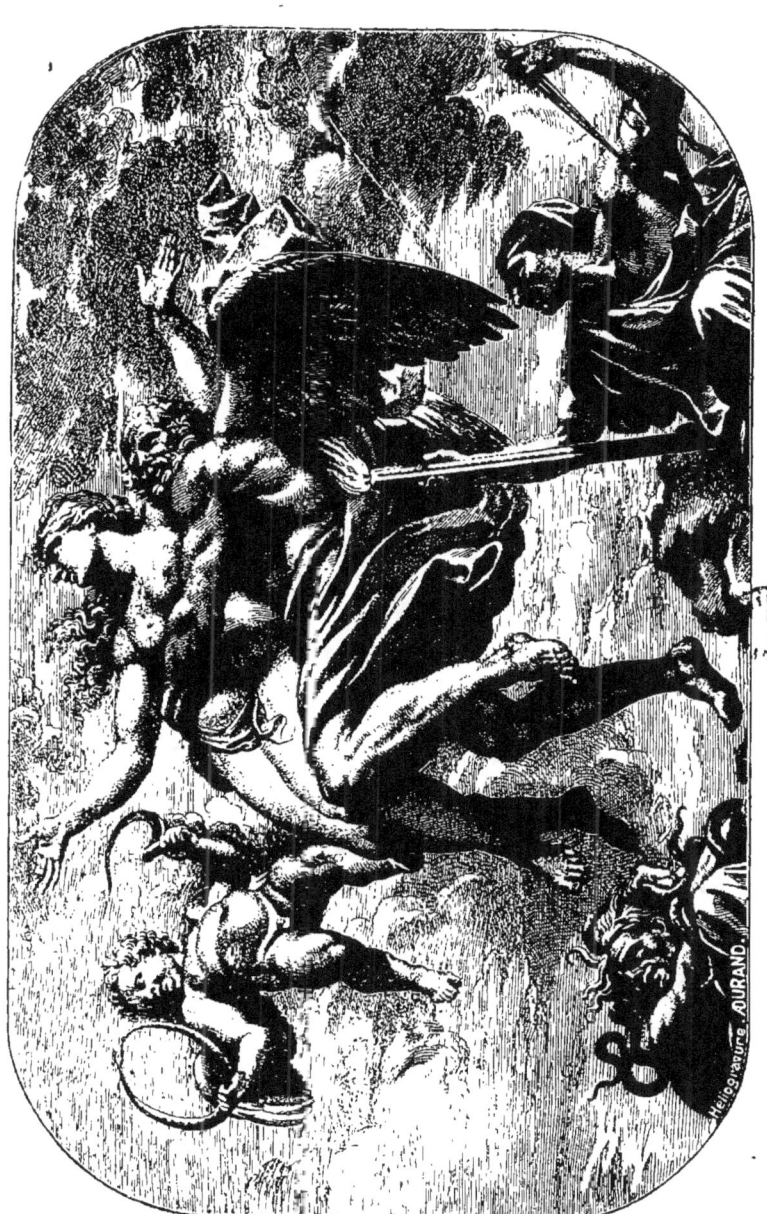

Fig. 27. — Le Temps faisant enfin rendre justice à la Vérité. Estampe de Gérard Audran, d'après N. Poussin.

tre pour rendre avec tant d'exactitude et de simplicité l'œuvre qu'il avait entrepris de reproduire. Quoique Gérard Audran n'ait qu'accidentellement mis son talent au service de Nicolas Poussin, et qu'il ait gravé très-peu de planches d'après ce maître, il doit néanmoins être classé, à cause de son habileté exceptionnelle, à la tête des nombreux graveurs que les ouvrages du Poussin ont inspirés ou fait naître.

Claudine Stella, nièce du peintre Jacques Stella, naquit à Lyon en 1634 ; elle mourut à Paris en 1697. Les estampes gravées par cette artiste, d'après Nicolas Poussin, accusent une grande science du dessin, une énergie tout à fait masculine, et, en outre, elles sont gravées avec une liberté telle, que Watelet n'a pas craint de dire : « Aucun homme n'a saisi, comme Claudine Stella, le véritable caractère du Poussin. » Cette opinion un peu formelle semble en partie justifiée, lorsqu'on examine le *Frappement du rocher*, que l'habile artiste a exécuté d'après un tableau qui faisait jadis partie *ex Musæo Anth. Stella, Parisiis*. Cette planche, qui reproduit une des plus importantes compositions de Poussin, traduit aussi fidèlement que possible la peinture originale. L'expression de tristesse ou de joie de ces personnages que la fatigue accable, impatients de se désaltérer ou heureux de se sentir renaître à la vie, a été rendue avec une exactitude de tous points surprenante ; et si le travail du premier plan était un peu moins métallique, il n'y aurait qu'à s'associer sans réserve à l'opinion de Watelet, et à reconnaître avec lui « qu'aucun graveur n'est parvenu, comme Claudine Stella, à indiquer la couleur du Poussin. »

Nous venons sans doute de nommer les principaux artistes qui reproduisirent habituellement les œuvres de Poussin, mais ce ne serait pas reconnaître toute l'influence du maître sur l'école française que de borner là l'examen des planches auxquelles ses ouvrages ont donné naissance. Des planches que le beau-frère du maître, Giovanni Dughet, exécuta d'après Poussin, la meilleure est l'*Assomption de la Vierge*; le chevalier Avice fit preuve de talent lorsqu'il grava un *Groupe d'amours jouant au bord d'une forêt*; le *Martyre de saint Barthélemy*, gravé par Jean Couvay, accuse une grande adresse à manier le burin plutôt qu'une aptitude bien marquée à s'identifier avec la manière de Poussin; le *Baptême du Christ*, par Louis de Châtillon, rend heureusement l'aspect du tableau; Gérard Edelinck, d'ordinaire si habile, et dont les ouvrages ne méritent d'habitude que des éloges, se montra cependant au-dessous de lui-même lorsqu'il reproduisit l'*Annonciation*; enfin Étienne Gantrel, Jean Lenfant, Étienne Baudet, Antoine Garnier, Michel Natalis, Jean Nolin, Pierre van Somer et beaucoup d'autres qu'il est moins utile de citer, demandèrent souvent aux compositions de Poussin leurs inspirations, et même ne méritèrent quelque renommée que lorsqu'ils eurent le bon goût de suivre ce maître.

Que l'influence de Nic. Poussin ait été très-profitable à l'école française, et d'un effet durable, cela n'est pas douteux. Si imparfaites que furent au dix-hui tième siècle les tentatives de quelques artistes désireux de ramener l'art dévoyé aux lois éternelles du beau, nous devons les signaler cependant et dire que l'on choisit les œuvres de Poussin pour en faire comme une digue contre les mauvaises tendances. Peyron ne crut pas pouvoir mieux affirmer la signification de ses idées de réforme qu'en proposant les *Filles de Jéthro*, dessin admirable comme modèle aux débutants, comme exemple aux maîtres. La gravure un instant absorbée par des compositions d'un ordre différent, éprouva, elle aussi, le besoin de s'adresser à des peintures d'une portée plus haute, et M. Boucher-Desnoyers, pour ne citer qu'un seul de nos graveurs contemporains, a exécuté, avec un talent approprié à la circonstance, une très-belle planche d'après *Éliézer et Rébecca*, toile superbe dont on ne saurait trop admirer l'ordonnance.

A côté des maîtres qui occupent, pendant le commencement du dix-septième siècle, la première place, soit à cause de leur talent, soit parce qu'ils envisagèrent un but élevé, se trouve toute une série d'artistes d'un ordre secondaire, mais dont les œuvres méritent néanmoins une attention particulière : ceux-ci appliquèrent leur talent à conserver le souvenir des faits historiques importants, ceux-là prirent la peine de relever les châteaux splendides, construits de leur temps, pour léguer à leurs descendants des témoignages authentiques du goût qui dominait alors. Évidemment l'historien plus que l'artiste s'intéressera à ces productions ; cependant l'art a bien aussi quelque chose à y voir, ne serait-ce que sous le rapport de l'exécution. Si l'œuvre est mal gravée, il y a de grandes probabilités pour qu'elle fournisse un renseignement inexact. Au contraire, est-elle signée par un artiste de talent, on est presque en mesure d'affirmer que le fait ou le monument est reproduit fidèlement. C'est parce qu'elles sont exécutées par d'habiles graveurs que l'on attache, à juste titre, un grand prix aux estampes historiques de Crispin de Passe, d'Héli Dubois, de Jacques Callot et d'Abraham Bosse.

Celui qui entreprendrait d'écrire l'histoire de l'architecture française sans avoir pris connaissance des planches de Claude Châtillon, d'Israël Silvestre ou de Gabriel Perelle, courrait risque de rester bien au-dessous de sa tâche ; ces trois artistes, qui passèrent leur existence à reproduire les maisons royales et les principaux châteaux de la France, avaient chacun un talent particulier ; mais la plupart de leurs travaux sont exécutés avec une conscience qui les fait à bon droit rechercher ; les *Vues de l'Hôtel de Ville de Paris*, de l'*Hôpital Saint-Louis*, de l'*Hôtel de Nevers*, de la *place Dauphine* et de la *Sainte-Chapelle*, gravées par Claude Châtillon, nous montrent avec une exactitude scrupuleuse l'état primitif de ces monuments aujourd'hui détruits ou modifiés. Grâce aux estampes fines et spirituelles d'Israël Silvestre, nous connaissons parfaitement *Rambouillet*, *près la porte Saint-Antoine*, propriété du beau-père de Tallemant des Réaux, l'*Ancienne Chambre des comptes*, l'*Église et le cimetière des Innocents à Paris*, et Gabriel Perelle, dont la pointe est moins pittoresque, mais également fidèle, nous permet de rétablir dans leur état primitif de somptueuses habitations mutilées ou détournées de leur destination première.

Tandis que l'art de la gravure tombait presque partout entre des mains d'artistes peu habiles, et quand dans tous les pays, excepté en Flandre et en Hollande, il abandonnait les hauteurs qu'il ne devait plus désormais atteindre, les artistes français montrèrent plus d'intelligence, d'initiative que jamais, et s'emparèrent du premier rang, que depuis ils ont toujours conservé. Un grand maître, Gérard Audran, tient la tête de l'école. Il appartenait à une famille d'artistes, et c'est dans la maison paternelle qu'il puisa les premiers éléments de son art. Son père, Claude Audran, n'était qu'un graveur médiocre, mais il en savait assez pour guider un débutant. Ce fut donc sous sa direction que Gérard grava ses premiers ouvrages, lesquels ne faisaient guère prévoir les chefs-d'œuvre qu'il exécuta dans la suite. Un voyage en Italie, entrepris à temps, fixa le goût de Gérard, ouvrit son esprit. Lorsqu'il se rendit à Rome, il savait assez dessiner pour apprécier les ouvrages qu'il allait voir, et sa main avait acquis une suffisante habitude du burin pour pouvoir immédiatement s'exercer avec fruit. Quoiqu'il se fût fait admettre dans l'atelier de Carle Maratte, il s'attacha surtout à copier les statues antiques et les tableaux des maîtres, et ce fut de cette façon, bien plus qu'en suivant la discipline de son professeur, qu'il se perfectionna.

Pendant son séjour à Rome, tout en recevant les conseils de Carle Maratte, Gérard Audran trouva le temps d'exécuter un charmant portrait de Jordanus Hilling, un plafond peint par Pietre de Cortone dans le palais Sacchetti, un autre plafond du même artiste dans la galerie Pamphili, et quatre planches d'après le Dominiquin, *David dansant devant l'arche, Judith montrant au peuple la tête d'Holopherne, Esther devant Assuérus* et *Salomon faisant asseoir Bethsabée sur son trône*. Exécutées avec talent, les épreuves de ces estampes venues en France avaient appelé l'attention sur leur auteur : aussi, lorsque l'artiste arriva à Paris, fut-il tout de suite choisi par Lebrun pour graver les *Batailles d'Alexandre*, auxquelles le premier peintre du roi venait de mettre la dernière main. Jamais peut-être artiste ne se montra plus digne de la confiance qu'il inspira. Plein d'ardeur et de volonté, Gérard Audran se mit à l'œuvre sans tarder, et, au bout de six ans, il avait achevé ce travail gigantesque (1672-1678). Employant alternativement l'eau-forte et le burin, il a rendu avec une telle vérité les peintures originales, que celles-ci gagnent à cette fidèle reproduction d'être encore aujourd'hui appréciées à leur juste valeur, bien que le temps en ait détruit presque entièrement l'effet et l'harmonie. Pendant qu'il livrait au métal ces compositions célèbres, il terminait le *Pyrrhus sauvé*, d'après Nicolas Poussin, planche admirable qui lui valait le titre de membre de l'Académie royale (1674). Quelques années plus tard (21 novembre 1681), il obtenait le grade le plus élevé auquel un graveur pût prétendre dans l'illustre compagnie : il fut nommé conseiller.

Sans parler des estampes que nous venons de mentionner, d'après Poussin et Lebrun, on doit signaler comme tout à fait hors ligne dans l'œuvre de cet artiste le *Buisson ardent*, d'après Raphaël, le *Martyre de saint Gervais et de saint Protais*, l'*Aurore* et le *Martyre de saint Laurent*, d'après E. Lesueur, la *Peste d'Égine*, la *coupole du Val-de-Grâce*, et le *plafond de la chambre du roi à Versailles*, d'après Pierre Mignard. Enfin un certain nombre de planches gravées d'après les statues de Michel Anguier, de Gaspard de Marsy et de Girardon, complètent la liste des ouvrages exceptionnels que l'on doit à notre infatigable artiste. Gérard Audran, jusqu'à sa mort, survenue le 26 juillet 1703 à Paris, ne cessa de consacrer les vaillantes ressources de son talent à l'étude et à la pratique des beaux-arts.

A côté de Gérard Audran travaillèrent Gérard Edelinck, Robert Nanteuil et Jean Morin, artistes supérieurs, eux aussi, doués également d'une habileté surprenante. Charles Lebrun, Pierre Mignard et Philippe de Champagne sont les modèles que ces graveurs affectionnèrent principalement, et s'ils ne gravèrent pas uniquement les productions de ces maîtres, ils leur empruntèrent cependant le plus souvent leurs peintures ou leurs dessins pour les multiplier.

Gérard Edelinck est né à Anvers en 1640, mais il conquit ses droits de Français en passant presque toute sa vie à Paris et en recherchant le titre de membre de l'Académie royale, qui lui fut accordé le 6 mars 1677. Le portrait de Mme de la Vallière, qui fut publié par Balthasar Montcornet, éditeur du commencement du règne de Louis XIV, nous semble, à cause de l'adresse de ce marchand, devoir être considéré comme l'une des planches exécutées par Gérard Edelinck à ses débuts; le mérite du maître n'y apparaît pas d'ailleurs au complet : à côté de qualités de dessin et de couleurs très-réelles, on remarque dans le travail quelques duretés que le graveur en pleine possession de son talent n'eût certainement pas laissé subsister. Quant à la plupart des autres estampes d'Edelinck, il n'y a pour ainsi dire que des éloges à leur donner, et la liste des chefs-d'œuvre de cet artiste serait fort longue si l'on essayait de la dresser tout entière. Bornons-nous à citer la *Sainte Famille*, d'après Raphaël, la *Tente de Darius*, d'après Lebrun, les portraits de Charles Lebrun, de François Tortebat, d'Hyacinthe Rigaud, de Paul Tallemant, de John Driden, de Fagon, de Martin Desjardins et de Philippe de Champagne. Jamais artiste ne sut exprimer la vie avec plus de vérité, ni mieux s'approprier le talent des autres. Les tableaux de Raphaël n'ont pas eu d'interprète plus habile, et les peintres du règne de Louis XIV ont gagné aux estampes du traducteur un renom que leurs ouvrages seuls n'eussent point suffi probablement à leur assurer.

Robert Nanteuil, qui vécut auprès de Gérard Edelinck, faisait lui-même, le plus souvent du moins, les dessins de ses gravures. Plusieurs de ses *crayons* nous sont parvenus. Aussi, son talent de dessinateur étant connu, on comprend sans peine que son burin habile et merveilleusement adroit ait pu si heureusement fixer des physionomies sur le cuivre. Il n'avait pas au même degré qu'Edelinck le don de la couleur, mais il avait autant de facilité à manier le burin. Toutefois cette habileté, il ne l'acquiert pas du premier coup. Avant de produire les chefs-d'œuvre qui donnèrent à son nom une grande célébrité, il hésita longtemps et chercha dans les œuvres de ses prédécesseurs la manière la plus propre à exprimer ce qu'il sentait en lui-même : tantôt il emploie un pointillé qui rappelle les estampes de Jean Boulanger; tantôt, comme Claude Mellan, il fait usage d'une seule taille à peine interrompue par quelques contre-tailles; tantôt enfin il se sert de tailles sagement croisées, suivant le sens de la forme, à l'exemple de son maître et compatriote Nicolas Regnesson, et alors il se rapproche de sa manière définitive. C'est à l'aide de cette manière, qui consiste à modeler avec précision chaque plan du visage et à employer un travail varié pour accuser d'une façon formelle les parties différentes de la planche, qu'il grava les portraits de Pomponne de Bellièvre, de Gilles Ménage, de Jean Loret, de Lamothe le Vayer, de la duchesse de Nemours, de J. B. van Steenberghen et vingt autres non moins parfaits qui seront toujours pour les hommes de goût l'objet de la plus grande admiration, et pour les artistes des modèles excellents.

Outre l'estime que commande Robert Nanteuil par ses travaux, l'art de la gravure lui doit une véritable reconnaissance pour le célèbre édit de 1660, en date de Saint-Jean-de-Luz, que Louis XIV rendit à sa sollicitation. Par cet édit, la gravure était déclarée un art libre, distinct des arts mécaniques, et les graveurs, délivrés enfin des entraves de la maîtrise, devenaient indépendants.

Si G. Edelinck et R. Nanteuil se servaient du burin à l'exclusion de tous autres moyens, Jean Morin employait presque uniquement l'eau-forte et la pointe. Ayant suivi les leçons de Philippe de Champagne, il interpréta mieux qu'aucun de ses contemporains les peintures de ce maître : il sut comprendre son goût, se conformer à sa manière, et donner à ses estampes l'aspect clair et calme qui distingue les œuvres du peintre. Bien qu'il ne se soit pas, comme Rob. Nanteuil, consacré principalement à la gravure des portraits, ce fut dans ce genre cependant qu'il donna ses meilleurs ouvrages. Admirateur passionné d'Antoine van Dyck, il aima non-seulement à reproduire des portraits de ce maître, mais il lui emprunta en partie sa manière de graver en l'appropriant au génie français; après avoir arrêté par un contour précis les traits caractéristiques du visage, il modelait les chairs au moyen d'une infinité de petits points obtenus par un travail que l'eau-forte rend doux et moelleux; procédé d'un excellent effet, mais d'un emploi si difficile qu'Antoine van Dyck et Jean Morin sont les seuls qui aient réussi à en tirer un parti satisfaisant. C'est avec ce procédé particulier que sont gravés les portraits du cardinal Bentivoglio, le chef-d'œuvre du maître, d'Antoine Vitré, de l'abbé de Richelieu, de Marguerite Lemon, de J. F. P. de Gondi, de N. Chrystin et toutes les planches recherchées de l'artiste. Quelques graveurs tentèrent bien d'imiter la manière de Morin, mais aucun, pas plus Jean Alix que Nicolas de Plattemontagne, qui en approchèrent le plus, ne donna à ses planches la souplesse et la sûreté de dessin qui font des portraits du maître de véritables chefs-d'œuvre. Ils aboutirent à des contrefaçons, rien de plus; leurs ouvrages manquent de cet accent de vie si frappant dans les estampes de Jean Morin.

Tandis que les maîtres que nous venons de nommer tenaient la tête de l'art et dirigeaient le goût public, à côté d'eux, d'autres également fort habiles, mais avec un talent moindre, attirent l'attention des gens de goût. François de Poilly grava d'après Raphaël, d'une manière digne d'éloges, la *Vierge au Linge*, et d'après les maîtres français un grand nombre de portraits qui attestent sa science de physionomiste et son sentiment du dessin; Antoine Masson poussa jusqu'à ses dernières limites les ressources du buriniste : il mériterait certainement d'occuper dans l'histoire de la gravure l'une des premières places, si dans l'art l'habileté du procédé pouvait suppléer à tout; pour nous, qui mettons la fidélité du dessin au-dessus des tours de force de l'outil, nous classerons Antoine Masson au second rang, et nous recommanderons dans son œuvre les portraits de *Brisacier* et du *Comte d'Harcourt*, sans contredit les meilleurs qu'il ait gravés; le travail y est bien moins apparent que dans tous les autres, et la vie et la physionomie y sont beaucoup mieux rendues.

Né à Anvers en 1623, Pierre van Schuppen vécut en France. Il fit preuve d'une singulière habileté; mais dans son œuvre considérable on chercherait en vain une de ces estampes hors ligne qui s'imposent à l'admiration. Nicolas Pitau montra plus de feu dans le portrait de Benjamin Prioli que dans aucune autre de ses estampes. On retrouve dans cette planche l'influence de son compatriote Gérard Edelinck et comme un souffle de la grande école inaugurée à Anvers sous l'autorité de Rubens; Pierre Lombard, né à Paris, subit, lui aussi, l'ascendant d'Edelinck et gagna aux leçons de ce maître une manière colorée qui sied bien aux portraits du *gazetier de Hollande*, *Lafond*, d'après Henri Gascard, et aux reproductions des belles peintures de van Dyck. Antoine Trouvain, né à Montdidier vers 1666, suivit également les mêmes préceptes; ils le dirigèrent dans son admirable portrait de *René-Antoine Houasse*, qui lui valut le titre d'académicien et qui aujourd'hui encore est considéré comme son meilleur ouvrage. François Spierre et Jean-Louis Roullet, pour avoir trop souvent copié des tableaux sans valeur, n'ont point acquis toute la réputation que leur talent de graveur leur eût méritée. La seule pièce de Spierre à laquelle on accorde avec raison de l'estime, est *la*

Vierge et l'Enfant Jésus, d'après Corrége. Quand on aura cité dans l'œuvre de Roullet les portraits de *Lully* et du *marquis de Beringhen* d'après Mignard, et celui de *Cam. Letellier* d'après Largillière, on aura mentionné tout ce qui est capable d'arracher le nom de cet artiste à un légitime oubli.

Quelques peintres du règne de Louis XIV, les plus fameux, ne dédaignèrent pas de manier la pointe. Lebrun grava quelques eaux-fortes qui n'ajoutent rien à sa gloire et rappellent la manière de Vouet. Séduit tour à tour par l'école romaine, par les artistes de Parme et par les maîtres de Venise, Sébastien Bourdon mit sur cuivre un grand nombre de compositions où se retrouvent les influences auxquelles cet artiste a successivement obéi ; il est vrai que, si son goût éprouva des variations, sa manière de graver resta obstinément sèche et d'une régularité non exempte de froideur.

Dans ses estampes, Jacques Stella s'écarta du goût de ses tableaux : autant ceux-ci paraissent inspirés par un sentiment élevé et par une recherche de la forme, autant les eaux-fortes semblent nées d'une inspiration prompte, hardie, d'un esprit qui n'est pas sans analogie avec celui de Jacques Callot; aussi l'on serait fort éloigné de croire, si une signature authentique ne dissipait tous les doutes, que la *Cérémonie de la présentation des tributs au grand-duc de Toscane* est de la main qui peignit cette belle suite de la *Passion*, dont un éditeur moderne a délibérément attribué les compositions à Nicolas Poussin.

Louis de Boullongne et Michel-Ange Corneille suivirent dans leurs estampes la même voie que dans leurs peintures, et nulle part ils ne montrèrent une originalité saisissable. Comme leurs tableaux, leurs compositions gravées reflètent une grande admiration pour les œuvres de Poussin, en même temps qu'elles donnent une assez pauvre idée de leur imagination et de leur savoir. Simon Guillain n'a laissé comme graveur qu'une suite de *cris de Bologne*, d'après A. Carrache, et il lui faudrait quelque autre ouvrage pour lui assurer dans la gravure un rang distingué.

Un paysagiste, Francisque Millet, fit mordre trois eaux-fortes assurément dignes de ses peintures; elles sont très-bien composées et donnent une juste idée de la campagne romaine. Enfin, Claude Lefèvre, peintre de portraits fort habile, a gravé deux ou trois pièces qui suffiraient à lui assurer une réputation si ses peintures n'existaient pas. Son propre portrait exécuté avec une liberté magistrale qui fait songer aux estampes de Van Dyck, est une des planches les plus précieuses de l'école française.

C'est pendant le règne de Louis XIV que la gravure en manière noire, inventée par Louis de Siegen, réunit chez nous le plus d'adeptes. La nouveauté de la découverte, les résultats précieux qu'elle pouvait donner, tentèrent quelques-uns de nos compatriotes. Un artiste français, — il était né à Lille en 1623, — mais flamand par le goût, Wallerant Vaillant, grava sous les yeux du prince Rupert, ami et confident de Louis de

Siegen, les premières planches en manière noire dans lesquelles se manifeste un véritable talent. Imprimées en Hollande à un très-petit nombre d'exemplaires, ces estampes ne furent connues en France probablement qu'assez tard, si l'on en juge du moins par le temps qui s'écoula entre l'époque de leur publication et le moment où nos artistes s'essayèrent dans ce genre nouveau. Isaac Sarrabat fut un des premiers qui osa aborder en France cette manière inusitée. Son dessin était plus agréable que distingué ; mais il avait une couleur douce et harmonieuse, et les portraits du graveur *Étienne Gantrel*, d'après Largillière ; du *Marquis de Praslin* et de *G. J. B. de Choiseul*, d'après H. Rigaud ; de l'imprimeur *Alexandre Boudan* et l'*Adoration des Bergers*, d'après L. Herluyson, accusent une expérience fort rare chez un artiste qui s'exerce dans un art encore à ses débuts. Presque en même temps, le célèbre amateur Boyer d'Aguilles fit reproduire en manière noire la plus grande partie des tableaux de sa galerie d'Aix, par Sébastien Barras, qu'il fixa pour ainsi dire auprès de sa personne ; lui-même, mettant la main à l'œuvre, exécuta par le même procédé quelques planches où l'on trouve, sinon une grande habileté, du moins une bonne volonté et un goût dont tous les amateurs d'art sont loin d'être aussi bien pourvus.

Quelques autres artistes français pratiquèrent encore la gravure en manière noire au moins accidentellement : le peintre André Bouys grava son propre portrait avec une certaine entente de la couleur et se montra du premier coup maître du procédé ; Jean

Cossin est l'auteur d'une *Sainte Agnès* très-justement recherchée; L. Bernard, en s'adressant à une *Vierge* du Corrége, fit voir qu'il comprenait que les effets du clair-obscur convenaient mieux à ce genre de gravure que les finesses du dessin ou la précision des contours; enfin Bernard Picard, graveur froid et monotone, semble s'être laissé entraîner par le charme de la couleur lorsqu'il exécuta, en 1698, la tête de Démocrite.

A la fin du dix-septième siècle, nous retrouvons les artistes que nous avons nommés plus haut, mais alors ils consacrent leur talent à retracer les événements accomplis sous le règne de Louis XIV. La mode s'était introduite dans notre pays, de graver avec soin de grands almanachs, offrant dans de nombreux médaillons les faits importants dont l'année qui venait de s'écouler avait été témoin; et ces immenses planches dans lesquelles le calendrier n'occupait que peu de place, gravées par Edelinck, Poilly, Sébastien Leclerc et par Albert Flamen, pour le besoin du moment, ne sauraient, pour la plupart, accroître la réputation de leurs auteurs. Même observation relativement aux vastes thèses de théologie, de droit ou de philosophie que les étudiants dédiaient soit au roi, soit aux grands personnages de la cour. Un portrait ou une allégorie pompeuse surmontent l'encadrement qui contient les *positions*, et quoique R. Nanteuil, F. de Poilly, N. Pitau et G. Edelinck en soient encore les auteurs, ces planches n'ajoutent que peu de chose à la renommée de ces artistes.

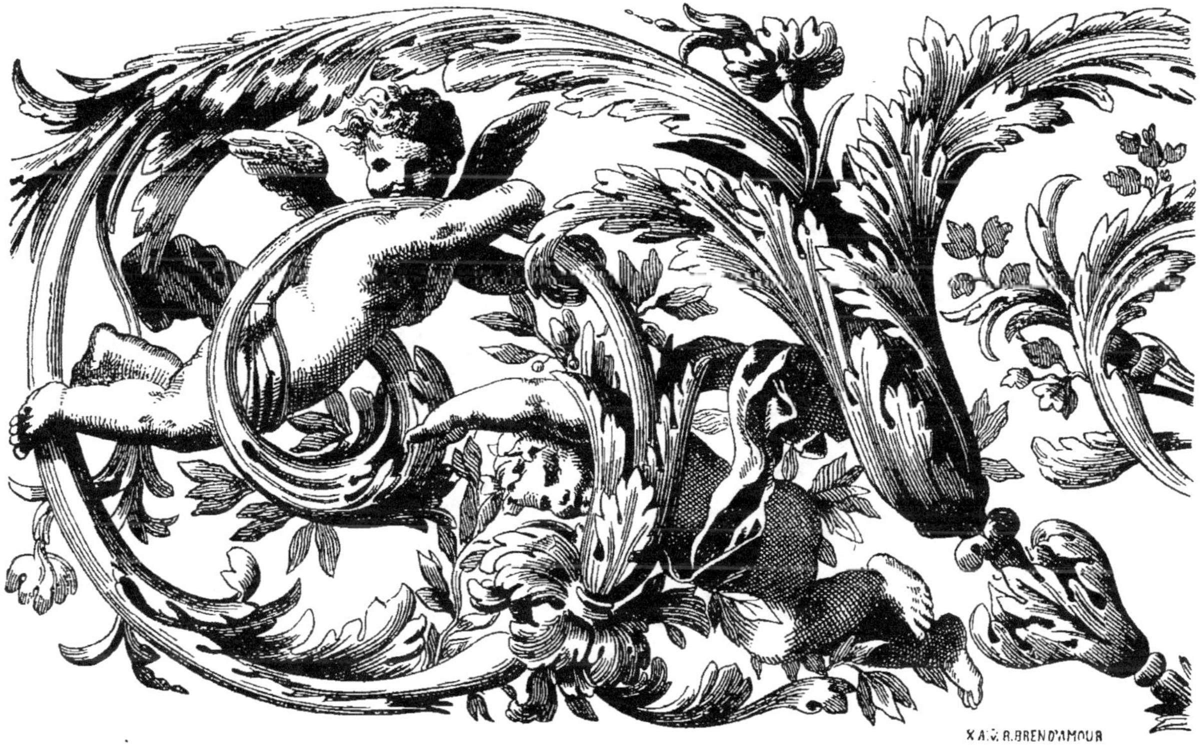

Fig. 28. — Arabesque dessinée et gravée par Jean Lepautre.

On éleva en France, sous Louis XIV, nombre de monuments, témoignages de la fécondité et de la science des architectes employés pendant le règne du fastueux monarque; un graveur, Jean Marot, prit soin de conserver pour la postérité la représentation de la plupart des édifices exécutés sous ses yeux. Grâce à l'exactitude intelligente de cet artiste, il est aisé de se rendre un compte exact de monuments aujourd'hui détruits, de reconstituer l'histoire de l'architecture française au dix-septième siècle. Ce que Jean Marot fit pour l'architecture, Jean Lepautre, Jean Berain et Daniel Marot le firent pour l'ornementation intérieure. Ces trois artistes dans des genres différents, mais habiles au même degré, laissèrent un grand nombre de planches qui fournissent les documents les plus précis et les plus complets sur la décoration des appartements de leur temps.

Pendant toute la première moitié du dix-huitième siècle, les graveurs furent occupés à peu près exclusivement à reproduire les œuvres d'un seul artiste, Antoine Watteau. C'était un coloriste à la façon de Rubens. Sans doute il adopta un genre bien différent de celui de son maître de prédilection; cependant, il ne perdit jamais de vue, il ne cessa point d'aimer la couleur séduisante du peintre flamand. Rubens traitait des sujets grandioses et pompeux, Watteau peignit seulement des scènes intimes et des bergeries; mais doué d'un rare talent décoratif, cet aimable artiste mérite d'être placé au rang des maîtres parce qu'il inaugura un genre tout nouveau, et, dans une certaine mesure, réussit à réaliser l'idéal qu'il avait entrevu. Ne se contentant point de fixer sur la toile les gracieuses inventions de son génie facile, il se servit aussi de la pointe, et ses rares eaux-fortes ont les qualités de délicatesse et d'esprit que l'on estime dans ses peintures. Sa vogue fut extrême ; tous ses contemporains, François Boucher lui-même, un de ses rivaux, gravèrent à l'envi ses œuvres dessinées ou peintes, et chacun s'efforça de reporter sur le métal ses compositions avec tout ce qu'elles offrent de fin, d'imprévu et d'élégant. L'influence de l'école mise en honneur par les excellents ouvrages de Gérard Audran était alors en pleine vigueur. Antoine Watteau arrivait donc juste à point pour profiter de l'heureuse impulsion donnée à la gravure. En aucun temps, la France n'a compté un aussi grand nombre de graveurs de talent, et citer les noms de Benoît Audran, de Laurent Cars, de Nicolas Cochin, de Michel Aubert, de Nicolas de Larmessin, de Ph. Lebas, de L. Surugue, d'Henri-Simon Thomassin, de Jean Moyreau, de Louis Desplaces, de Bernard Lépicié, c'est donner un gage suffisant de l'exactitude des reproductions.

Parmi ces graveurs tous heureusement doués, il en est quelques-uns auxquels nous devons accorder une attention particulière. Laurent Cars, par exemple, né à Lyon en 1702 et mort à Paris en 1771, donna dans les *Fêtes vénitiennes* et dans la *Diseuse de bonne aventure*, de Watteau ; dans *Hercule et Omphale*, de François Lemoine, la mesure la plus élevée de son

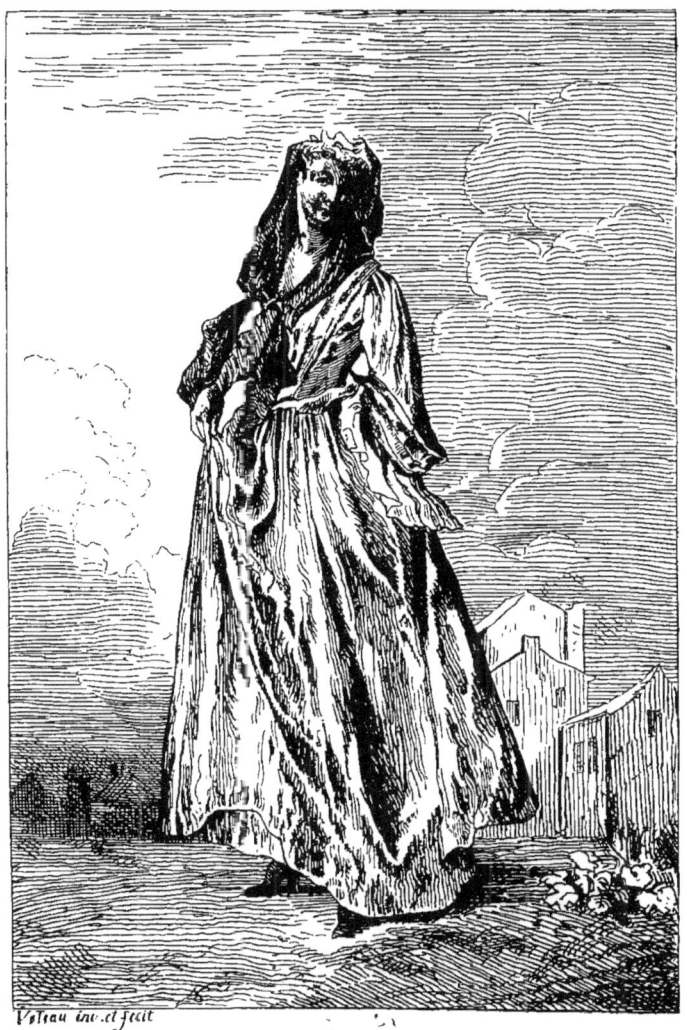

Fig. 29. — Costume, eau-forte d'Antoine Watteau.

talent souple et facile; Nicolas de Larmessin traduisit avec une admirable sincérité les *Pèlerins de l'île de Cythère*, de Watteau, et entra à l'Académie avec le portrait de Guillaume Coustou qu'avait peint Jacques de Lien; Jean Moyreau, qui reproduisit presque toute l'œuvre du peintre hollandais, Philippe Wouwerman, assouplit un peu son talent quand il copia les peintures de ses contemporains; Louis Surugue eut le bon esprit de ne demander ses modèles qu'aux maîtres vivants qui pouvaient le guider, et il gagna à cette sage précaution de publier toujours des œuvres intéressantes; les peintures d'Antoine Coypel, de François Boucher, de J. B. Pater ou celles de Watteau, le trouvèrent toujours à la hauteur de sa tâche; souvent même il donna à ses reproductions une harmonie que n'avaient point les œuvres originales; enfin Louis-Girard Scotin montra dans ses gravures d'après Watteau, les *Plaisirs du bal*, les *Fatigues de la guerre*, le *Lorgneur*, la *Lorgneuse* et la *Cascade*, que son dessin correct et son burin moelleux n'avaient rien perdu à être employés par des éditeurs peu scrupuleux sur le choix des planches qu'ils lui commandaient. Les artistes que Watteau avait si heureusement inspirés trouvèrent dans les ouvrages de Boucher, de Lancret et de Pater, des compositions qui les tentèrent également et qu'ils n'eurent garde de ne pas multiplier. Elles offraient, d'ailleurs, des qualités analogues à celles de Watteau, et si les planches exécutées d'après ces artistes ont, aux yeux des connaisseurs, moins de mérite, il faut s'en prendre aux peintres et non aux graveurs, car ceux-ci déployèrent en traçant les compositions de ces artistes, autant de soin et de talent que dans leurs estampes d'après Watteau. Les dessins de Boucher, dont la vogue fut grande, amenèrent nos compatriotes à aborder un genre de gravure qui n'avait pas encore été pratiqué en France. Nous voulons parler de ces fac-simile qui reproduisent un dessin tout entier jusqu'aux incertitudes, jusqu'aux *repentirs* des artistes. Gilles Demarteau, Jean-Charles François, Bonnet, Christophe Leblond et Gautier Dagoti, chacun avec un procédé particulier, s'efforcèrent d'obtenir, au moyen de la gravure, une reproduction exacte d'un croquis ou d'un tableau. Ils y réussirent quelquefois. Si ces fac-simile ne peuvent tromper les hommes expérimentés, accoutumés à voir et à étudier les œuvres d'art, ils donnent cependant des ouvrages qu'ils retracent une idée assez juste pour qu'il soit possible, sans autre secours que les estampes, d'étudier la manière d'un maître et de suivre sa façon de procéder.

Jean-Baptiste-Siméon Chardin sut attirer à lui des graveurs qui rendirent avec une exactitude très-louable la fermeté de sa peinture et la libre allure de ses personnages. Parmi les plus habiles à saisir la physionomie des œuvres de Chardin, on doit compter Bernard Lépicié, qui grava le *Toton*, la *Ratisseuse* et la *Gouvernante*, estampes dessinées avec correction et d'une grande harmonie d'aspect. Laurent Cars, Charles-Nicolas Cochin, Fillœul, Lebas et Surugue s'inspirèrent également des tableaux de Chardin. Or, soit que le maître ait lui-même surveillé ses graveurs, soit que ceux-ci, séduits par les œuvres franches et solides du peintre, en aient bien pénétré tous les mérites, on peut dire avec certitude que peu d'artistes trouvèrent, chez leurs contemporains, des interprètes aussi intelligents.

Plusieurs peintres français du dix-huitième siècle firent mordre eux-mêmes quelques eaux-fortes tout à fait conformes à leurs œuvres peintes. Les Coypel, — Noël (1628-1707), Antoine (1661-1722), Noël-Nicolas (1688-1734), et Charles-Antoine (1694-1752), — s'exercèrent dans ce genre. Leurs ouvrages gravés ne dépassent jamais les proportions du croquis et l'on s'exposerait à des jugements fort injustes sur ces peintres si l'on interrogeait seulement ces estampes, improvisées, pour ainsi dire, au courant de la pointe, sur le métal. Honoré Fragonard, dont les nombreuses peintures longtemps négligées sont aujourd'hui l'objet d'une faveur exagérée, était un graveur adroit qu'on doit classer parmi les artistes les plus spirituels du dix-huitième siècle. Les quatre *Bacchanales* et l'*Armoire*, pour ne pas parler d'autres compositions, lui méritent certes cet honneur. La forme précise des figures et des objets ne le préoccupait que médiocrement, mais il savait exprimer la vie avec grâce. En ne traitant d'habitude que des sujets frivoles, il les inventait avec une facilité dont il est juste de lui savoir gré.

Gabriel de Saint-Aubin dessinait tout ce qui frappait ses yeux ; il ne visitait jamais une collection d'œuvres d'art sans conserver, à l'aide d'un croquis, le souvenir des objets qui l'avaient le plus intéressé. Parfois il se servit de la pointe avec autant de facilité que du crayon. La *Vue du Salon du Louvre en* 1753, la *Foire de Bezon,* l'*Incendie de la foire Saint-Germain,* le *Spectacle des Tuileries* sont autant de pièces exécutées d'une manière fine et enjouée, et qui, si petites qu'elles soient, nous plaisent et nous amusent parce qu'elles reproduisent sans prétention des lieux que Saint-Aubin fréquentait et connaissait à merveille. Jean-Baptiste Pierre, qui grava plusieurs de ses dessins et qui nous a conservé le souvenir d'une mascarade chinoise, improvisée en 1755, à Rome, par les pensionnaires de l'Académie de France, ne laissa pas de meilleur témoignage de son habileté d'eau-fortiste que quatre pièces exécutées d'après des compositions inspirées à Subleyras par les contes de la Fontaine, le *Frère Luc,* la *Courtisane amoureuse,* le *Faucon* et les *Oies du frère Philippe.* Loutherbourg passa une grande partie de son existence en Angleterre, mais ce long séjour hors de France compromit son originalité native, et les planches signées de son nom semblent inspirées par Hogarth plutôt que par un de nos compatriotes. Antoine Rivalz naquit à Toulouse, en 1677, et il y mourut en 1735. Il orna le *Traité de peinture* de Bernard Dupuy du Grez de quatre eaux-fortes qui rappellent la manière de Lebrun, et nullement les compositions des maîtres aimables du dix-huitième siècle. Hubert Robert exécuta, dans une manière très-pittoresque et très-alerte, une suite de douze planches, les *Soirées de Rome,* dédiées à une femme artiste, Marguerite Lecomte. Celle-ci suivit les conseils de Claude-Henri Watelet, et grava avec lui un assez grand nombre d'eaux-fortes peu remarquables, qui pourraient être signées par le maître aussi bien que par l'élève. En effet, Watelet, auteur du *Dictionnaire de peinture*, était un artiste médiocre, plus apte à reconnaître le talent chez les autres qu'à inspirer par ses travaux beaucoup d'émulation. Thomas Desfriches, né à Orléans, emprunta aux bords du Loiret quelques vues gravées par lui avec esprit, mais sans dépasser le niveau ordinaire aux amateurs. L. C. de Carmontelle, littérateur de mérite, mit lui-même sur cuivre quelques portraits spirituellement tracés, et qui dénotent une rare entente de la physionomie ; le comte de Caylus, archéologue et écrivain distingué, dessinait avec facilité et utilisa son talent à reproduire quantité de dessins, d'objets antiques et à graver quelques compositions de son invention ; bien que ne procédant ni d'un sentiment profond de l'antiquité, ni d'une compréhension élevée des dessins des maîtres, son œuvre considérable accuse cependant que l'esprit de l'artiste était singulièrement préoccupé et épris des belles choses. Enfin, une main quasi royale ne dédaigna pas de pratiquer la gravure. Outre un assez grand nombre de planches exécutées d'après les pierres gravées de Jacques Guay, la marquise de Pompadour signa trois ou quatre estampes que n'eussent point désavouées des graveurs en réputation. On y voit des enfants faisant des bulles de savon, buvant du lait ou assis dans la campagne, et elles sont traitées avec une telle liberté qu'il ne faudrait pas être surpris si l'on découvrait un jour qu'un maître, Boucher, Cochin ou tout autre, aurait aidé la puissante marquise et fait acte de courtisan bien avisé en laissant mettre, au bas des cuivres, un nom autre que le sien.

Au dix-huitième siècle, comme antérieurement, des artistes habiles prirent soin de nous conserver les traits de ceux de leurs contemporains qui tenaient dans la société, par leurs talents ou par leur position, un rang considérable. Hyacinthe Rigaud et Nicolas de Largillière sont les peintres auxquels les Drevet empruntèrent à peu près constamment leurs modèles, et on peut affirmer que les estampes de ces graveurs sont à tous égards dignes des œuvres originales.

Pierre Drevet le père, chef de l'école qui remplace immédiatement celle que Nanteuil et Edelinck avaient illustrée en France, créa pour les peintures qu'il entendait graver une manière personnelle qui consiste à retracer avec autant d'ampleur que le peintre les draperies abondantes, les vêtements immenses qui accompagnent et encadrent le personnage et au milieu desquels celui-ci se trouve quelquefois un peu noyé. Dans l'œuvre considérable de cet artiste signalons les portraits de *Jean Forest* (d'après Largillière), d'*André Félibien* (d'après Rigaud) et d'*Hyacinthe Rigaud* (d'après une peinture que le maître exécuta lui-même). Le graveur, s'adressant uniquement à des œuvres de grande valeur, sut se tenir à la hauteur de sa tâche et rendit avec une mâle vigueur ces peintures où la vie déborde de toutes parts.

Le portrait de Bossuet exécuté par Pierre Drevet le fils, d'après Rigaud, suffirait à faire vivre le nom du graveur, en même temps qu'il donne du grand orateur la physionomie la plus exacte. L'artiste, inspiré par l'œuvre superbe de Rigaud, inspiré aussi, sans doute, par la majesté du personnage, a produit un chef-d'œuvre digne d'être mis à côté des plus belles estampes de l'école française. Les procédés de Drevet le fils se rapprochent beaucoup de ceux mis en usage par son père. Il ne se servait, lui aussi, que du burin; mais, docile en sa main, l'outil variait à l'infini ses travaux, se pliant sans effort aux inflexions diverses de la forme, selon que la nature des objets elle-même se modifiait. Les étoffes, se répandant toujours en plis riches et épais, et disposées avec un grand art, sont traitées largement, tandis que la tête et les mains, qui réclament une précision de contours à laquelle les draperies n'obligent pas au même degré, sont d'un travail serré et délicat. Claude Drevet, qui vint après, rappelle dans ses estampes la manière mise en honneur par ses parents, avec cette différence notable que son burin est souvent sec et quelquefois d'une monotonie désagréable.

Jean-Marc Nattier, Louis Tocqué, Maurice Quentin de la Tour, Jean Siffred Duplessis, Jacques Aved et Tournières fourniront aussi aux graveurs d'excellents modèles; Jean Daullé, dont le burin est assez brillant, força les portes de l'Académie en 1742, en présentant la gravure d'*Hyacinthe Rigaud peignant le portrait de sa femme*. Jacques Beauvarlet eut le tort de surcharger ses planches de travaux monotones qui alourdissent son dessin. Le portrait du sculpteur Bouchardon lui valut le titre d'académicien. Jacques Baléchou, dont la manière a beaucoup de rapport avec celle de Beauvarlet, exécuta non sans talent, d'après une peinture de J. B. de Troy, le *portrait de M. de Julienne* tenant à la main une feuille sur laquelle se voit tracé le portrait de Watteau. Cette planche est très-supérieure à une estampe bien plus célèbre, exécutée par le même artiste d'après Vanloo et représentant *Sainte Geneviève gardant son troupeau*.

Nés l'un et l'autre en Allemagne, Jean-Georges Wille et Georges-Frédéric Schmidt vinrent se fixer de bonne heure en France et exécutèrent dans notre pays les planches qui établirent leur renommée. Nous avons déjà mentionné ces artistes plus haut (pp. 172-174), aussi n'avons nous pas à revenir sur leurs ouvrages.

Deux frères, Pierre-Charles et François-Robert Ingouf s'associèrent pour graver une longue suite de portraits; mais cette collection ne témoigne ni de beaucoup d'originalité, ni d'un grand talent d'exécution. Charles-Nicolas Cochin (Paris, 1715-1788) fit les portraits de presque tous les hommes considérables de son temps; il les représentait de profil dans des médaillons ronds; malgré le soin que mettait l'artiste à accentuer chaque physionomie, il plane sur cet ensemble de visages tous coiffés pareillement une monotonie fatigante qui empêche d'estimer l'œuvre à sa juste valeur. Les estampes d'Étienne Ficquet, de Pierre Savart et de Jean-Baptiste Grateloup sont à la gravure de portraits ce que la miniature est à la peinture d'histoire. Ces artistes gravaient, à l'aide d'une loupe extrêmement grossissante, de très-jolis portraits. Ficquet, le plus habile des trois, nous a laissé de Molière, de la Fontaine, de Corneille et de Boileau, des effigies très-estimables. Comme tous les élèves, P. Savart ne put parvenir à la finesse des œuvres de Ficquet, et son nom est à présent tombé dans un oubli presque complet. Quant à J. B. Grateloup, il poussa l'amour de la finesse de la taille jusqu'à singer avec le burin le travail que produit le *berceau* balancé sur une planche de métal ; sa vie entière se passa sur neuf estampes, et on ne s'étonne pas s'il mourut aveugle lorsqu'on regarde le portrait de Bossuet exécuté d'après Rigaud, la meilleure planche qu'il ait signée.

Au dix-huitième siècle appartient l'invention d'un genre auparavant inconnu, de la vignette, genre petit, il est vrai, mais très-bien approprié à la littérature de l'époque. On entend par vignette une estampe de dimension exiguë, commentant un texte, accompagnant un récit, retraçant enfin aux yeux les scènes principales d'un poëme ou les faits curieux d'un roman. Les artistes qui s'adonnèrent à la vignette déployèrent une habileté si parfaite qu'ils forcèrent le goût, et que bientôt il ne parut plus un livre qui ne fût orné de quelques planches destinées à fixer dans l'esprit les passages sur lesquels l'auteur voulait attirer principalement l'attention du lecteur. Hubert Gravelot, sans conteste le plus habile dessinateur de vignettes, *illus-*

tra, comme on dirait de nos jours, les *Contes moraux de Marmontel,* le *Décaméron de Boccace* et l'édition des *Œuvres de Corneille,* que revisa Voltaire, mettant dans ses compositions une grâce que ses graveurs accoutumés, Laurent Cars, J. Ph. Lebas, Cl. Duflos, Choffart et Aug. de Saint-Aubin, s'appliquèrent avec succès à reproduire. Le dix-huitième siècle apparaît tout entier dans ces petites compositions finement agencées, dessinées sagement, qui nous font, à travers mille inventions diverses, connaître dans leurs moindres détails les mœurs et les habitudes d'un peuple plus préoccupé de s'amuser que de s'instruire. Eisen, qui dessina avec moins de précision, mérite encore d'occuper une bonne place dans l'histoire de l'art français au dix-huitième siècle. Les *Métamorphoses d'Ovide,* ornées de planches dessinées par lui et gravées par Nic. Ponce, Delaunay, Bacquoy, de Ghendt et Noël Lemire, annoncent de réelles aptitudes à traduire la pensée d'autrui. Personne mieux que P. P. Choffard ne s'entendit à composer et à graver un *cul-de-lampe* ou une *tête de page;* il agençait avec une facilité singulière un cartouche devant recevoir une adresse ou une invitation de bal, un cadre destiné à entourer une carte géographique; et cette habileté à traiter les sujets de médiocre importance ne l'empêcha pas, lorsque l'occasion se présenta, de composer dans une agréable manière des sujets empruntés aux ouvrages de ses contemporains. Quelques années avant sa mort, il publia une *Notice sur l'art de la gravure en France.* En lisant cet opuscule, on acquiert facilement la conviction qu'à un talent non douteux de praticien il joignait l'amour de son métier et un respect profond pour les maîtres qui l'avaient précédé. Marillier, Augustin de Saint-Aubin, Noël Lemire, B. L. Prévost et A. J. Duclos ne se bornèrent pas à graver les compositions d'autrui : ils multiplièrent aussi leurs propres dessins, se montrant à la fois inventeurs spirituels et graveurs expérimentés ; tous, on le voit à leurs œuvres, subirent l'influence de Gravelot et d'Eisen, mais ils furent souvent assez heureusement inspirés pour mériter d'être appréciés pour eux-mêmes. Moreau le jeune, qui, tant que le dix-huitième siècle dura, suivit la voie de ses prédécesseurs et produisit des vignettes excellentes, pleines d'esprit et singulièrement agréables, se laissa dominer, à un moment venu, par une influence étrangère qui changea tout d'un coup sa manière et sembla paralyser ses facultés. Autant les estampes qui ornent les *Chansons* de Laborde ou le *Jugement de Pâris*, poëme de Imbert, petillent d'esprit et sont facilement composées, autant prétentieuses et emphatiques sont les planches destinées à accompagner la *Sainte-Bible* ou les *Métamorphoses d'Ovide*. A l'époque où Moreau composa les vignettes de ces derniers ouvrages, David régnait en maître, et la réforme opérée dans les arts par ce grand artiste avait modifié profondément le goût et les habitudes de l'école française. Moreau le jeune, nullement préparé pour une discipline si différente de celle qu'il avait suivie à ses débuts, se maniéra : il voulut céder à l'entraînement général et se conformer aux exigences de la mode, et à cette volonté il perdit la meilleure part de ce qui avait jusque-là valu à ses ouvrages, l'estime générale.

Si quelques dessinateurs de vignettes nous ont laissé sur la décoration intérieure des appartements au dix-huitième siècle des documents irrécusables, les ouvrages de ces artistes ne fourniraient pourtant pas des indications suffisantes aux architectes désireux de s'inspirer de cet art et d'en faire leur profit; mais des ornemanistes de profession, entre autres Gilles-Marie Oppenort, Juste-Aurèle Meissonnier, Babel et Baléchou, dessinèrent et gravèrent quelquefois eux-mêmes des planches fort capables de renseigner complétement sur le goût de l'époque. Si, dans les dessins de ces artistes, le manque de simplicité choque et contrarie, on ne peut nier toutefois que les ouvrages exécutés par eux ou sous leur direction donnent une idée fort exacte et très-complète d'un art dont ils étaient, au surplus, les plus habiles représentants.

Jean-Baptiste Greuze, dont les œuvres, — les portraits exceptés, — sont toujours théâtrales et souvent boursouflées, ne se rattache que très-indirectement à l'école en vogue au dix-huitième siècle. Il chercha et trouva dans la vie domestique ses meilleures compositions; mais qu'il s'agisse de la *Malédiction paternelle* ou de *l'Accordée de village*, de la *Lecture de la Bible* ou du *Paralytique servi par ses enfants*, il nous semble toujours à côté du sujet qu'il traite. Sa manière de peindre consistait à juxtaposer les teintes sans les fondre tout à fait. Quelques graveurs se sont efforcés d'user de moyens correspondants. L'un d'eux, Jean-Jacques Flipart (1723-1782), qui avançait beaucoup ses planches à l'eau-forte, tenta d'imiter à l'aide de la pointe les touches mates d'un pinceau épais. Il ne se servait du burin que pour accentuer les parties colorées et obtenir l'harmonie générale de l'estampe. C'est ainsi qu'il exécuta ses trois meilleures gravures : l'*Accordée de village*, le *Paralytique* et le *Gâteau des rois* ; P. C. Ingouf procéda à peu près de la même façon : la *Paix du ménage* et la *Bonne Éducation* dénotent une réelle habileté de pratique et la préoccupation assidue, la volonté de rendre avec exactitude la manière du peintre ; Jean Massard profita des leçons de J. G. Wille, son maître, et attesta son talent dans la *Cruche cassée*, la *Dame bienfaisante* et la *Mère bien-aimée*. Enfin Jean-Charles Levasseur fit de la *Belle-Mère*, du *Testament déchiré*, du *Petit polisson* et de la *Jeunesse studieuse*, des estampes excellentes comme travail manuel, et donna de la peinture de Greuze une idée très-nette et très-juste.

Quelque succès qu'aient obtenu les ouvrages de Greuze, cette façon conventionnelle et prétentieuse d'exprimer les joies et les douleurs de la famille eut peu d'imitateurs. On compte tout au plus trois ou quatre artistes, J. E. Schenau, Ch. Benazech, Ét. Aubry ou P. A. Wille, s'inspirant du maître, essayant d'exploite sa veine, et, après cette courte diversion, l'art prit un autre marche, entrevit d'autres horizons et demanda ses modèles à l'antiquité. La gravure se réforma : elle suivit le courant, éleva son niveau, abandonna le genre expéditif et facile, et revint, pour ne plus guère les quitter, aux compositions d'un ordre sérieux qui conviennent surtout au génie français, génie raisonné, réfléchi et docile à la tradition.

Toutefois le retour à l'étude de l'art antique ne s'opéra pas en un jour. L'art subit la loi commune : il fut quelque temps à trouver son véritable rôle. Le premier, le comte de Caylus avait tenté, par ses travaux écrits et gravés, d'attirer l'attention sur les beautés incomparables de l'antiquité et de la Renaissance. En gravant quelques œuvres de Poussin en inventant des compositions imaginées et peintes, dans la manière du grand artiste, Jean-François Peyron avait déployé non moins de zèle pour la même cause, et, les voies ainsi préparées, Joseph-Marie Vien eût pu entraîner tous les jeunes esprits et gagner lui-même ce grave procès. Mais cette noble tâche était au-dessus de ses forces. Son seul mérite consiste à avoir guidé les premiers efforts de l'artiste auquel il était réservé de gouverner en dictateur, en despote, le goût de l'école pendant un long espace de temps. Ce peintre, Jacques-Louis David, sous la discipline de qui vinrent se ranger tant d'élèves, chose singulière, fut peut-être le seul des grands maîtres qui n'attacha pas à sa personne des graveurs empressés de se consacrer à la reproduction de ses ouvrages, avides de partager sa renommée.

La Révolution absorba tellement les esprits, que l'art fut exclusivement occupé, aussi longtemps que dura la république, à retracer les faits de chaque jour. Les graveurs, jaloux principalement de tenir le public au courant des évenements, employèrent le plus souvent un procédé expéditif qui consistait à tracer à l'eau-forte les contours des figures ou des objets qu'ils voulaient représenter, et à confier le reste de la besogne à des coloristes de profession qui couvraient de tons plats chaque épreuve. L'art n'a rien à voir dans ces images grossières. Au contraire, l'historien, curieux des moindres actes d'une grande nation qui se transforme, les consulte avec fruit. Dans ce genre d'estampes, deux ou trois artistes s'élevèrent au-dessus de leurs émules et même firent acte de talent. Duplessi-Bertaux grava une quantité prodigieuse de scènes de la Révolution. Sa pointe est fine, souvent spirituelle; mais son aptitude particulière consiste à agencer facilement les compositions les plus compliquées; lorsqu'il voulut s'attaquer à des figures de plus grandes dimensions que de coutume, sa verve s'évanouit et son dessin devint lourd et quelquefois fort incorrect.

Des graveurs de la Révolution, Louis-Philibert Debucourt (1755-1832) est le plus habile. Pendant les années qui précédèrent ou suivirent la mort de Louis XVI, il grava en couleur la *Promenade du jardin du Palais-Royal*, la *Promenade de la galerie du Palais-Royal*, les *Bosquets*, le *Compliment*, *Annette et Lubin* et un certain nombre d'autres scènes de mœurs. Il avait l'esprit observateur et un talent de graveur incontestable. Le premier il sut, avec des planches superposées successivement, obtenir d'excellents résultats de coloris. Son dessin spirituel s'accommodait à merveille de ce procédé qui, entre ses mains, satisfit parfaitement aux conditions de l'art. Mais, les orages de la Révolution passés, Debucourt adopta une manière toute différente, l'aquatinte, et il ne sut point tirer de ce procédé un parti satisfaisant.

Sergent-Marceau se signala aussi, à cette époque de transition, par quelques estampes spirituellement indiquées; mais il n'était pas fécond, et ses ouvrages ont conservé peu de valeur. Quant aux autres artistes qui travaillèrent également pendant la Révolution, ils ne méritent pas d'être nommés. Leurs planches, fort curieuses comme documents contemporains, n'offrent pas au point de vue de l'art le même intérêt.

En France, vers la fin du dix-huitième siècle, l'art du portrait, dont l'éclat avait été chez nous si vif, fut un instant à peu près abandonné. Un graveur nommé Quenedey avait imaginé un instrument qui reproduisait mécaniquement sur le cuivre le profil humain; l'artiste se contentait de retoucher le travail de la machine. Aussi pouvait-il très-promptement et à bon marché, point important, satisfaire son public. L'invention eut de la vogue, tellement qu'il est peu de familles où ne se trouvent quelques-unes de ces effigies exécutées au *physionotrace* (c'est le nom que l'inventeur avait donné à sa machine). Des élèves et des imitateurs exploitèrent ensuite le succès de Quenedey, et Chrétien en France, Saint-Mesmin en Amérique gravèrent avec un instrument pareil, des quantités innombrables de portraits. Toutefois, l'art n'étant plus que l'auxiliaire de la machine, ces portraits avaient tous un aspect identique, uniformément triste, qui ne tarda point à déplaire, et il n'en fallut pas davantage pour qu'on délaissât bientôt cette manière, dont la faveur fut seulement passagère.

Pierre-Paul Prudhon appartient au dix-neuvième siècle autant qu'au dix-huitième. Il mit lui-même sur le cuivre *Phrosine et Mélidor*, invention charmante de son génie tendre et pénétrant. Cette estampe dénote une grande inexpérience de métier : elle n'est pas d'un graveur proprement dit, mais on y rencontre les exquises qualités du peintre. Louis Copia et Barthélemy Roger, qui gravèrent les ouvrages les plus importants de Prud'hon, eurent le bonheur de parfaitement interpréter tout ce qu'offrent d'élevé et de suave les peintures du maître. Travaillant sous les yeux de Prud'hon, attentifs à ses conseils, subissant sa salutaire influence, c'est grâce à leurs estampes, exécutées au burin et modelées à l'aide d'un pointillé savant, que chacun peut admirer la *Constitution française*, l'*Amour séduisant l'Innocence*, l'*Innocence préférant l'Amour à la Richesse*, la *Soif de l'or*, et bien d'autres compositions non moins admirables qui, sans eux, auraient couru risque de rester ignorées.

La révolution opérée dans l'art par David avait atteint la gravure et rendu à cet art sa splendeur passée. Charles-Clément Bervic (mai 1756-mars 1822) montra de bonne heure de rares dispositions pour le dessin. Il fut l'un des meilleurs élèves de J. G. Wille. Ses tailles, coupées facilement, très-symétriques, sont plus souples que celles de son maître, et ses estampes n'ont point l'aspect métallique que nous avons reproché aux gravures de Wille. On connaît le succès légitime qu'obtinrent à leur apparition l'*Éducation d'Achille*, d'après Regnault, l'*Enlèvement de Déjanire*, d'après le Guide, le *Portrait du roi Louis XVI*, d'après Callet, et le groupe de *Laocoon*; ces estampes, dans lesquelles l'artiste a su, à l'aide de sacrifices intelligents, concentrer l'attention sur les parties importantes de la composition, ont conservé aux yeux des hommes compétents l'intérêt qui s'attache à toute œuvre sérieusement étudiée ; elles ont eu, en outre, l'avantage de guider notre école moderne de gravure, qui a su profiter des bons exemples, des utiles leçons qu'elles contiennent.

Condisciple de Bervic, Pierre-Alexandre Tardieu fit preuve d'un talent presque aussi grand : son chef-d'œuvre, le *portrait du comte d'Arundel* d'après A. van Dyck, doit être regardé comme un des ouvrages les plus remarquables de l'école française. Cette estampe, exécutée uniquement au burin, rend admirablement la couleur vive et harmonieuse du grand peintre flamand, et les procédés du graveur, pour obtenir ce résultat, sont identiques à ceux qu'employait Gérard Edelinck pour les superbes portraits qui seront toujours l'objet de l'admiration générale. P.-A. Tardieu grava, d'après une peinture de David aujourd'hui perdue ou tout au moins soigneusement soustraite aux regards du public, une estampe qui nous permet de juger de la composition du maître. Nous voulons parler du *Lepelletier de Saint-Fargeau mort*, peint pour la salle des séances de la Convention. La planche n'eut pas un sort meilleur que le tableau : elle fut détruite avant d'être terminée ; mais les rares épreuves qui ont échappé à la destruction permettent d'affirmer que le graveur s'était montré à la hauteur de son modèle ; l'aspect général est triste, et le dessin précis du personnage étendu sur un lit atteste la science du graveur. Une autre composition du même genre, exécutée, celle-là aussi, par Louis David pour la Convention, *Marat dans sa baignoire*, fournit à Antoine-Alexandre Morel une de ses meilleures planches. On doit au même artiste, d'après le même peintre, le *Serment des Horaces* et *Bélisaire*, compositions célèbres qu'il traduisit avec un rare talent.

Boucher-Desnoyers, qui débuta par quelques compositions sans valeur exécutées à l'aide d'un pointillé désagréable et mesquin, se prit, à un certain moment, d'une admiration sérieuse pour les ouvrages de Raphaël. Lorsque, après des études assidues d'après les maîtres, il se sentit en pleine possession de son talent, il n'hésita pas à entreprendre la gravure de la *Belle Jardinière*. Ce travail établit d'une façon éclatante sa réputation. Les commandes lui arrivèrent de tous côtés et, en quelques années, parurent successivement les *Portraits de l'empereur Napoléon Ier* et de *M. de Talleyrand*, ainsi que le *Bélisaire*, d'après Gérard, la *Vierge à la Chaise*, la *Madone de Foligno*, la *Vierge au Linge* et la *Vierge de la Maison d'Albe*, d'après Raphaël; enfin la *Vierge aux Rochers*, de Léonard de Vinci. Cette fécondité, privilége des artistes bien doués, est surtout surprenante lorsqu'on examine attentivement les estampes de Boucher-Desnoyers, exécutées dans leurs moindres parties avec une étonnante précision, une délicatesse minutieuse. Jamais, avant lui, les peintures de Raphaël n'avaient eu d'interprète aussi consciencieux, aussi fidèle; jamais elles n'avaient été mieux traduites. La *Transfiguration* fut son dernier ouvrage.

Boucher-Desnoyers ne suffirait pas à lui seul à donner une idée complète de l'art du graveur au dix-neuvième siècle; MM. Forster, Martinet, Calamatta et Mercuri occupent encore dans l'école un rang distingué, et M. Henriquel-Dupont, qui, depuis quarante ans ne s'est pas démenti un seul instant et soumet chaque année ses ouvrages à l'appréciation publique, a prouvé récemment, en exposant les *Disciples d'Emmaüs*, que l'auteur de la *Dame d'après van Dyck*, de *Lord Strafford*, du *portrait de M. Bertin* et de l'*Hémicycle du palais des Beaux-Arts* était encore en pleine possession de son beau talent et semblait même, si une expression pareille peut s'appliquer à un maître, être en progrès. Ce nouvel ouvrage, en effet, exécuté avec une aisance qui dénote une habileté consommée et une rare connaissance de toutes les ressources de l'art, mérite d'être placé, selon nous, au rang des chefs-d'œuvre; il doit être offert, à ce titre, en exemple à tous les artistes désireux de parcourir la carrière de la gravure, aujourd'hui bien compromise, carrière compromise non pas parce que les talents font défaut, mais parce que des découvertes de procédés matériels, et sous un certain point de vue fort utiles, sont venues détourner un instant l'attention de l'art du graveur. Jamais, en effet, dans chaque genre, on n'a vu s'exercer en France des artistes plus expérimentés. En dehors des maîtres que nous venons de citer, MM. François, Salmon, Rousseaux, Levasseur, Bertinot, Danguin, Huot et Didier promettent encore à la gravure au burin de beaux jours; M. Gaillard excelle à conserver aux œuvres d'élite, que seules il fixe sur le métal, leur caractère et leur beauté particulière; M. Léopold Flameng s'est élevé à ses heures au rang des maîtres; dans un ordre d'art différent, M. Gaucherel et Jules Jacquemart sont arrivés aux résultats les plus surprenants; à la tête des graveurs à l'eau-forte doit être placé M. Charles Jacque, qui depuis vingt ans a fait ses preuves. De tous côtés enfin naissent et s'exercent des graveurs à l'eau-forte qui n'ont que le tort de se presser un peu trop de produire; en travaillant davantage, en donnant surtout une part plus large à l'étude du dessin, il n'est pas douteux que quelques-uns d'entre eux se distinguent à leur tour et ne finissent par fonder en France une véritable école de gravure à l'eau-forte.

VIII

PROCÉDÉS

Gravure sur bois : Camaïeu. — Gravure en taille-douce : Burin, Eau-forte, Pointe sèche, Alliance de l'eau-forte et du burin, Manière noire, Aquatinte, Manière de crayons, Gravure en couleur, Physionotrace, Héliographie. — Impression.

Après avoir raconté l'histoire de la gravure et donné sur les graveurs quelques détails biographiques, il nous semble utile de dire quels sont les procédés de la gravure et d'indiquer, sommairement au moins, de combien de façons cet art peut se produire.

La gravure réclame avant tout une étude approfondie du dessin. Sans cette étude préalable, le graveur peut devenir un ouvrier habile, un praticien adroit, jamais un artiste. Tous les grands maîtres en ce genre ont donné à cette partie de l'art leurs soins les plus assidus; le plus habiles ont souvent même été des peintres de talent.

On compte un assez grand nombre de genres de gravure. Les plus usités sont : la gravure sur bois, la gravure au burin, la gravure à l'eau-forte. Les autres genres dérivent de ceux-là.

Gravure sur bois. — De toutes les manières de graver, la gravure sur bois est la plus ancienne. Elle précéda l'imprimerie proprement dite, en ce sens que l'on grava des caractères sur des planches de bois avant que les caractères mobiles eussent été inventés. L'origine de la gravure remonte aux temps les plus reculés; les Égyptiens, les Grecs, les Romains taillaient en creux, sur la pierre ou sur le métal, des inscriptions qu'on donnait ensuite à lire au peuple, soit qu'on voulût l'instruire, soit qu'il s'agît seulement de lui faire part d'un fait particulier et important. Mais le secret de l'impression restait à connaître et l'ardent désir de savoir et d'apprendre, qui s'empara des esprits au quinzième siècle, en activa beaucoup la découverte.

Afin de mettre plus aisément sous les yeux des populations de bons exemples, pour leur donner des leçons plus efficaces qui les frappassent davantage, en un mot pour s'assurer un moyen d'enseignement, on eut recours, dès les commencements, aux images, dont le langage, en effet, s'adresse à tous, est compris de tous, intelligible pour tous. C'est une planche de bois poli qui avait servi à graver des *lettres d'indulgence;* on s'en servit également pour graver les premières estampes. Relativement facile à couper, le bois fut donc employé d'abord par ceux qui reçurent le nom de *tailleurs d'images,* parce qu'ils couvraient de tailles, grossières il est vrai, mais de tailles indiquant les contours d'une figure ou d'un objet, le bois sur lequel ils opéraient.

Le travail du graveur sur bois consiste à enlever

avec un outil très-tranchant toutes les parties du *buis* ou du *poirier* que le dessinateur n'a pas couvertes de travaux ; il doit suivre trait pour trait le dessin de l'artiste, en creusant les blancs, en ménageant les noirs. Il n'a, à proprement parler, à faire acte de personnalité, que lorsque les tailles ne sont pas indiquées ou qu'un simple lavis donne le modelé d'une figure ou d'un objet. Les outils dont se servent les graveurs sur bois se nomment *burins*, *échoppes*, *pointes*, *fermoirs*, *gouges*, *maillet* et *racloirs*.

Gravure en camaïeu. — La gravure en camaïeu emprunte à la gravure sur bois ses moyens ordinaires ; pour mieux dire, elle n'est qu'une gravure sur bois perfectionnée. Peut-être ne paraîtra-t-il pas indifférent de signaler les circonstances dans lesquelles ce perfectionnement fut inventé. Au début de l'imprimerie, alors que les livres semblaient n'avoir point d'autre but que de multiplier des manuscrits en cherchant à les contrefaire, les imprimeurs avaient l'habitude de laisser une place vide, assez importante, en tête de chaque chapitre, pour permettre à un calligraphe d'y dessiner une initiale ornée ou un titre. Par ce moyen ils croyaient aider à l'illusion. Lorsque la découverte de Gutenberg se fut répandue, les imprimeurs eurent autant d'intérêt à imprimer les initiales qu'ils en avaient eu à imprimer les caractères. Mais il fallait obtenir des tons différents qui rappelassent la peinture des initiales et des titres. Ils employèrent donc des pièces de bois encrées séparément avec des tons différents et emboîtées les unes dans les autres de façon à être imprimées simultanément. Cette juxtaposition des planches conduisit à l'invention de la gravure en camaïeu, qui, entre les mains d'artistes de talent, s'améliora rapidement. Une première planche donnait un contour précis de la composition ou de la figure qu'il s'agissait de reproduire ; une seconde planche venait ensuite, celle-là fournissait les ombres ; enfin le blanc de papier était réservé pour les lumières. Notons aussi que la seconde planche, à l'aide de points de repère très-exacts, était imprimée sur l'épreuve de la première. La première planche imprimée seule donnait l'idée d'un dessin à la plume ; lorsque la seconde avait, elle aussi, passé sous la presse, ce dessin à la plume prenait l'aspect d'un dessin lavé.

Nous venons de voir l'opération avec deux planches et trois tons : le contour, l'ombre et la lumière. C'est ainsi qu'on procéda à l'origine. Mais, dans la suite, à l'aide d'un plus grand nombre de planches, on put multiplier les teintes, et obtenir ainsi de nombreuses dégradations de tons. Toutefois, deux planches suffisaient pour obtenir ce que l'on est convenu d'appeler camaïeu. Appliqué à ce genre de gravure, le mot camaïeu vient de *camée*, pierre à plusieurs couches superposées et à plusieurs teintes dont la gravure antique a fait un si fréquent et si remarquable emploi.

Gravure en taille-douce. — Le graveur en taille-douce procède d'une façon diamétralement opposée à celle du graveur sur bois. Celui-ci laisse en relief les traits qui devront s'accuser en noir sur l'épreuve; au contraire, pour la taille-douce, les traits sont gravés en creux sur la planche de métal, et le papier humide, soumis à une forte pression, va chercher l'encre au fond des tailles. La gravure en taille-douce exige de celui qui s'y adonne un travail long et pénible et des études préliminaires assez compliquées. Après avoir fait un dessin très-arrêté de la composition ou de la figure qu'il veut faire passer sur le cuivre ou sur l'acier, le graveur transporte son dessin sur le métal, à l'aide d'un calque très-précis. Ce calque se fait sur un papier particulier, dit *papier glacé*, au moyen d'innombrables points qui fixent les contours et les ombres fortes ou les demi-teintes accentuées dans les milieux. Ce premier travail de mise en place accompli, l'artiste commence à tracer au burin des tailles plus ou moins profondes, suivant qu'elles se rapprochent ou qu'elles s'éloignent de la lumière. Ces premières tailles serviront de dessous au travail définitif; elles doivent être soigneusement dirigées dans le sens de la forme et sont rigoureusement soumises aux exigences du dessin. Une seconde taille, et quelquefois une troisième, viennent, en coupant la première, accentuer davantage le dessin et modeler la figure d'une façon plus formelle. On peut encore intercaler une taille entre deux tailles parallèles, par exemple, quand l'ombre a besoin d'être renforcée et soutenue, ou bien pour éviter dans les chairs l'effet désagréable que produiraient des losanges ou des carrés trop multipliés. Souvent pour indiquer, sans dureté, le passage de l'ombre à la lumière,

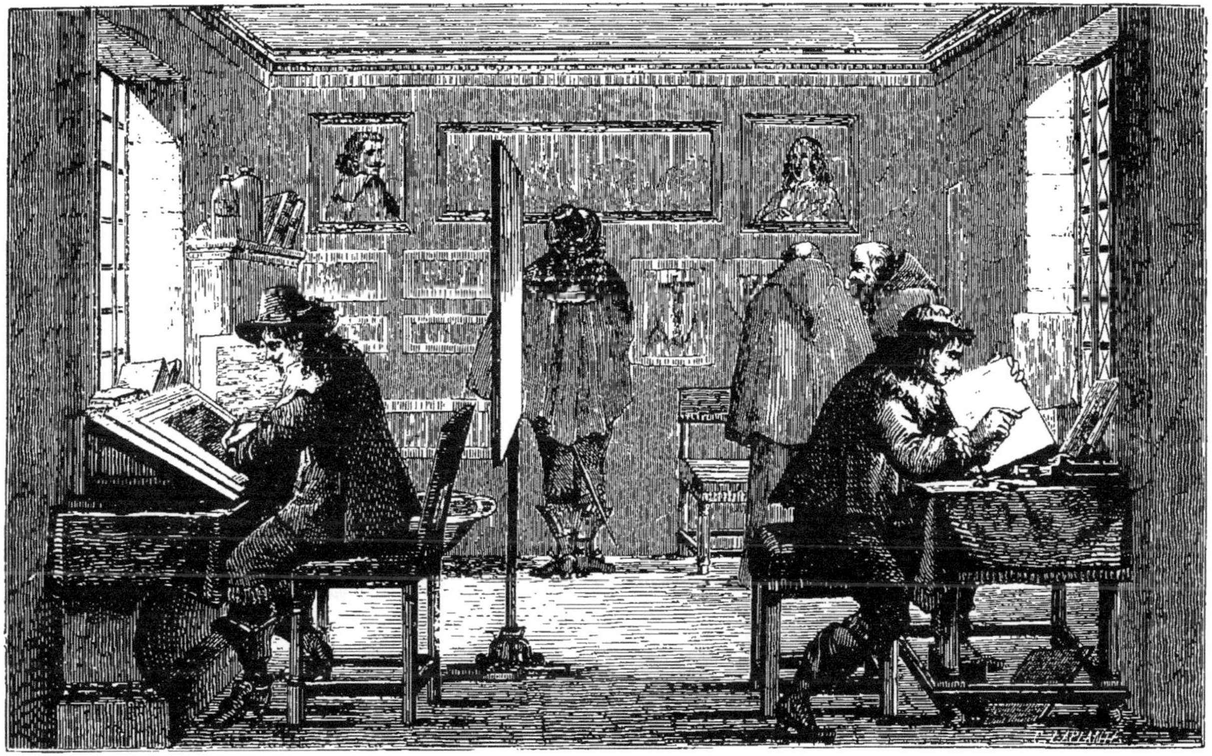

Fig. 30. — Intérieur d'un atelier de graveur en taille-douce, par Abraham Bosse.

le graveur fait usage de points intercalaires qui adoucissent les teintes et amènent les transitions. Telle est, fort abrégée, la série de travaux auxquels se livrent les graveurs qui ont eu recours au burin seulement, genre de gravure qui convient surtout aux compositions de style élevé, aux sujets d'un ordre supérieur.

Gravure à l'eau-forte. — Nous l'avons dit, la gravure au burin, qui oblige à une sage lenteur dans l'exécution et réclame un fini absolu, convient principalement aux compositions d'un ordre élevé. En revanche, la gravure à l'eau-forte est propre aux sujets intimes et familiers. Il ne faudrait pourtant pas en conclure qu'entre les mains d'artistes de génie elle ne saurait s'appliquer aux inventions de haut style, mais son emploi prompt et facile la destine surtout aux croquis, aux improvisations spontanées.

Occupons-nous de la manière de procéder. Au préalable, la planche de cuivre ou d'acier a été légèrement chauffée ; pendant qu'elle est sur le réchaud, elle est recouverte d'une couche très-mince de vernis coloré avec du noir de fumée, et adhérant bien également partout. Sur ce vernis, le graveur trace, à l'aide d'une pointe qui varie de grosseur, suivant que l'artiste a besoin de plus ou moins d'accent dans son travail, le croquis qu'il a conçu, comme s'il dessinait sur le papier avec une plume ou un crayon. Le vernis est donc entamé par la pointe partout où l'artiste veut que l'épreuve donne des traits apparents; le métal reste au contraire protégé dans les parties destinées à demeurer intactes, et appelées à venir blanches à l'impression. Cela fait, la planche ayant été bordée de cire molle, on verse dessus une quantité suffisante d'acide nitrique, qu'on a eu soin de couper avec de l'eau afin d'éviter que l'acide n'attaque trop vivement le métal ; s'il en était ainsi, il en résulterait un inconvénient sé-

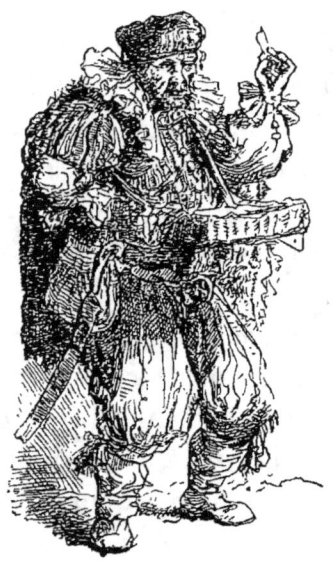

Fig. 31. — Le marchand d'orviétan, eau-forte de Rembrandt.

rieux, puisqu'on ne serait plus maître de diriger ce qu'on appelle la *morsure*. Tant que l'eau-forte est sur la planche, il est bon de déplacer, à l'aide d'un pinceau très-doux, le liquide pour qu'il agisse partout également. Lorsque l'acide a fait son effet, et quand on s'aperçoit que les traits sont assez profondément écrits, on retire l'acide ; puis on nettoie la planche, que l'on débarrasse de son vernis, avec un chiffon imbibé d'essence de térébenthine, et le dessin qu'on voyait tout à l'heure seulement sur le vernis, apparaît gravé en creux sur le métal. La planche est remise à l'imprimeur qui tire une épreuve sur laquelle l'artiste se rend compte de son travail. Que certaines parties ne soient

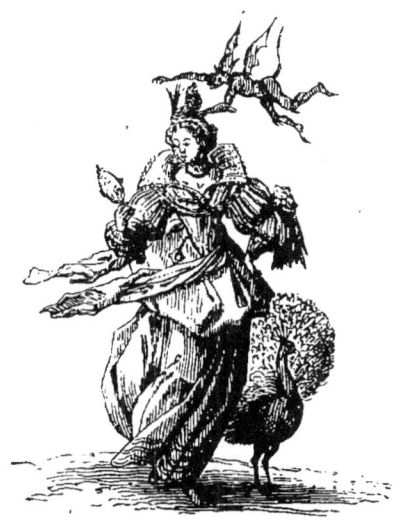

Fig. 32. — La Vanité, eau-forte de Jacques Callot

point assez accentuées, ou bien que d'autres paraissent trop vives, le mal n'est pas grand. On peut réparer sans beaucoup de peine les défauts d'une première *morsure*. Pour cela, on commence à passer légèrement sur la planche un rouleau imprégné de vernis. Celle-ci se trouve ainsi *revernie* entièrement. On reprend alors à la pointe le travail dans les parties où il a besoin d'être renforcé, et l'on fait remordre. Quant aux parties que la première morsure a trop accusées, on les éteint avec un *brunissoir*, outil rond qui sert à *fouler* le métal.

Tant de facilités étaient bien faites pour séduire les peintres. Aussi un grand nombre gravèrent à l'eau-forte. De tous les genres de gravures, c'est le seul qu'on puisse pratiquer sans études spéciales, et l'expérience seule donne une sûreté de main et une science de l'effet que l'artiste qui sait dessiner ne peut manquer d'acquérir rapidement. Quoique cette manière de graver nécessite des procédés tellement simples que tout le monde peut l'aborder, il n'en est pas moins vrai que ceux qui réussirent complétement dans ce genre ne sont pas très-nombreux. C'est qu'ici, le dessin étant la grande affaire, pour être un bon graveur à l'eau-forte il est indispensable d'être un habile dessinateur. Il faut, en outre, avoir assez la connaissance du clair-obscur pour savoir obtenir, avec le noir de l'encre et le blanc du papier, toutes les dégradations de la lumière et des ombres, depuis le clair le plus intense jusqu'à l'obscurité la plus profonde.

Gravure à la pointe sèche. — On entend par *gravure à la pointe sèche* un procédé qui accompagne généralement la gravure à l'eau-forte et qui lui vient souvent en aide : l'artiste dessine sur le cuivre nu avec une pointe fort aiguë. Il obtient ainsi ce que l'on appelle des *barbes*, sorte de travaux très-délicats, produits par le trait même de la pointe. Ces *barbes*, qui dans les ouvrages de Rembrandt produisent un excellent effet, ne résistent pas à un long tirage et disparaissent promptement. C'est ce qui explique pourquoi on recherche si activement les premières épreuves des estampes dans lesquelles ce procédé entre pour quelque chose, et l'attrait qu'elles offrent aux artistes.

Alliance de l'eau-forte et du burin. — La gravure en ce genre rentre dans la gravure d'histoire, parce que l'eau-forte ne joue plus ici qu'un rôle secondaire et préparatoire. Le graveur, à l'aide d'un décalque précis, transporte le dessin qu'il veut reproduire sur le métal recouvert d'une couche de vernis. Ce décalque s'obtient de la manière suivante : le calque ayant été fait à la pointe sur une feuille de *papier-glace*, on en remplit les trous de poudre colorée, rouge ordinairement ; on l'étend ensuite sur la planche ; il suffit de le frotter avec l'ongle pour que le vernis en reçoive l'empreinte. Cette première opération accomplie, le graveur repasse avec une pointe d'acier tous les traits reportés sur le vernis, indique les masses d'ombres, réserve les parties claires, mène enfin son dessin assez loin pour que, après le travail de la morsure, il n'ait plus qu'à renforcer avec le burin les tailles, les doubler, les tripler, suivant les circonstances, en un mot conduire son œuvre à son dernier degré d'achèvement.

Gravure en manière noire. — Pour graver en manière noire, on passe sur une planche de cuivre ou d'acier, en le *balançant* avec une grande régularité, un instrument d'acier nommé *berceau*. C'est un outil de forme demi-circulaire, ayant à l'une de ses extrémités une infinité de petites aspérités qui pénètrent le métal, y produisant des myriades de petites saillies extrêmement rapprochées. Lorsque au moyen de ce *berceau* on a obtenu une surface uniformément dépolie, avec un *racloir* l'on use plus ou moins les saillies, suivant que l'on désire obtenir des parties plus ou moins claires, et on les aplanit tout à fait quand on veut avoir des lumières vives. L'opération à laquelle on se livre est donc entièrement différente de celle qui produit les autres genres de gravure. Ainsi, au lieu de dessiner seulement les parties qui devront paraître en teinte à l'épreuve, on ne travaille, au contraire, que celles qu'il faut pour ainsi dire faire disparaître ou tout au moins atténuer. Avec ce genre de gravure on est exposé à avoir souvent des résultats imparfaits. La préparation du *berceau*, donnant à l'épreuve une apparence veloutée, peut déterminer, si l'artiste n'y prend garde, un aspect mou et fondu; les oppositions de l'ombre à la lumière peuvent être si facilement brusquées, qu'il faut beaucoup de précautions et de soins pour obtenir un bonne dégradation de tons, des transitions agréables. Un autre inconvénient du procédé s'oppose à un grand emploi de ce genre de gravure : la planche supporte difficilement un long tirage. En effet, après avoir fourni quelques centaines d'épreuves, les aspérités obtenues à l'aide du *berceau* et qui donnent le ton à l'estampe s'émoussent sous la main de l'imprimeur, s'écrasent sous la pression de la presse, et finalement s'altèrent à un tel point, que dans quelques parties elles ne tardent pas à disparaître tout à fait.

Gravure à l'aquatinte. — Ce genre de gravure, que l'on confond souvent avec la *gravure en manière noire*

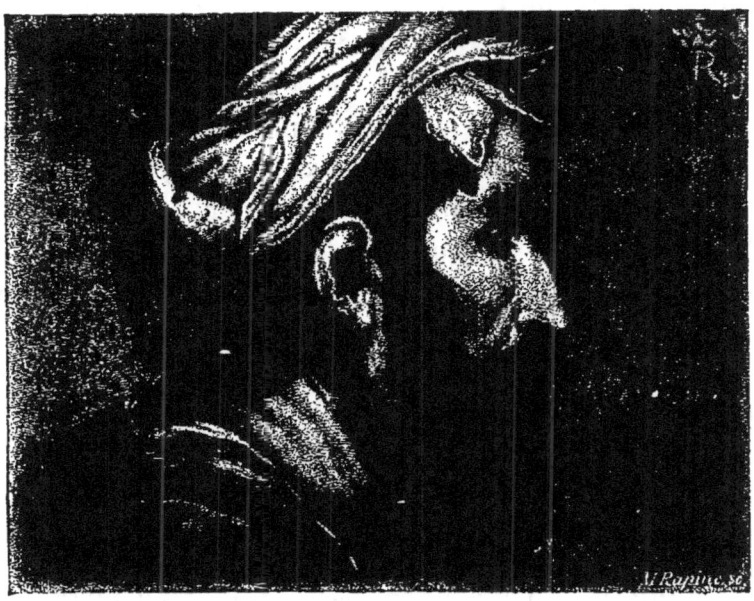

Fig. 55. — Profil d'homme, estampe en manière noire de Robert, prince palatin du Rhin.

parce qu'il donne effectivement des résultats qui sont assez analogues, est cependant d'une pratique toute différente. Au lieu de procéder sur une planche préparée au *berceau* et fournissant un aspect velouté, le graveur commence par tracer sur la planche nue les contours principaux de la composition ou de la figure qu'il veut reproduire ; son calque transporté sur le cuivre et gravé à l'eau-forte, il recouvre la planche de résine ou de sable qu'il fait tomber bien également, à l'aide d'un tamis, en poussière extrêmement fine sur toutes les parties de la planche. La résine, pouvant adhérer au métal par un léger chauffage, est préférable au sable ou à tout autre agent. Or l'acide versé lentement, mais en abondance, sur cette surface, attaque tous les intervalles imperceptibles qui séparent les grains de résine, et de cette masse de petits points égaux entre eux et également espacés il résulte à l'épreuve un ton uniforme et doux. Ce ton imite l'aspect du lavis, si bien même que les premières estampes que l'on vit paraître, celles de J.-B. Leprince, inventeur du procédé (vers 1787), furent souvent prises pour des dessins au lavis. On a beaucoup perfectionné la gravure à l'aquatinte depuis Leprince, et quelques artistes de talent en ont tiré de nos jours d'excellents résultats.

Manière de crayon. — La gravure en manière de crayon, dont on peut faire remonter l'origine jusqu'à Jean Lutma, quoique François et Demarteau en aient été, à bien prendre, les véritables inventeurs, est venue répondre à un besoin moderne. L'imitation, par la gravure, du crayon jouant dans le grain et dans les accidents du papier, pouvait permettre et permit en effet de reproduire et de publier en *fac-simile* des dessins de maîtres offrant ainsi aux collectionneurs d'excellents spécimens de la manière des plus grands artistes, aux jeunes gens qui entraient dans la carrière des arts des modèles de premier ordre, des guides avec lesquels on ne court pas le risque de s'égarer. Pour arriver à cette sorte de contrefaçon des dessins de maître, le graveur se sert d'une *roulette*. La roulette est un petit cylindre d'acier tournant sur un axe fixé à un manche et proportionné à la largeur du trait qu'il s'agit de reproduire. La partie extérieure de cette petite roue est couverte de dents aiguës qui mordent le cuivre verni en plusieurs endroits à la fois. Puis, lorsque l'eau-forte a opéré sur ce premier travail, l'artiste reprend sur le cuivre nu, avec le même instrument, les traits qu'il veut le plus accentuer. On se sert aussi d'un outil terminé par de petites aspérités inégales qui donnent des résultats pareils à ceux de la roulette. Pour imiter la physionomie des dessins à la sanguine ou au bistre, la plupart des planches de François et de Demarteau ont été imprimées en rouge et en brun; elles peuvent ainsi, jusqu'à un certain point du moins, faire illusion.

La *gravure en couleur* fut une conséquence naturelle de la *gravure en manière de crayon*, et elle se rapproche en même temps, par les procédés, de la gravure en camaïeu. L'inventeur est un artiste de Francfort, nommé Jacques-Christophe Leblond, qui imagina d'imprimer des planches enduites d'encre de différentes couleurs sur une même feuille de papier, en rappelant à l'aide de repères très-exacts les places auxquelles devaient se rencontrer les traits. Il obtint de la sorte des résultats surprenants et exécuta un portrait de Louis XV qui, à distance, peut vraiment tromper les yeux les plus exercés. Pour l'imitation des dessins, il usait des mêmes procédés que François et que Demarteau. Cette manière eut chez nous de nombreux et très-habiles adeptes, et, si elle a rencontré dans la représentation des figures des difficultés souvent insurmontables, elle doit être encore estimée, car certaines pièces d'anatomie ou d'histoire naturelle, ou les monuments d'architecture polychrome, avant l'invention de la chromolithographie, ne pouvaient être reproduits aussi bien et avec autant d'exactitude qu'à très-grands frais et sans avantage.

Physionotrace. — A la fin du dix-huitième siècle, un artiste français du nom de Quenedey inventa une machine au moyen de laquelle il retraçait mathématiquement le profil humain. Quand les contours du visage étaient fixés sur le cuivre par un trait unique n'indiquant rien autre chose que la silhouette, l'artiste modelait et accentuait les formes. Son invention eut, à l'époque où elle se produisit, un grand succès, mais qui n'eut point de durée.

Héliographie. — La gravure héliographique est d'invention récente. L'honneur d'avoir trouvé le moyen d'imprimer comme une estampe en taille-douce une épreuve photographique appartient à M. Niepce de Saint-Victor. En effet, en cherchant à reprendre les études de son oncle Nicéphore Niepce au point où la mort avait obligé celui-ci de les abandonner, il sut profiter des expériences faites par le célèbre inventeur et par de nombreux savants, et le premier il obtint des résultats satisfaisants. Depuis, la photographie a fait dans cette voie de remarquables efforts, et les épreuves héliographiques obtenues à l'aide de procédés secrets, mais — à en juger d'après le résultat — excellents, par MM. Riffaut, Amand Durand, Ch. Nègre, Baldus et Garnier, permettent aujourd'hui de regarder le procédé comme définitivement acquis et tout à fait pratique. De nouveaux perfectionnements rendront, il n'en faut pas douter, les résultats meilleurs encore, et les graveurs, auxquels la photographie a porté un coup terrible, devront se consoler en songeant que le procédé le plus parfait échouera toujours devant certaines difficultés qui sont uniquement du domaine de l'art.

Impression. — L'impression des gravures, quel que soit leur genre, exige beaucoup de précautions. Les gravures sur bois, généralement intercalées dans le texte, s'impriment comme les caractères d'imprimerie. Dans la *Grammaire des arts du dessin* (p. 695 de la première édition), M. Charles Blanc parle, avec la clarté qui le distingue, des soins que réclame l'impression de la gravure sur bois intercalée dans un texte : « Une chose manque, dit-il, aux estampes xylographiques anciennes, c'est le perfectionnement qu'y ajouterait aujourd'hui l'imprimerie par les artifices de ce qu'on nomme le *découpage*. En découpant des papiers ou des cartons minces que l'on applique sur certaines parties du tympan qui doit transmettre la pression du rouleau sur la planche, on obtient cette pression plus ou moins forte à telle ou telle place voulue. S'agit-il de faire avancer le premier plan d'une gravure, on le charge d'encre au moyen d'une *hausse*, c'est-à-dire d'un surcroît d'épaisseur donné à l'endroit qui correspond au premier plan. Veut-on laisser du vague au lointain, on découpe un vide qui, éloignant le rouleau, rend sur ce point la pression plus douce, l'encre moins abondante, et conséquemment le ton plus léger. »

Pour la gravure en taille-douce, le procédé d'impression diffère complétement. On a vu plus haut que tout ce qui doit apparaître à l'épreuve étant gravé en creux, il faut que le papier, préalablement humecté ou trempé, comme on dit, reçoive une pression telle qu'il puisse aller chercher l'encre dans les tailles. Voici comment on procède. Après avoir placé la planche sur un réchaud qui lui communique une légère chaleur, l'ouvrier charge d'encre toutes les parties de la gravure; il n'en ménage aucune. Cette première opération faite, il essuie soigneusement sa planche, se servant pour cela d'un tampon de mousseline roide, afin de mieux enlever l'encre partout où elle n'est pas utile, et il poursuit ce nettoyage avec du blanc d'Espagne qu'il passe, en s'aidant de la paume de la main, sur le métal, jusqu'à ce qu'il lui ait rendu son éclat. Ainsi nettoyée, la planche est posée sur des draps de flanelle; on étend dessus la feuille de papier humide

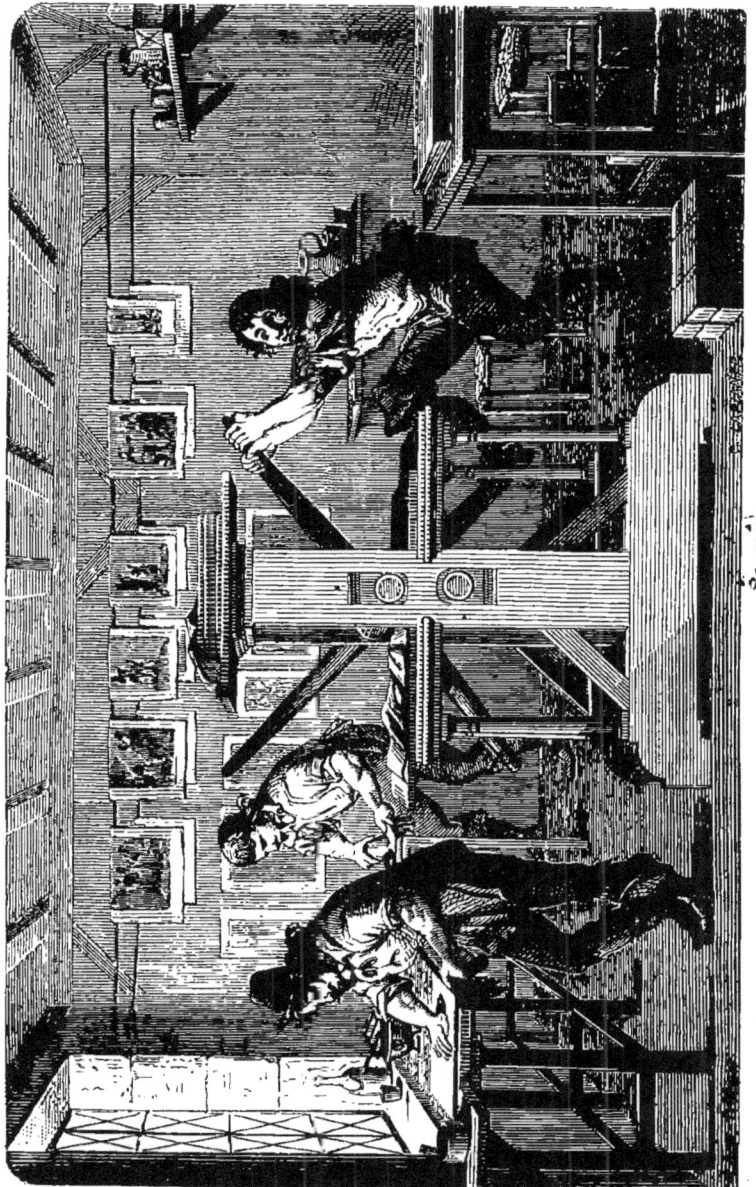

Fig. 34. — L'imprimeur en taille-douce, par Abraham Bosse.

qui devra recevoir l'empreinte en prenant l'encre demeurée dans les tailles ; le tout glisse entre deux cylindres à pression dont la rigidité est adoucie par des draps de flanelle dits *blanchets* ; au sortir de cette pression, on a une épreuve que l'on détache avec précaution de la planche ; l'encre la rend un peu adhérente au métal, et le papier est encore humide. Enfin, pour débarrasser les tailles de l'encre qui peut être restée au fond, l'imprimeur nettoie la gravure avec un peu d'essence de térébenthine et recommence comme précédemment.

Pour ne rien omettre, il faudrait peut-être expliquer les nombreux procédés au moyen desquels on fait rendre aux planches des effets particuliers et inattendus. Mais ce détail nous mènerait trop loin. Bornons-nous donc à dire que l'imprimeur, opérant sous les yeux de l'artiste, peut effectivement lui être quelquefois d'un grand secours. Néanmoins, cette espèce de collaboration n'est guère possible que lorsqu'il s'agit d'eaux-fortes. La gravure au burin autorise peu les habiletés, les artifices d'impression. Avec elle tout est si bien écrit, si nettement déterminé, que l'imprimeur n'a vraiment d'autre devoir que de répartir très-également l'encre sur la planche, pour que l'estampe sorte du tirage précisément comme l'artiste l'a gravée.

Les peintres qui se livrent à la gravure à l'eau-forte prennent souvent la peine d'imprimer eux-mêmes leurs estampes. En encrant certaines parties avec pluou moins de force, ils savent alors obtenir des accents plus ou moins puissants. Le maître de l'eau-forte, *Rembrandt*, ne confia à personne le soin d'imprimer ses planches; il se réservait cette besogne, et il poussait si loin la recherche de l'effet, que des épreuves tirées sur le même cuivre sont d'un aspect assez différent entre elles pour que l'on hésite quelquefois à admettre que toutes proviennent de la même planche. Très-chargées d'encre et médiocrement attaquées, les unes donnent à la composition un aspect sombre qui rappelle les ténèbres; les autres, au contraire, encrées légèrement, montrent le dessin au grand jour et laissent pénétrer partout la lumière.

TABLE

DES NOMS DE GRAVEURS

A

Aldegrever (Henri), 87, 140, 163.
Alix (Jean), 255.
Altdorfer (Albrech), 140, 161.
Amman (Jost), 140, 167.
Andrea (Zoan), 26
Andreani (Andrea), 8.
Assen (Jean Walte van), 82.
Aubert (Michel), 264.
Audran (Benoit), 264.
Audran (Claude), 219.
Audran (Gérard), 242, 245, 249, 250, 251, 264.
Augustin Vénitien (Musi), 58.
Avice (Le Chevalier), 246.

B

Babel (P.-E.), 278.
Backuysen (Louis), 101.
Baldini (Baccio), 13.
Baldus, 305.
Balechou (Jacques), 273, 274, 278.
Baquoy (Jean-Charles), 276.
Barbari (Jacques de), 28, 34.
Barbé (Jean-Baptiste), 216.
Barbieri (Giov.-Francesco), dit le Guerchin, 53.
Barlow (François), 187.
Baron (Bernard), 181.
Barras (Sébastien), 259.
Bartoli (Pietro Santo), 68, 69.
Bartolozzi (François), 185.
Baudet (Etienne), 246.
Béatrizet (Nicolas), 66, 212.
Beauvarlet (Jacques), 273, 274.
Bega (Corneille), 98.
Beham (Barthélemi), 66, 87, 161.
Beham (Hans-Sebald), 141, 161, 162, 209.
Bella (Stefano della), 234.
Bellange (Jacques), 240.
Berain (Jean), 263.
Berghem (Nicolas), 98, 101.
Bernard (L.), 259.
Bernard (Salomon), 202, 205.
Bertinot (Gustave-Nicolas), 287.

Bervic (Charles-Clément), 174, 283, 284.
Biard (Pierre), 215.
Binck (Jacques), 66, 161, 162.
Bloemaert (Corneille), 111, 126.
Blotelingh (Abraham), 114.
Bocholt (Franz van), 152.
Boillot (Joseph), 214.
Bol (Ferdinand), 94.
Boldrini (Niccolo), 8.
Bolswert (Boèce à), 123, 124.
Bolswert (Schelte à), 123, 124, 126, 128, 151.
Bonasone (Giulio), 60, 61.
Bonn (Jan de), 139.
Bonnemer (Marin), 208.
Bonnet, 268.
Bosse (Abraham), 233, 234, 248.
Both (André), 102.
Both (Jean), 102, 103.
Botticelli (Alessandro), 15, 16.
Boucher (François), 264, 272.
Boucher-Desnoyers (Auguste), 247, 285, 286.
Bouchier (Jean), 214.
Boulanger (Jean), 235.
Boullongne (Louis de), 237.
Bourdon (Sébastien), 237.
Bout (Pierre), 107.
Bouys (André), 239.
Boyer d'Aguilles, 239.
Boyvin (René), 217, 218, 219.
Brauwer (Adrien), 94.
Brebiette (Pierre), 240.
Brescia (Giovanni Antonio da), 26.
Briot (Isaac), 223.
Brizzio (Francesco), 51, 67.
Bry (Théodore de), 168.
Burgmair (Hans), 138, 139.

C

Calamatta (Luigi), 286.
Caillot (Jacques), 228, 229, 230, 233, 248, 257.
Campagnola (Domenico), 28, 30.
Campagnola (Giulio), 28, 29, 30, 33, 58.
Canaletto (Antonio), 56, 57.
Cantarini (Simon), dit le Pesarese, 52.
Capellan (Antoine), 69.

Caraglio (Jacopo), 59.
Carmona (Salvador), 72.
Carmontelle (L.-C. de), 271.
Carpi (Ugo da), 8.
Carrache (Annibal), 48, 49, 51.
Carrache (Augustin), 48, 50, 51, 67.
Carrache (Louis), 48, 49.
Cars (Laurent), 264, 268, 276.
Casa (Niccolo della), 212.
Caxton (William), 175, 176.
Caylus (le comte de), 271, 280.
Chapron (Nicolas), 240.
Chartier (Jean), 213.
Châtillon (Claude), 248.
Châtillon (Louis de), 246.
Chauveau (François), 239.
Choffard (P.-P.), 276.
Chrétien, 282.
Claas (Alaert), 87.
Clint (G.), 188.
Cochin (Charles-Nicolas), 264, 268, 272, 274.
Cochin (Nicolas) l'ancien, 234.
Codoré (Olivier), 207.
Collaert (Adrien), 89, 117.
Copia (Louis), 285.
Corbutt (C.), 188.
Coriolano (Giovanni Battista), 67.
Corneille (Claude), 210.
Corneille Michel-Ange), 237.
Cornelisz (Jacob), 82.
Cort (Corneille), 67, 216.
Cossin (Jean), 239.
Cousin (Jean), 202, 207, 211, 213.
Cousins (Samuel), 191.
Couvay (Jean), 181, 246.
Coypel (Les), 269.
Cranach (Lucas de), 137, 138.
Crozer (J.), 188.
Cruger (Théodore), 68.
Cruikshank (Georges), 197, 198.
Cruikshank (Isaac), 198.
Cruikshank (Robert), 198.
Cunego (Dominique), 69.
Curenbert (Dirck Volkert), 89.
Custos (Dominique), 168.

D

Dalen (Corneille van), 114.
Danguin (Jean-Baptiste), 287.

TABLE DES NOMS DES GRAVEURS.

Daret (Pierre), 222, 224, 259.
Daullé (Jean), 273.
Daven (Léon), voy. Tiry (Leonard.)
Debucourt (Louis-Philibert), 281, 282.
Dei (Matteo di Giovanni), 12.
Delafage (Nicolas), 240.
Delaunay (Robert), 276.
Delaune (Étienne), 213.
Demarteau (Gilles), 268, 302, 303.
Dente (Marco), voy. Marc de Ravenne.
Deruet (Claude), 229, 254.
Desfriches (Thomas), 271.
Desplaces (Louis), 264.
Dickinson (W.), 188.
Didier (Adrien), 287.
Dieterlin (Wendel), 169.
Dietrich (Ch.), 170.
Dixon (John), 188, 190.
Dorigny (Michel), 256.
Dorigny (Nicolas), 181.
Drevet (Claude), 273.
Drevet (Pierre), le père, 272.
Drevet (Pierre), le fils, 273, 274.
Dubois (Héli), 248.
Duclos (A.-J.), 277.
Duflos (Claude), 276.
Dughet (Jean), 246.
Dujardin (Karel), 101, 102.
Dumonstier (Geoffroy), 219.
Dunkarton (R.), 189.
Dupérac (Étienne), 212.
Duplessi-Bertaux, 281.
Dupré (Jean), 199.
Durand (Amand), 305.
Dürer (Albert), 28, 30, 33, 40, 43, 47, 54, 59, 84, 87, 156, 157, 158, 140, 152, 153, 154, 155, 156, 159, 160, 161, 162, 163, 164, 167, 209.
Dusart (Corneille), 86, 97, 98.
Duvet (Jean), 210, 212.
Dyck (Antoine van), 128, 131, 132, 254, 255, 259.

E

Earlom (Richard), 188.
Edelinck (Gérard), 246, 251, 252, 253, 254, 256, 259, 272, 284.
Eisen, 277.
Esquivel (Manuel), 72.
Eustache (Guillaume), 201.

F

Faber (J.), 188.
Faithorne (Guillaume), 177, 181.
Falck (Jérémie), 113.
Fantuzzi (Antonio), 217.
Felsing (Jacques), 174.
Ficquet (Etienne), 274, 275.
Fillœul (Pierre), 268.
Finiguerra (Maso!), 3, 9, 12, 16.
Firens (Pierre), 216, 228.
Fisher (E.), 188.
Flamen (Albert), 259.
Flameng (Léopold), 287.
Flipart (Jean-Jacques), 279.
Fornazeris (Jacques de), 224.
Forster (François), 286.
Fragonard (Honoré), 269.
Francia F. Raibolini, (dit il). Voy. Raibolini (F.).
Franck (Hans), 139.
Franco (Battista), 67.
François (Alphonse), 286.
François (Jean-Charles), 268, 302, 303.

G

Gaillard (Ferdinand), 287.
Galle (Corneille), 117, 126.
Galle (Philippe), 117.
Galle (Théodore), 117.
Gautrel (Étienne), 246.
Garnier, 305.
Garnier (Antoine), 246.
Garnier (Noël), 209.
Gatti (Ollivier), 67.
Gaucherel (Léon), 287.
Gaultier (Léonard), 222, 223, 224, 228.
Gaultier-Dagoti, 268.
Gellée (Claude), dit le Lorrain, 102, 103, 255, 256.
Ghendt (Emmanuel de), 276.
Ghisi (Giorgio), 65, 66.
Gillray (Jacques), 194, 197.
Glockenton (Albert), 152.
Godart (Guillaume), 202.
Goltzius (Henri), 108, 109, 111, 127.
Gourmond (François de), 208.
Gourmont (Jean de), 210.
Goya (Francisco), 72, 75, 76.

TABLE DES NOMS DES GRAVEURS.

Graf (Urs), 141.
Granthomme (Jacques), 224.
Grateloup (Jean-Baptiste), 274, 275.
Gravelot (Hubert), 275, 277.
Green (V.), 188.
Greuter (Jean-Frédéric), 68.
Greuter (Martin), 168.
Grozer (J.), 188.
Grun (Hans Baldung), 140.
Guidi (Raffaelo), 67.
Guillain (Simon), 258.

H

Haïd (Les), 168.
Hardouin (Gilles), 201.
Hemrskerke (Martin), 89.
Henriet (Israel), 229, 250.
Henriquel-Dupont (Louis), 286.
Heusch (Guillaume de), 103.
Hirschvogel (Augustin), 164.
Hodges (C. H.), 188.
Hogarth (William), 191, 192, 193, 194, 197, 270.
Hollar (Wenceslas), 169, 182, 187.
Hondius (Henri), 112.
Hooghe (Romyn de), 115.
Hopfer (Daniel), 141.
Hopfer (David, Jérôme et Lambert), 164.
Houbraken (Jacques), 115, 116.
Hoyau (Germain), 208.
Huot (Adolphe), 287.

I

Ingouf (François-Robert), 274.
Ingouf (Pierre-Charles), 274, 279.
Isac (Jaspar), 225.

J

Jacque (Charles), 287.
Jacquemart (Jules), 287.
Jegher (Christophe), 127.
Jode (Pierre de), le Vieux, 125.
Jode (Pierre de), le Jeune, 125, 126, 151.
Jones (John), 189, 190.

K

Keating (Georges), 190.
Keller (Joseph), 174.
Kerver (Thielman), 201.
Kilian (Les), 168.
Koburger (Antoine), 156, 154.

L

Lahyre (Laurent de), 259.
Lanfranc (Jean), 51.
Larmessin (Nicolas de), 264, 267.
Lasne (Michel), 222, 224, 225, 227, 259.
Lautensack (Hans-Sebald), 164.
Lebas (Jacques-Philippe), 182, 185, 264, 268, 276.
Leblond (Jacques-Christophe), 268, 305.
Lebrun (Charles), 257.
Leclerc (Jean), 208.
Leclerc (Sébastien), 254, 259.
Lecomte (Marguerite), 271.
Lefèvre (Claude), 258.
Lefèvre (Valentin), 56.
Lemire (Noël), 276, 277.
Lenfant (Jean), 246.
Leonardis (Giacomo), 58.
Lepautre (Jean), 263.
Lépicié (Bernard), 264, 268.
Leprince (Jean-Baptiste), 302.
Leu (Thomas de), 222, 223, 224, 228.
Levasseur (Jean-Charles), 279.
Levasseur (Jules), 287.
Liefrinck (Cornélius), 139.
Liefrinck (Wilhem), 139.
Limosin (Léonard), 219.
Lindt (Alexis), 139.
Lippi (Frà Filippo), 20.
Livens (Jean), 95, 152.
Lolli (Lorenzo), 52.
Lombard (Lambert), 89.
Lombard (Pierre), 256.
Longhi (Giuseppe), 70.
Loutherbourg (Philippe), 270.
Lucas de Leyde, 54, 84, 86, 87.
Lutma (Jean), 302.
Lutzelburger (Hans), 142, 143.
Luyken (Jean), 115.

TABLE DES NOMS DES GRAVEURS.

M

Mac Ardell, 188.
Moir, 153.
Maître de 1406, 3.
Maître de 1446, 4.
Maître de 1451, 4.
Maître de 1466, 144, 145, 146, 149, 152.
Maître de 1480, 83.
Maître de 1488, 209.
Maître aux banderoles, 144.
Maître aux bourdons croisés, voyez Vaechtlein (H. V).
Maître au Caducée, voy. Barbari (J. de).
Maître au Dé, 62.
Maître à l'Écrevisse, 87.
Maître à l'Étoile, voy. Staren (Dirck van).
Maître à la Navette, voy. Zwoll.
Mallery (Charles), 216, 224.
Mantegna (Andrea), 6, 23, 24, 25, 26, 27, 28, 29, 30, 54.
Marc de Ravenne (Dente), 58, 59.
Marcolini, da Forli, 7.
Margotini (Jacopo), 52.
Marillier (Clément-Pierre), 277.
Marot (Daniel), 263.
Marot (Jean), 263.
Martinet (Achille), 286.
Massard (Jean), 279.
Masson (Antoine), 255.
Matham (Jacques), 111, 127.
Mathonière (Denis de), 208.
Matzys (Corneille), 88.
Mazzuoli (Francesco), dit le Parmesan, 43, 44, 45, 46.
Mecken (Israel van), 152, 153.
Meissonnier (Juste-Aurèle), 278.
Meldolla (Andrea), 45, 46.
Mellan (Claude), 181, 222, 224, 227, 239, 253.
Mercuri (Paolo), 286.
Merian (Mathieu), 168, 169.
Millet (Francisque), 258.
Milnet (Bernard), 5.
Mocetto (Girolamo), 28, 33.
Monaco (Pietro), 58.
Montagna (Benedetto), 28, 33, 54.
Montcornet (Balthazar), 252.
Moreau le jeune (Jean-Michel), 277.

Morel (Antoine-Alexandre), 285.
Morghen (Raffaelle), 70.
Morin (Jean), 251, 254, 255.
Moyreau (Jean), 264, 267.
Muller (Christian-Frédéric), 174.
Muller (Jean), 111.
Muntaner (Francisco), 72.
Murillo, 71.
Murphy (John), 188.
Musi (Ag.), voy. Augustin Vénitien.

N

Nanteuil (Robert), 178, 251, 253, 254, 259, 272.
Natalis (Michel), 126, 246.
Negker (Josse de), 139.
Nègre (Ch.), 305.
Niepce de Saint-Victor, 304.
Nolin (Jean), 246.
Nooms (René), voy. Zeeman.

O

Oppenort (Gilles-Marie), 278.
Ostade (Adrien van), 86, 94, 97, 98.

P

Pader (Hilaire), 240.
Panneels (Guillaume), 133.
Papillon (J.-B.-Michel), 208.
Passarotti (Bartolommeo), 47.
Passe (Crispin de), 108, 248.
Passe (Simon de), 177.
Patin (Jacques), 215.
Paul (S.), 188.
Payne (John), 177.
Pencz (Georges), 66, 162, 209.
Peregrini da Cesena, 12.
Perelle (Gabriel), 248, 249.
Perissim, 207, 227.
Perrier (François), 259.
Pesne (Jean), 242.
Peyron (J.-F.-P.), 247, 280.
Pfarkecher (Vincent), 139.
Pfister, 133.
Picard (Bernard), 260.
Picard (Jean), 223.
Pierre (Jean-Baptiste), 270.

TABLE DES NOMS DES GRAVEURS.

Pigouchet (Philippe), 201.
Pilgrim, voy. Vaechtlein (H.-V.).
Piranesi, 70.
Pitau (Nicolas), 256, 260.
Pitteri (Marcus), 37, 58.
Plattemontagne (Nicolas de), 255.
Pleydenwurff (Wilhelm), 156.
Po (Pierre del), 52.
Poilly (François de), 255, 259, 260.
Pollajuolo (Antonio), 12, 13, 19.
Pompadour (La marquise de), 271.
Ponce (Nicolas), 276.
Pontius (Paul), 123, 124, 126, 128, 131.
Potter (Paul), 98, 101.
Prevost (B.-L.), 277.
Prevost (Jacques), 220.
Prevost (Nicolas), 208.
Primatice, 21, 217, 218, 219.
Procaccini (Camillo), 48.
Prudhon (Pierre-Paul), 285.

Q

Quenedey, 282, 304.

R

Rabel (Jean), 222.
Raibolini (Francesco, dit il Francia, 12, 13, 47.
Raibolini (Giacomo), 47.
Raibolini (Giulio), 47.
Raimbach (Abraham), 185, 186.
Raimondi (Marc-Antoine), 12, 13, 14, 47, 54, 57, 58, 59, 60, 61, 62, 63, 65, 66, 67, 160, 161, 162, 216.
Ravenet (Simon), 185.
Regnart (Valerian), 67, 216.
Regnault (François), 202.
Regnesson (Nicolas), 255.
Rembrandt, 76, 79, 89, 90, 91, 92, 93, 94, 104, 108, 112, 113, 170, 190, 299, 310.
Reni (Guido), 51, 52.
Resch (Jérôme), 137, 139.
Reverdino (Cesare), 61.
Ribera (Giuseppe), 71, 72.
Ridiuger (Jean-Elie), 170.
Riffaut (A.), 303.
Rivalz (Antoine), 270.
Robert (Le prince), 182, 258.
Robert (Hubert), 270.
Robetta, 20, 21.
Rode (Christian-Bernard), 170.
Roger (Barthélemi), 285.
Rosso, 21, 22, 217, 218, 219.
Roullet (Jean-Louis), 256, 257.
Rousseaux (Émile), 287.
Rowlandson (Thomas), 197.
Rubens (Pierre-Paul), 112, 117, 118, 119, 120, 123, 124, 125, 126, 127, 128, 132, 133.
Ruggieri (Guido), 217, 219.
Rupp (Jacques), 159.
Ruysdael (Jacques), 105.
Ryland (Guillaume Wynne), 185, 194.

S

Sablon (Pierre), 214.
Sadeler (Les), 117.
Saenredam (Jean), 111.
Saint-Aubin (Augustin de), 276, 277.
Saint-Aubin (Gabriel de), 269, 270.
Saint-German, 159.
Saint-Igny (Jean de), 234.
Saint Mesmin, 282.
Salmon (Adolphe), 286.
Sarrabat (Isaac), 259.
Savart (Pierre), 274, 275.
Schaufflein (Hans), 159.
Schiavone (Andrea), 46.
Schmidt (Georges-Frédéric), 172, 173, 174, 274.
Schongauer (Martin), 3, 146, 149, 150, 151, 152, 153, 161.
Schuppen (Pierre van), 256.
Schut (Corneille), 132.
Scotin (Louis-Girard), 267.
Scultori (Adamo), 64, 65.
Scultori (Diana), 64, 65.
Scultori (Giovanni Battista), 63, 64, 65.
Sergent Marceau, 282.
Sesto (Cesare da), 42, 43.
Siegen (Louis de), 258, 259.
Silvestre (Israel), 248.
Sirani (Andrea), 52.
Smith (John-Raphael), 188, 190.
Solis (Virgile), 141, 167.

TABLE DES NOMS DES GRAVEURS.

Somer (Pierre van), 246.
Sompel (Pierre van) 126.
Soutman (Pierre), 112, 115 126.
Spierre (François), 256.
Spilsbury (J.), 189.
Spranger (Barthélemy), 111.
Staren (Dirck van), 87.
Stella (Claudine), 245, 246.
Stella (Jacques), 257.
Stock (André), 126.
Stoop (Théodore), 101.
Strange (Robert), 182.
Surugue (Louis), 264, 267, 268.
Suyderoef (Jonas), 112, 115.
Swanevelt (Herman), 105.

T

Taberith (Jan), 159.
Tardieu (Pierre-Alexandre), 284.
Tempesta (Antoine), 229.
Thomas (Jean), 152.
Thomassin (Henri-Simon), 264.
Thomassin (Philippe), 68, 216, 229.
Thulden (Théodore van), 152, 155.
Tibaldi (Domenico), 48.
Tiepolo (Domenico), 57.
Tiry (Léonard), 217, 218.
Tortebat (François), 236.
Tortorel, 207, 228.
Tory (Geoffroy), 204, 207.
Toschi (Paolo), 70.
Trento (Antonio da), 8.
Trouvain (Antoine), 256.
Turner (Ch.), 188, 191.

U

Uliet (van), 94.

V

Vaechtlein (Hans Ulrich), dit Pilgrim, 140.
Vaillant (Wallerant, 258,
Valesio (Giovanni), 51.
Vallet (Pierre), 213, 214.
Velasquez, 71.

Velde (Adrien van de), 101.
Velde (Isaïe van de), 107.
Vérard (Antoine), 199, 200, 201
Verocchio (Andrea), 41.
Vertue (Georges), 185, 186.
Vico (Æneas), 62, 65.
Vignon (Claude), 240.
Villamène (François), 67.
Vinci (Leonardo da), 39, 40, 41, 42, 43.
Visscher (Corneille), 113, 114, 115
Vivarès (François), 184.
Voët (Alexandre), 127.
Volpato (Jean), 70.
Vorsterman (Lucas), 124, 125, 126 128, 151.
Vostre (Simon), 201.
Vouet (Simon), 256, 259.

W

Ward (James), 188.
Waterloo (Antoine), 104.
Watson (J. et Thomas), 188.
Watteau (Antoine), 263, 265.
Wattelet (Claude-Henri), 271.
Watts (J.), 188.
Weirotter (François-Edmond), 170 171.
Wierix (Les), 116, 216, 224.
Wille (Jean-Georges), 172, 173, 174 274, 279, 283, 284.
Withdoeck (Hans), 126.
Woeiriot (Pierre), 213.
Wolgemuth (Michel), 156, 157, 155 154.
Woollet (Guillaume), 183, 184.
Wouverman (Philippe), 101.
Wyngaerde (François van den), 152.

Z

Zagel (Martin), 153.
Zanetti (Antonio Maria), 8.
Zeeman (René Nooms, surnommé), 107.
Zwoll, 83, 84.

TABLE DES PLANCHES

1. Saint Sébastien, nielle italien.................... 10
2. La sybille Agrippa, d'après Sandro Botticelli......... 17
3. La Vierge et l'enfant Jésus, gravure d'A. Mantegna.... 25
4. Jeune homme, gravure de Giulio Campagnola......... 31
5. Lucrèce, gravure de Marc-Antoine Raimondi......... 55
6. Le poëte, estampe de G. Ribera.................... 75
7. Le supplicié, eau-forte de F. Goya.................. 77
8. L'espiègle, estampe de Lucas de Leyde.............. 85
9. Paysage, eau-forte de Rembrandt van Rhyn......... 93
10. Les deux vaches, eau-forte de Paul Potter.......... 99
11. Le champ de blé, eau-forte de J. Ruysdael......... 105
12. Costume, gravure de H. Goltzius................. 109
13. Sainte Catherine, estampe attribuée à P.-P. Rubens.. 121
14. Portrait de Snyders, eau-forte d'Antoine van Dyck... 129
15. Estampe extraite de la *Danse des Morts* de H. Holbein, par H. Lutzelburger................... 143
16. Samson, vainqueur du lion, estampe du Maître de 1466... 145
17. L'enfant Jésus, gravure de Martin Schongauer....... 151
18. La Vierge et l'enfant Jésus, estampe d'Albert Dürer... 157
19. Costumes allemands, estampe de H. Aldegrever..... 165
20. Dame de Bâle, estampe de W. Hollar.............. 171

TABLE DES PLANCHES.

21. Portrait de R. Bayfeild, estampe de Guillaume Faithorne. .	179
22. Estampe de W. Hogarth pour *le Mariage à la mode*. . . .	195
23. Henri II à cheval, estampe de Geoffroy Tory, extraite de l'*Entrée de Henri II à Paris en* 1549.	205
24. Tête de Christ, estampe de Claude Mellan.	225
25. Portrait de Claude Deruet, eau-forte de Jacques Callot. . .	231
26. Le lever de soleil, eau-forte de Claude Gellée dit le Lorrain.	237
27. Le Temps faisant enfin rendre justice à la Vérité, estampe de Gérard Audran, d'après Nic. Poussin.	243
28. Arabesque dessinée et gravée par Jean Lepautre.	261
29. Costume, eau-forte d'Antoine Watteau.	265
30. Intérieur d'un atelier de graveur en taille-douce, par A. Bosse.	293
31. Le marchand d'orviétan, eau-forte de Rembrandt.	296
32. La Vanité, eau-forte de Jacques Callot.	297
33. Profil d'homme, estampe en manière noire de Robert, prince palatin du Rhin.	301
34. L'imprimeur en taille-douce, par Abraham Bosse.	307

TABLE DES MATIÈRES

I. Origine de la gravure 1
II. La gravure en Italie. 5
III. La gravure en Espagne. 71
IV. La gravure dans les Pays-Bas. 79
V. La gravure en Allemagne 135
VI. La gravure en Angleterre. 175
VII. La gravure en France. 199
VIII. Procédés 288
    Table des noms de graveurs 311
    Table des planches 319

PARIS. — TYPOGRAPHIE LAHURE
Rue de Fleurus, 9

www.ingramcontent.com/pod-product-compliance
Lightning Source LLC
Chambersburg PA
CBHW071156240526
4547OCB0016BA/124